중견국책략: 미·중 사이 한국의 스마트 외교

김우상

세창출판사

　필자는 1998부터 2012년까지 국제정치이론과 한국의 외교안보 전략에 관해 『신한국책략』 시리즈 세 권을 출간하면서 북한정권은 왜 핵무기의 개발을 고집하는지, 북핵 위협에 대처하는 대한민국의 대북정책은 어떤 것이어야 하는지, 한국도 자체적으로 핵무장을 해야 하는지에 관해 나름대로 전략과 정책을 제시해 왔다. 중국의 부상은 미국의 패권체제를 위협하게 될 것인지, 미·중 패권경쟁 가능성은 동아시아의 안정을 뒤흔들어 놓을 것인지, 미·중 사이에서 한·미동맹은 한국의 안보전략에 얼마나 중요한지에 관해서도 핵심전략과 정책, 그리고 그 정책을 뒷받침하는 이론적 근거를 정리해서 출간해 왔다. 특히 세 권의 신한국책략 시리즈에서 한국 특유의 중견국 외교의 필요성을 끊임없이 제기해 왔다. 이번에 출간하는 『중견국책략: 미·중사이 한국의 스마트 외교』에서는 미·중 패권경쟁 구도 속에서 한국의 외교가 딜레마에 빠지지 않기 위해서는 국가 대전략이 있어야 함을 주장한다.

　대전략(大戰略)은 정권차원을 뛰어넘어서 일관성과 지속성이 유지될 수 있는 대원칙(大原則)을 의미한다. 정치인들 사이에서 초당적으로 믿고 지지할 수 있는 원칙, 진보든 보수든 간에 한국 국민이라면 선뜻 동의하고 지지할 수 있는 대원칙을 말한다. 날로 심화되어 가는 미·중 경쟁구도 사이에서 한국은 대전략을 근거로 안보 및 경제통상 문제에서 항상 예측 가능한 입장을 일관성 있게 취해 나가야 한다. 자유민주주의에 입각한 평화적 통일은 한반도통일 대전략에 속한다. 북한의 핵위협을 포함한 무력도발위협에는 한·미동맹에 입각한 국가안보 우선주의가 바로 대전략이 되어야 한다. 자유무역에 입각한 경제적 국익추구 우선주의는 우리의 경제외교 대전략이다.

향후 어떠한 국제정치 또는 국제경제 상황에 직면하더라도 국가 대전략에 입각하여 일관성 있게 행동하는 것이 강대국 사이에 있는 중견국으로서는 확실히 유리하다. 중국이나 러시아가 어떻게 반응하든 간에 한국이 원칙에 입각해서 일관성 있게 한·미동맹을 근간으로 안보정책을 추진해 나간다면 단기적으로는 조금의 손해를 볼 수 있을지언정, 중·장기적으로는 더 이상 중국이나 러시아의 눈치를 볼 일이 없어진다. 경제통상 이슈에 있어서 미국이나 일본이 어떻게 반응하든 간에 한국이 원칙에 입각해서 중국이나 러시아와도 자유무역 원칙에 입각한 협력을 강화해 나갈 수 있다. 이 책에서는 사드(THAAD)의 한반도 도입 문제, 아시아인프라투자은행(AIIB) 가입 이슈를 놓고 한국정부가 미·중 사이에서 눈치외교를 할 필요가 없음을 보여 준다.

제1부에서는 일반대중이 쉽게 읽을 수 있도록 '스마트 외교'라고 필자가 명명한 중견국 한국의 외교안보 전략을 소개한다. 급변하는 국제질서 및 지역질서 속에서 이미 자타가 공인한 중견국으로 성장한 대한민국, '중추적 중견국' 한국의 진취적이고 창의적인 외교안보 전략의 필요성을 제시한다. 제2부에서는 이 책이 중견국 외교론의 교과서로 활용될 수 있도록 스마트 외교와 관련된 중견국 외교이론과 동맹전이이론을 소개한다.

이 책이 한반도 평화와 번영을 위한 안보전략을 소개한 필자의 『신한국책략 4.0』(2016년 출간)과 함께 독자들이 한국의 외교안보 전략을 '전략적 사고'를 바탕으로 이해하는 데 조금이나마 도움이 되기를 기대한다. 일반대중, 국제정치학도, 정치인, 외교안보전문가 및 정책결정자들이 이 책에 쉽게 접근하고 그 내용을 쉽게 이해할 수 있도록 필자 나름대로 노력했다.

이 책을 구상하고 집필하는 데 여러 사람의 도움을 받았다. 필자에게 잠시 상아탑을 떠나 전통적 중견국 호주에서 우리나라를 대표하는 외교관으로서, 그리고 우리나라 공공외교의 선봉에 있는 한국국제교류재단을 진두지휘하며 한국의 중견국 외교에 기여할 수 있는 기회를 준 한국정부, 그 기회를 허락한 정치외교학과 동료교수들과 연세대학교에 제일 먼저 감사드린다.

나라의 장래를 걱정하며 우리나라 외교안보를 위해 기여해야 할 방향과 전략적 사고를 해야 할 이슈들에 관해 꿈공장에서 진지한 토론에 오랫동안 동참하며 조언을 아끼지 않은 서동주 박사를 비롯한 학문적 동지들에게도 진심으로 감사한다. 꿈공장 조교 이창훈, 구희상, 김재학에게도 고마움을 전한다. 이 책을 출판하는 데 도움을 주신 세창출판사 이방원 사장, 멋있는 책으로 편집해 주신 임길남 상무와 편집부 팀들에게도 감사드린다.

이 책은 필자가 2016년도 연구년의 혜택을 받고 집필할 수 있었다. 교수가 된 지 30년 동안 안식년 한번 누리지 않고 뭐했냐고 하며 연구년 신청을 독려해 준 한정호 학장, 정인권 처장, 지난 5년간 공직을 맡는다고 연구실을 비웠는데도 불구하고 필자의 연구년 신청을 흔쾌히 허락해 준 학과 동료교수들, 그리고 김용학 총장께 감사드린다.

꿈에 가득 부푼 젊은 시절에 운명적으로 만난 네 분께 이 책을 바치고 싶다. 변변찮은 학생에게 전략적으로 사고하는 국제정치학자가 되게끔 영감(inspiration)을 주신 라이커 교수. 학자의 윤리와 열정을 전수해 주신 학문적 아버지 부에노 데 메스키타 교수. 자신만만하게 학자의 길을 걷는 데 항상 격려해 주신 학문적 할아버지 오르갠스키 교수. 그리고 눈에 넣어도 아프지 않은 세 딸, 혜윤, 혜정, 혜경이 모두 아름다운 숙녀로 성장하도록 곁에서 뒷바라지 해온 평생 동반자인 사랑하는 권문영께 바치고 싶다.

2016년 8월 24일
신촌 연희관 '꿈공장' 연구실에서
김우상

‖ 차 례 ‖

제1부 | 전   략

제2부 | 이 론

제1부

전　략

제1장

중견국 외교전략

최근 들어 대한민국의 외교지평이 눈에 띄게 확대되었다. 국제연합(United Nations: UN)에서의 적극적인 활동뿐 아니라 세계 여러 지역의 주요국가들과 적극적인 외교활동을 전개하고 있다.[1] 우리나라가 적극적으로 참여하는 외교이슈분야도 다양해졌다. 세계경제위기, 기후변화, 녹색성장, 지속가능한 발전, 테러리즘, 사이버안보, 인권, 평화유지활동 등 다양한 인간안보와 관련된 분야에서 적극적인 외교활동을 펼치고 있다. 불과 10여 년 전만 하더라도 우리나라 외교는 주로 한반도 안보에 가장 직접적인 영향을 미치는 미국, 중국, 일본, 러시아에 대한 외교, 북한핵문제 해결을 위한 UN외교 등에 집중되었다. 관심분야도 경제 및 안보문제에 다분히 치우쳐 있었다.

■ 인간안보: 공포, 궁핍으로부터 인간을 보호, 인간의 권리를 법적으로 보호하는 것과 관련된 인간 개개인에 대한 안전보장으로 국민, 영토, 주권에 대한 안전보장의 개념인 국가안보와 대비되는 개념.

2012년 국제사회에서 국민총소득(GNI) 20,000 달러 이상이고 인구 5천만 명 이상을 보유한 '20 · 50 클럽'의 일곱 번째 회원국이 된 한국은 현재 세계 15대 경제강국이고, 10대 군사강국에 속한다. 이렇게 막강한 국력을 지닌 대한민국은 머지 않아 '30 · 50 클럽' 회원국이 될 것이다.[2] 다만 대한민국은 지정학적으로 미국, 중국, 러시아, 일본에 둘러싸여 있고, 북한의 핵무기를 포함한 대량살상무기의 위협에 노출된 분단국가이기 때문에 그 역량에 걸맞은 외교를 한껏 펼치지 못했다.

한국은 국제사회의 대부분의 나라와 마찬가지로 여러 가지 도전에 직면해 있다. 글로벌차원에서, 먼저 2008년 9월 리먼 브러더스(Lehman Brothers Holdings Inc.) 파산사태로 시작된 세계경제위기 여파로 인해 대부분의 나라들은 아직도 경제적 어려움을 겪고 있고 우리나라도 예외가 아니다. 최근 영국의 브렉시트(Brexit) 결정, 즉 유럽연합(EU)에서 영국이 탈퇴하는 데 영국 국민의 52%가 찬성한 국민투표 결정 역시 세계경제에 또 한 번의 불안감을 조성했다. 이러한 세계경제위기 극복을 위해 국제적 협력이 절실하다. 기후변화, 환경오염, 전염병, 테러리즘, 대량살상무기 확산, 자연재해, 난민, 인권문제 등 세계 도처에서 발생하는 문제들을 해결하기 위해서는 국가들 간의 협력이 절실하다.

시진핑(習近平) 주석이 이끄는 중국은 중국의 부상을 기정사실화하고 미국에 대해 '신형대국관계'(新型大國關係)를 요구하며 중국의 핵심 국가이익을 미국이 인정해 주고 침해하지 않을 것을 강력히 요구하고 있다. 특히 남중국해 및 동중국해 주변의 중국의 영토주권을 인정해 줄 것을 요구하고 있다. 푸틴(Vladimir Putin) 대통령 주도의 러시아 역시 2014년 크림반도 합병을 통해 제2차 세계대전 이후 오랫동안 유지되어 오던 영토주권 질서에 도전하고 있고, 미국을 중심으로 유럽연합(EU) 국가들로 구성된 북대서양조약기구(NATO) 회원국들은 푸틴 러시아의 도전에 어떻게 대응할 것인지 고심 중에 있다.

지역차원에서, 아시아 · 태평양지역국가들은 중국의 부상과 이로 인한 지역질서의 변화가능성을 가장 중요한 도전으로 받아들이고 있다. 게다가 일본과 중국 간의 센카쿠/조어도를 둘러싼 영토분쟁, 남중국해와 동중국해에서 베트남, 필리핀 등을 포함한 지역국가들과 중국 간의 영토분쟁, 이 지역에서의 자유항행권 문제로 인한 미국과 중국 간의 충돌가능성, 러시아와 일본 간의 북방영토를 둘러싼 분쟁 등이 산재해 있다. 특히 동북아 지역에서 한국과 일본, 중국과 일본 간의 과거사 문제로 인한 마찰은 우경화된 아베(Abe Sinzo) 일본정부의 왜곡된 역사관으로 인해 쉽게 해결될 기미를 보이지 않고 있다.

한반도에서는, 6 · 25전쟁이 끝난 지 60년이 지났는데도 아직 남북한 간에는 종전 평화협정도 체결하지 못한 채 군사적 대치상태에 놓여 있다. 북한 김정은정권은 핵무기개발에 박차를 가하고 있으며 북한 주민들의 인권을 짓밟고 있을 뿐 아니라, 시도 때도 없이 서해 북방한계선(NLL) 침범 등 무력행사를 통해 남한 주민의 평화로운 일상생활을 영위할 권리를 침해하고 있다.

한국정부는 미국과의 확고한 군사동맹을 통해 북한의 안보위협에 대처하고 있다. 그러나 미국은 '아시아재균형'(rebalancing to Asia)정책 추진을 통해 중국의 부상과 이로 인한 지역안보질서 변화가능성에 대비하는 모습을 보이는 동시에, 한국이 중국과 가까워지는 상황에 대해 불만을 토로하기도 한다. 한국과 일본 간의 외교협력 및 한 · 미동맹과 미 · 일동맹을 통한 한 · 일 간의 간접적 군사협력 역시 북한의 군사적 위협에 대응하는 데 중요한 역할을 담당해 왔는데, 아베 총리가 이끄는 일본의 우경화 정책과 과거사에 대한 수정주의적 해석은 한 · 일관계를 소원하게 만들었다.

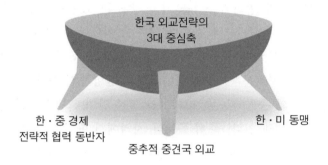

이러한 글로벌차원, 지역차원, 한반도차원에서의 다양한 도전에 대응하기 위해서 대한민국은 잘 조율된 외교 대전략(大戰略)이 반드시 필요하다. 무엇보다도, 한·미동맹은 우리나라 외교 대전략의 핵심 축이 틀림없다. 한·미동맹은 북한의 도발위협뿐 아니라 중국의 급부상과 이로 인한 지역안보질서의 재편가능성, 향후 기대되는 한반도 통일과정, 그리고 인간안보 관련 위험 등 다양한 위협에 공동으로 대처하는 데 필수적이다. 사실, 한반도가 통일이 된 이후에도 한·미동맹은 통일한국의 안보확보와 외교적 도약을 위해 없어서는 안될 안전보장책이다.[3]

둘째, 한국과 중국 간의 경제 '전략적 협력동반자'관계 역시 우리나라 외교 대전략의 핵심 축의 한 부분이다. 급성장하는 중국에 대한 우리 경제의 의존도가 높아지고 있다. 현재, 중국은 우리나라와의 교역량이 가장 큰 나라이며, 교역규모는 두 번째로 큰 미국과 세 번째인 일본과의 교역량을 합한 것보다 더 크다. 더구나 한·중 자유무역협정(FTA)이 이미 체결되었고, 이는 한·중 간의 교역규모의 증대추세를 강화할 것이며 한·중 간의 복합적 경제상호의존 역시 중대될 것이다. 이러한 상황에서 우리나라는 이웃 강대국 중국과 우호적인 관계를 발전시키며 경제통상 분야에서 전략적 협력동반자관계를 더욱 심화시켜 나가지 않을 수 없다.

사실, 한쪽으로는 미국과의 강력한 군사동맹관계를 유지하면서 다른 한쪽으로는 급부상하는 중국과 경제 전략적 협력동반자관계를 유지하는 것이 서로 상충되는 불가능한 전략이라고 생각할 수도 있다. 2013년 12월 바이든(Joe Biden) 미국 부통령이 방한하여 박근혜 대통령과 접견한 자리에서 "미국의 반대편을 선택하는 것은 현명한 선택이 아니다"라고 언급하여 한국이 중국과 가까워지는 것을 견제하는 듯한 인상을 남기기도 했다.[4]

그러나 한·미 군사동맹과 한·중 경제 전략적 협력동반자관계는 전략적으로 동시 상존이 가능하다. 예를 들어 한·중 간의 심도있는 경제협력관계는 미국 주도의 대(對) 중국 봉쇄정책으로 비춰질 수 있는 미국의 아시아 균형정책에 대한 중국의 불안을 다소나마 누그러뜨리는 역할을 할 수 있다. 사실 외교안보관련 미국 전문가들 중에는 자누지(Frank Jannuzi) 미국 맨스필드재단 소장처럼 한·미동맹의 틀 속에서 진행되는 한·중 관계의 발전은 한·미 관계와 한·중 관계 간의 제로섬(zero-sum) 게임이 아니라 미·중 간의 갈등가능성을 낮추는 데 도움이 될 수도 있다고 생각하는 이들도 있다.[5]

어쨌든 간에, 주변 강대국들과의 면밀한 외교적 소통은 반드시 필요하다. 중국 지도층에게 왜 한·미동맹이 한국에게 필수불가결한 것인지, 왜 중국에게도 해가 되지 않는 것인지를 설명하고 설득하는 것이 필요하다. 마찬가지로, 왜 한·중 간의 우호적 관계, 경제 전략적 협력동반자관계가 우리에게 필수적일 뿐 아니라 미국의 아시아 정책에도 유리한 것인지를 설명하고 설득하는 것은 우리 외교의 몫이다.

한국이 외교적 소통을 통해 한·미관계의 중요성을 중국 측이 잘 이해할 수 있도록 노력하고, 한·중관계의 필수불가결성을 미국 측에 설득할 수 있다면 이는 미·중 간의 갈등가능성을 낮추는 역할뿐 아니라 한국의 외교전략에도 도움이 된다. 한·미 간의 흔들림 없는 동맹관계는 한·중 간의 경제협력 관계에 있어서 한국이 중국과 대등한 입장에서 협상하고 협력을 유도할 수 있는 환경을 조성한다. 사실 한국이 미국과 소원한 상태에서 홀로 급성장하는 중국을 상대해야 할 경우, 중국이 한국을 어떤 수준으로 대우해 줄지 모른다.

한국이 미국과 강력한 군사동맹관계를 지속적으로 유지해 나갈 때 한·중 관계 역시 더욱 대등한 관계로 발전해 나갈 수 있을 것이다. 이와 더불어 경제적 측면에서 복합적 상호의존으로 인한 한·중 경제 전략적 협력동반자관계의 현명한 관리는 한·미동맹관계를 더욱 대등한 차원에서 유지해 나갈 수 있도록 도와줄 것이다. 한·미 원자력협정, 방위비분담, 주한미군지위협정(SOFA) 등 다양한 이슈에서 한·미동맹관계가 아직 비대칭적이라고 주장하는 이들이 많다. 한국이 한·중 간의 경제협력관계를 우호적으로 잘 관리해 나갈 경우 한·미동맹관계 역시 더욱 대칭적으로 발전할 수 있을 것이다.

물론 한반도 주변에서 지정학적으로 우리에게 중요한 이웃 국가인 일본, 러시아와의 우호적 관계 역시 중요하다. 과거사에 대한 수정주의적 시각을 가진 아베 총리가 이끄는 일본은 우경화되고 있다. 19세기 말, 20세기 초 중반 동안에 일본이 참전한 전쟁들에 대한 수정주의적 해석, 그로 인해 위안부 문제, A급 전범이 묻힌 야스쿠니 신사 참배문제, 영토문제 등에 있어서 왜곡된 입장 표명 등은 한·일 관계를 악화시키는 원인이 되고 있다.

그럼에도 불구하고 한국과 일본은 가치와 지정학적인 이해관계를 공유하는 우호적인 이웃 국가이고 앞으로도 우호적인 이웃 국가로 남아 있을 수밖에 없다. 동북아시아 지역에서 민주주의와 시장경제 체제를 유지하고 확산하는 데 협력해야 할 파트너가 일본이다. 한국과 일본은 각각 미국과의 군사동맹관계를 통해 간접적으로 다양한 군사적 협력체제를 유지하고 있고, 북한 핵위협에 공동으로 대처하기 위해 노력해 왔다. 비록 현재 아베정권이 과거사 문제에 있어서 수정주의적 입장을 취하고 있다고 하더라도, 경제적, 군사적, 정치적으로 강대국인 일본은 민주주의를 표방하며 국제사회의 평화와 안정을 위해 일조하는 것을 자부하는 국가이다. 이러한 일본은 언젠가는 과거사 문제에 대해서도 자발적으로, 인도주의적 차원에서 진심으로 사과하고 책임지는 자유민주주의 강대국의 면모를 과시할 것으로 기대한다.

현재 아베정부는 그럴 가능성이 없다고 하더라도 차기정부에 대한 기대를 바탕으로 현재의 어색한 한·일관계를 복원하려는 노력은 반드시 필요하다. 이웃 국가 한국과 일본의 지도자는 매년 최소한 한 번 이상 정례적인 정상회담을 실시하는 등 양국 간 정책 조율을 통해 우호적 관계를 관리해 나가야 한다. 양국에 어떤 지도자가 등장하든 간에, 동북아시아의 지정학적 상황이 어떻게 변하든 간에 한·일 양국 지도자는 정례적인 회동을 통해 공동의 이해관계를 위해 협력하고 상이한 입장을 조율해 나가는 제도적 장치를 마련해 놓아야 한다.

러시아 역시 한반도에 중요한 영향을 미친다. 북한핵문제 해결 등 한반도 주변 안보상황의 안정적인 관리를 위해서 러시아와의 협력은 중요하다. 최근까지만 해도 한국정부는 '유라시아 이니셔티브'(Eurasia Initiative) 정책을 표방하며 러시아와 철도, 가스 등 분야에서 협력을 추진해 왔다. 사실 러시아야말로 북한의 핵문제가 해결되고, 한반도가 통일이 될 경우 한반도에서 막대한 경제적 이익을 추구할 수 있을 것으로 기대하는 대표적인 국가이다. 유라시아 이니셔티브 정책을 통한 러시아와의 협력은 향후 한반도 통일과정에서 러시아의 협력을 유도해 낼 수 있는 좋은 기회이다.

이와 같이 대한민국의 외교안보전략에서 한반도 주변 4강이 차지하는 비중이 매우 크다. 그중에서도 특히 한·미 군사동맹과 한·중 경제 전략적 협력동반자관계는 한국의 외교안보 대전략의 양대 축임이 틀림없다. 그렇지만 이제 한국은 외교지평을 넓혀 나가야 할 때가되었다. 미, 일, 중, 러 및 북핵문제를 뛰어넘는 외교이슈에도 더 적극적인 관심을 표명할 때가 되었다. 그래서 대한민국의 '중추적 중견국' 외교는 한국외교 대전략의 세 번째 핵심축이 되어야 한다.

- 중추적 중견국: 강대국들 사이, 중견국과 약소국들 사이에서 연합을 형성할 때, 인기가 가장 높은 중견국 파트너 국가로서 지역체제에 상당한 영향을 미칠 수 있는 하드 파워와 인간안보분야에서 주도적 역할을 할 수 있는 소프트 파워를 보유한 국가.

- 하드 파워: 물리적 강제력, 경제적 보상, 경제제재 등에 동원되는 군사력, 경제력.

- 소프트 파워: 상대방을 설득, 매료시켜서 스스로 움직이게 하는 매력적 힘. 문화, 가치관, 성공적인 경제성장 모델, 찬란한 역사와 유적 등.

- 스마트 파워: 하드 파워와 소프트 파워를 상황에 따라 필요한 만큼 적절하게 혼합하여 외교목표를 달성하고 국익을 극대화할 수 있는 전략적 능력.

한반도에서 우리가 상대해야 하는 국가들은 북한을 제외하면 모두 강대국들이다. 특히 대한민국은 한쪽에는 패권국 미국과의 동맹관계, 다른 쪽에는 급성장하는 거대 중국과의 전략적 협력동반자관계를 현명하게 가꾸어 나가야 한다. 그러나 이들은 한국이 양자 간에 상대하기에는 벅찬 강대국들이다.

최근에 주요 외교·안보 이슈가 된 한국의 아시아인프라투자은행(AIIB) 가입과 사드(THAAD) 미사일방어체제의 한반도 도입 결정과정에서 한국정부가 보여 주었던 강대국의 눈치 살피기와 우유부단한 행태는 미국과 중국이 우리에게 벅찬 상대란 것을 입증한다. 미·중 사이에 끼여 있는 한국은 미국, 중국과의 양자관계를 관리하는 데 좀 더 수월한 외교적 환경을 조성하기 위해서 한국 특유의 중추적 중견국 외교를 추진할 필요가 있다.

■ 중추적 중견국으로 부상한 한국은 하드 파워에 중점을 둔 스마트 파워를 활용하여 미·중 사이에서 대전략(大戰略)에 입각한 예측 가능한 외교를 펼쳐야 한다.

■ 한반도 평화를 위한 안보 문제에 있어서 한·미동맹 중심으로, 경제·통상 문제에 있어서 중국을 포함한 자유무역체제를 옹호하는 모든 국가들과의 협력증진을 통해 한국 특유의 스마트 외교를 펼쳐 나가야 한다.

■ 소프트 파워에 중점을 둔 스마트 파워를 활용하여 인간안보 분야에서 '뜻을 같이하는' 국가들과 협력하여 국제사회의 평화와 안정에 기여하는 특화외교를 추진해야 한다.

중추적 중견국으로 이미 부상한 한국은 '하드 파워'에 중점을 둔 '스마트 파워'를 잘 활용하여 미·중 사이에서 대전략에 입각한 예측 가능한 외교를 펼쳐야 한다. 한반도 평화를 위한 안보 문제에 있어서는 한·미동맹을 근간으로, 경제통상문제에 있어서는 중국을 포함한 자유무역과 시장경제체제를 옹호하는 모든 국가들과의 협력증진을 통해 한국 특유의 중추적 중견국 외교를 펼쳐 나가야 한다.

아시아·태평양지역에서만 하더라도 미국과 중국 사이에서 우리와 유사한 입장에 놓여 있는 국가들이 많이 있다. 중국과 국경을 접하고 있거나 인접해 있는 국가들, 즉 베트남, 인도, 인도네시아, 말레이시아, 태국, 필리핀, 싱가포르, 호주 등만 하더라도 경제적으로 중국과의 상호의존도는 더욱 높아지고 있는 반면, 중국의 급부상에 위기감을 느끼고 있는 국가들이다. 이들은 중국과의 교역량이 증가하는 가운데 미국과의 관계를 개선하거나 강화하는 데도 중점을 두고 있다. 한국은 이와 같이 미국과 중국 사이에서 입장이 유사한 국가들과 '중견국 외교벨트'의 구축을 주도하는 중견국 리더십 외교를 적극 추진해야 한다.

중견국 외교는 주로 인간안보 이슈분야에서 다자주의적 접근을 통해 '뜻을 같이하는' 국가들이 협력하여 국제사회의 평화와 안정에 기여하는 데 중점을 둔다. 이러한 분야에서 한국의 성공적인 리더십의 발휘는 미국이나 중국과의 양자관계를 더욱 효율적으로 관리해나가는 데 도움이 될 수 있다. 다자체제에서 '뜻을 같이하는' 국가들의 목소리를 대변하는 역할, 국제사회의 평화와 안정에 도움이 되는 윤리적, 도덕적, 헌신적, 인도주의적 역할 등은 한·미동맹과 한·중 전략적 협력동반자관계로 인해 강대국에 의해 좌지우지될 수 있는 외교안보환경을 더욱 능동적이고 적극적인 외교를 펼칠 수 있는 상황으로 균형을 잡도록 하는 데 결정적인 도움을 줄 수 있다.

대한민국은 '소프트 파워'에 중점을 둔 스마트 파워를 잘 활용하여 이미 이러한 중추적 중견국 외교를 추진하기 시작했다. 한국은 호주와 더불어 G20 정상회의를 세계경제위기 극복을 위한 정통성 있는 국제적 논의의 장으로 정착시키는 데 큰 공헌을 했다. 한국은 세계경제위기 극복을 위해 G8 정상회의가 아니라 G20 정상회의를 통해 다양한 정치, 경제적 방안을 정례적으로 논의할 수 있도록 하는 데 일조했으며, G20 정상회의 공동의장국으로서 서울에서 회의를 개최하기도 했다.

기후변화 및 녹색성장 이슈에서도 G20 정상회의와 마찬가지로 중견국 촉매자 및 촉진자역할을 해냈다. 국제사회에서 기후변화 및 녹색성장 이슈를 주도하여 글로벌녹색성장연구소(Global Green Growth Institute: GGGI)를 서울에 설립하는 데 중심적인 역할을 했다. 녹색기후기금(Green Climate Fund: GCF)을 인천 송도에 유치하는 데도 성공하여 중견국 관리자역할까지 담당하게 되었다. 세계 역사상 유례없는 빠른 경제성장과 민주화과정의 경험을 개발도상국들에 전수하는 등 국제사회의 지속가능한 발전을 위해서도 공헌하고 있으며, 평화유지활동을 통해 국제사회의 평화번영에도 적극 동참하고 있다.

이러한 우리나라의 중견국 외교 활동은 국제사회의 평화와 안정에 공헌할 뿐 아니라 대한민국의 인도주의적이고 평화애호적인 이미지를 전 세계에 전파하여 우리나라의 국격을 높이는 데 결정적인 역할을 할 것이다. 이러한 중견국 리더십 외교활동은 단기적으로는 비용대비 효과가 미진할지는 몰라도 중·장기적으로는 효율적인 외교전략이다. 중추적 중견국 외교의 긍정적인 효과는 다가오는 한반도 통일과정에서도 큰 영향력을 발휘할 것이다. 한층 더 높아진 한국의 국격과 평화애호적 이미지는 한반도의 평화적 통일과정을 지지하는 세계여론을 조성하는 데 일조할 것이다.

제1부에서는 국제체제 내에서 핵심적 중추적 중견국으로 부상했지만 지정학적으로 미국과 중국의 영향권 사이에 있는 대한민국의 21세기 외교전략은 어떠해야 하는지에 관해 필자의 의견을 피력한다. 중견국 외교론과 동맹전이이론에 근거한 논리를 바탕으로 미·중 사이에서 한국이 필자가 '스마트 외교'라고 명명한 중추적 중견국 외교를 왜 펼쳐야 하는지에 관해 설명한다. 중추적 중견국 외교는 어떠한 것이며 한국 특유의 중추적 중견국 외교의 특징은 무엇인지도 설명하는 과정에서 필자가 왜 한국 특유의 중추적 중견국 외교를 스마트 외교라고 명명하게 되었는지도 알 수 있다.[6]

제2장에서는 중견국과 중추적 중견국이란 어떤 국가를 의미하는지, 이들은 강대국이나 약소국과 어떻게 구별되는지를 설명한다. 그리고 중추적 중견국 외교의 특징을 소개한다. 제3장에서는 한국 특유의 스마트 외교의 특징을 소개하고 이러한 스마트 외교로 미·중 사이에서 사드의 한반도 도입문제나 AIIB 참여와 같은 외교적으로 예민한 문제를 어떻게 현명하게 다루어야 하는지를 설명한다. 제4장에서는 소프트 파워에 중점을 둔 스마트 외교를 추진하는 데 도움이 되는 내용을 소개한다. 소프트 파워, 스마트 파워, 이를 바탕으로 한 '공공외교'가 어떠한 의미를 지니며, 한국은 스마트 외교를 추진하기 위해서 어떤 인적, 물적 역량을 축적해 나가야 하는지 소개한다.

미·중 사이에서 AIIB, 사드 문제로 외교적 고충을 겪은 한국이 앞으로 이러한 문제보다 더 어려운 상황에 놓이지 말라는 법은 없다. 그럴 때마다 한국은 그때그때 상황에 따라 강대국의 눈치를 살피며 우리의 생존과 국가이익에 적합한 최선책을 찾아내려고 고심할 수는 없는 노릇이다. 제1부에서는 필자가 주장하는 스마트 외교가 왜 '눈치외교', 헤징(hedging)전략에 바탕을 둔 '양다리걸치기 외교'와 다른지도 설명한다.

제2부에서는 제1부에서 소개한 한국의 스마트 외교의 전략적 근거를 제공하는 중견국 외교이론과 동맹전이이론을 상세히 소개한다. 제2부 제1장에서 중국의 부상과 이에 따른 미·중 간의 패권경쟁 가능성을 가장 잘 설명하는 이론으로 각광을 받고 있는 세력전이이론을 설명하고, 세력전이이론을 수정 및 보완하여 한 단계 더 발전시킨 동맹전이이론을 소개한다. 동맹전이이론은 세력전이이론의 핵심주장과 더불어 중추적 중견국의 역할을 강조하기 때문에 중추적 중견국 한국의 스마트 외교의 논리적 근거를 제공한다.

제2장에서는 '미들파워'(middle power)라는 개념이 역사적으로 어떠한 발전과정을 거쳤는지를 소개하고, 제3장에서는 중견국을 약소

국과 구별하는 분류로 위계적, 기능적, 규범적, 행태적 분류를 소개한다. 그 외에도 중견국 이론을 발전시켜 온 학자들의 중견국의 특징과 역할 등에 관한 주장을 소개한다.

제4장에서는 과학적인 방법을 통해서 중견국 리스트와 중추적 중견국 리스트를 만드는 작업을 소개한다. 현재까지 중견국 이론가들이 공통적으로 인정하는 중견국 리스트는 존재하지 않는다. 학자들마다 제각각의 중견국 리스트를 제공한다. 그래서 중견국이라는 개념이 무의미할 정도라고 지적하는 학자도 있는 것이 사실이다. 필자는 중추적 중견국과 불만족한 중견국 유형을 일반적 중견국과 구별하여 만드는 작업과 각각의 중견국 유형에 해당하는 국가들의 리스트를 뽑는 연구를 수행한다.

제5장에서는 중추적 중견국이 소프트 파워에 중점을 둔 스마트 외교를 수행하는 주된 영역인 인간안보에 관해서 설명한다. 인간안보 개념, 중견국이 주도한 인간안보관련 다자체제의 성공적인 사례를 설명하고, 중추적 중견국 한국에 적합한 인간안보 외교를 소개한다. 그리고 왜 이러한 인간안보 외교가 미·중 사이에서 스마트 외교를 펼쳐야 하는 한국에 필요한지에 대해서도 설명한다.

제1부에서는 중견국 외교전략, 중추적 중견국의 스마트 외교를 소개하고, 제2부에서는 이러한 전략의 근거가 되는 논리, 즉 이론적 틀을 설명하다 보니 제1부와 제2부의 내용이 겹치는 부분이 있다. 그래서 제2부에서는 적절한 곳에 각주를 미주 형식으로 달았지만 제1부에서는 각주없이 내용을 소개한 부분이 있다. 제1부에서 달지 않은 각주는 제2부의 연결된 내용부분에서 각주를 찾을 수 있다.

주

1 한·동남아시아국가연합(ASEAN), ASEAN+3, 동아시아 정상회의(East Asia Summit: EAS) 등을 통한 ASEAN국가들과의 협력, 아시아·유럽회의(ASEM), 중유럽 4개국 폴란드, 헝가리, 체코, 슬로바키아 간의 모임인 비세그라드 (Visegrad) 그룹과의 한·비세그라드 외교장관회의, 노르웨이, 덴마크, 스웨덴, 핀란드, 아이슬란드 북유럽 5개국 모임과의 한·노르딕(Nordic) 외교장관회의, 중동지역의 걸프협력이사회(GCC)와의 한·GCC 외교장관회의, 멕시코, 인도네시아, 한국, 터키, 호주 5개 중견국의 믹타(MIKTA) 외교장관회의 및 국회의장회의 등에서 적극적인 외교활동을 벌이고 있다.

2 현재 '30·50 클럽'에 가입하고 있는 나라는 미국, 일본, 독일, 프랑스, 영국, 이태리 6개국이다. 조선일보, 2014.10.6. '20·50 클럽'에 관해서는 한경 경제용어사전, 네이버 지식백과, 2015.10.26. 참조. 2015년도 글로벌 화력(Global Firepower, GFP)이 발표하는 군사력 지표(power index)에서 한국은 126개국 중 군사력 순위가 11위로 발표됨. 한국은 2014년에 9위, 2015년에는 7위를 한 바 있음. 뉴시스, 2016.4.13.

3 한·미동맹이 필수적인 이유에 관해서는, 김우상 『신한국책략 III』(서울: 세창출판사, 2012), 제1부 제7장 참조.

4 바이든(Joe Biden) 미국 부통령이 "It's never been a good bet to bet against America"라고 함. 한국일보, 2013.12.7.

5 한국일보, 2015.9.7.

6 필자가 한국 특유의 중추적 중견국 외교를 스마트 외교라고 명명하는 데 함께 아이디어를 교환한 국가안보전략연구원 서동주 박사께 감사한다.

중추적 중견국 외교

1. 중견국 외교

■ 중견국은 체제의 현상유지를 위해 패권국을 지원하는 제1 동행자역할을 담당한다.

■ 중견국은 한정된 보유자원을 특화된 분야에 집중적으로 투입하는 특화외교를 추진한다.

■ 중견국은 '뜻을 같이하는' 국가들 간의 다자주의를 선호한다.

국제정치학에서 중견국(middle power)이란 아직 그 개념이 명확하게 정립되지 않은 다소 애매모호한 개념이다. 최근 들어 중견국 외교와 관련된 연구가 국내외에서 활발하게 진행되고 있지만, 아직도 중견국의 개념과 관련하여 명확하게 정리된 연구문헌은 부족한 실정이다.

국제체제 내에는 약 200여 개의 국가가 있지만 강대국의 수는 5개국 정도밖에 되지 않는다. 그 외에는 모두 약소국으로 취급된다. 현재 국제체제에서는 국제연합(UN) 안전보장이사회에서 거부권을 행사할 수 있는 'P5'(Permanent 5), 즉 5대 상임이사국인 미국, 러시아, 중국, 영국, 프랑스를 강대국이라고 할 수 있을 것이다. 또는, P5에 G7(Group of 7) 회원국인 독일, 일본, 이태리, 캐나다를 포함할 수도 있겠다.[1] 현재 국제체제에서 소위 '승인'(recognition) 절차를 거친 막강한 영향력을 행사하는 국가 모임은 P5와 G7이 전부이다.[2] 어쨌든 강대국의 수는 항상 한 자리 수였다. 1648년 웨스트팔리아 조약이 체결되고 근대국가개념이 형성되기 시작한 이후부터 항상 5개국 정도가 강대국으로 인정받았고, 그 외는 모두 약소국으로 취급되었다.

19세기 초 나폴레옹전쟁이 종결되었을 때, 20세기 초 및 중반에 제1차 세계대전과 제2차 세계대전이 종결되었을 때마다 평화회의가 개최되었고, 소위 국가등급을 매기는 일이 주요사안으로 등장했다. 1815년에 개최된 비엔나 회의(Congress of Vienna)에서는 오스트리아, 프러시아, 러시아, 영국이 전승국으로서 회의를 주도했고, 패전국인 프랑스도 곧 강대국의 지위를 인정받고 전후 유럽의 주요사안을 결정하는 데 주도적인 국가로 강대국 그룹에 참여했다. 그러나 전쟁 당시 일시적으로 강대국의 대우를 받았던 스페인이나, 스웨덴, 포르투갈, 네덜란드 등은 5대 강대국의 독주에 불만을 표출하기도 했지만, 이들은 강대국이나 약소국 어느 쪽으로부터도 강대국과 약소국의 사이에 있는 중견국이라는 중간지위를 인정받지 못했다. 강대국은 '강대국 아니면 약소국'이라는 이분법을 당연시하였고, 약소국 역시 몇몇 국가들이 자국과 다른 특별한 지위를 인정받는 일을 적극 지지할 하등의 이유가 없었다. 이러한 상황은 그 이후의 평화회의 때에도 반복되었다.

1945년 샌프란시스코 회의 당시에는 캐나다와 호주가 중견국의 권리를 강력하게 주장했다. 패권국 미국의 '제1 동행자'(first follower)로서 전승 강대국에 버금가는 지위와 대우를 요구했다. 특히 UN을 설립하는 과정에서 안전보장이사회 비상임이사국, 경제사회이사회에 참여하는 기준을 정할 때 전쟁 당시 전승국의 일원으로 참전한 공헌도 및 상당한 영향력을 행사할 수 있는 경제력과 군사력의 보유 정도에 따라 약소국과는 차별적으로 대우해 줄 것을 강력히 요구했다. 그러나 이러한 요구는 강대국에 의해 수용되지 않았다.

제2차 세계대전 이후 냉전기간 동안에는 국제체제 내 주요사안이 주로 국가안보와 군사문제와 관련이 있는 '상위정치'(high politics) 이슈 중심이었기 때문에 중견국은 초강대국의 제1 동행자로서 국제체제의 질서를 유지하는 데 있어 초강대국을 지원하는 동맹파트너의 역할을 담당했다. 1980년대 및 1990년대에 들어서는 경제, 질병, 환경, 인권 문제 등과 같은 '하위정치'(low politics)와 관련된 이슈들이 부각되기 시작했고, 강대국들은 이러한 이슈를 논의하고 해결하기 위한 방안을 도출하는 데 강대국뿐 아니라 중견국 및 약소국과의 협력의 중요성을 고려하기 시작했다.

1990년대 초 당시 호주 외교장관이었던 에반스(Gareth Evans)는 호주가 특화된 분야에서 외교적 역량을 발휘해야 할 것을 강력히 주장하기 시작했다. 에반스는 중견국 외교의 특징은 '뜻을 같이하는'(like-minded) 국가들 간의 연합형성에 있으며, 중견국은 자국의 한정된 보유자원을 특화된 분야에 집중적으로 투입해서 강대국보다 더 나은 성과를 낼 수 있는 '특화외교'(niche diplomacy)를 추진해야 한다고 역설했다. 호주는 우루과이 라운드(Urguay Round) 회의 당시 케언즈 그룹(Cairns Group)이라는 연합을 아르헨티나, 캐나다, 브라질, 칠레, 우루과이, 인도네시아, 말레이시아, 남아프리카공화국 등 19개국 간에 형성하여 강대국들에 대해 농산물 수출 자유화를 강력히 주장하는 데 앞장섰다. 또한 아·태 경제공동체(APEC)의 설립을 주도했다.

이 무렵 호주, 캐나다 출신 학자들이 중견국의 개념을 발전시키는 데 주력하기 시작했다. 당시에 중견국의 지위와 관련된 어떠한 합의도 없었고, 정치인, 외교관, 학자들 사이에 통용되는 뚜렷한 중견국 개념도 없다보니, 자국이 약소국과는 차별적인 특별한 지위를 인정받아야 마땅하다고 생각하는 소위 '자칭 중견국' 학자들에 의해서 중견국관련 연구가 주도되기 시작했다. 이들은 '국제정치는 강대국 간의 정치'임을 당연시 여기는 강대국출신 국제정치학자들의 이론에 토를 달기 시작했다. 국제체제가 세계대전 직후인지 아니면 전후 평화체제가 나름대로 정착이 된 시기인지에 따라, 또는 패권체제인지, 양극체제인지, 다극체제인지에 따라, 또는 냉전체제인지 아니면 강대국 간의 데탕트 시기, 즉 긴장완화 시기인지에 따라 지역체제 내에서 중견국의 영향력이나 역할이 달라질 수 있음을 주장하기 시작했다.

〈표 2-1〉 중견국 개념의 네 가지 분류

위계적	국제체제 내 군사력, 경제력, 인구수 등 국력의 위치
기능적	지정학적으로 강대국 사이에 또는 지정학적 요충지에 위치
규범적	국제법, 국제규범을 지키고 국제질서를 유지하는 데 동참
행태적	국제분쟁의 타협적, 다자주의적 해결 추구, 선량한 국제시민 역할 담당

최근까지 학자들은 중견국 개념을 주로 네 가지로 분류해서 설명했다. 첫째, 위계적 분류이다. 국제체제 내에서 국력의 위치에 따라 분류한다. 인구수, 영토의 크기, 경제력, 군사력 등을 고려하여 특정 국가가 자국이 위치한 지역 내에서 상당한 물리적 영향력을 행사할 수 있는지에 따라 중견국과 약소국을 구별한다. 둘째, 기능적 분류이다. 특정국가가 강대국 사이에 위치해 있거나 지정학적 요충지에 있는지에 따라 분류한다. 셋째, 규범적 분류이다. 특정 국가가 국제

체제의 안정과 번영에 나름대로 공헌을 하는지, 국제평화와 번영과 관련된 다양한 이슈에서 인도주의적, 도덕적, 헌신적 입장을 취하는지, 국제법과 국제규범을 지키고 유지하는 데 적극 동참하는지에 따라 중견국과 약소국을 분류한다. 넷째, 행태적 분류이다. 특정국가가 국제적 문제를 논의하고 해결하는 과정에서 다자주의적 해결을 선호하고, 국제적 분쟁을 타협적으로 해결하기를 선호하고, '선량한 국제시민'(good international citizenship)의 역할을 적극적으로 담당하는지에 따라 중견국과 약소국을 분류한다. 이러한 중견국의 네 가지 분류 중 한 가지만 충족시켜도 그 국가는 중견국으로 분류될 수 있다는 것이 대부분의 중견국 관련 학자들의 주장이다.[3]

- 중견국은 기존의 국제법, 국제제도, 국제규범을 준수하고 유지하려는 경향이 있다.
- 중견국은 공적개발원조(ODA) 등 대외 경제지원에 적극적이다.
- 중견국은 분쟁해결을 위한 중재자역할에 적극적이다.

　중견국은 패권국이 주도적으로 정립한 기존의 국제질서를 현상태로 유지하는 데 관심이 많은 국가이다. 국제질서든 지역질서든 간에 현상유지를 통해서 국익을 안정적으로 추구할 수 있다고 믿는 국가이기 때문에, 기존 패권국 주도의 체제가 안정적이기를 원한다. 그래서 중견국은 대개 패권국을 측면에서 나름대로 지원하고 우호적인 파트너 역할을 수행하는 '제1 동행자'이다.

　이러한 중견국은 기존의 국제법, 국제제도, 국제규범을 준수하고 유지하려는 경향이 있다. 중견국은 국제법과 국제규범 등이 국제질서의 현상유지에 핵심적인 역할을 수행하며, 각 국가의 외교행태에 대한 어느 정도의 예측을 가능하게 해 주는 장치라고 믿는다. 이에 반해 중견국은 군사적 세력균형을 추구하는 행위, 자유민주주의 등 기존국제질서에 도전하는 행위 등에는 참여하지 않는 경향이 있다. 인권문제나 인도적 지원문제 등에 대한 접근법에 있어서 강대국과 그 방법이 다를 수는 있지만 그로 인해 패권국이나 강대국이 주도하는 질서에 직접적으로 도전하기 위해 반대세력을 규합하는 행위는 하지 않는 경향이 강하다.

때때로 중견국은 자국이 위치한 역내 문제가 아닌 국제적 이슈, 또는 당장 자국의 국익에 도움이 되기보다는 짐만 될 수도 있는 글로벌이슈에 특화하여 그런 이슈들을 주도하려는 외교적 행태를 보이기도 한다. 중견국은 주로 그러한 외교적 행태를 통해 '선량한 국제시민'으로 인정받기를 원한다. 그럴 경우 어떠한 특화된 글로벌이슈에서도 단독으로는 상당한 영향력을 발휘하기란 쉽지 않기 때문에 중견국 간의 다자주의를 선호한다. 뜻을 같이하는 국가들 간의 연합을 형성하고, 관련 국제기구의 설립을 함께 주도하여 권위를 확보하고 영향력을 행사하려고 한다. 물론 중견국이 항상 자국의 단기적 국익과는 거리가 있는 특화된 이슈만을 고집하는 것은 아니다. 앞에서 언급한 바와 같이 호주의 에반스 외교부장관은 특화외교를 주창하며, 호주의 농산물수출을 원활하게 하기 위해 케언즈 그룹을 형성하여 당시 강대국의 보호무역기조에 압력을 가하기도 했다.

중견국을 전통적 중견국과 신흥중견국으로 구별하기도 한다. 전통적 중견국으로 간주할 수 있는 노르웨이, 스웨덴, 덴마크와 같은 스칸디나비아 국가들은 국내정치적으로 사회민주주의 세력이 강해서 공적개발원조(official development assistance: ODA)와 같은 대외경제지원에 적극적으로 동참한다. 이러한 적극적인 대외 경제지원을 통해서 자국의 선량한 국제시민 이미지를 강화하고 기존 국제경제질서를 유지하는 데 순기능적인 역할을 담당한다.

이에 반해 신흥중견국은 분쟁해결을 위한 중재자 역할에 치중하는 경향이 있다. 남아프리카공화국의 지도자 만델라(Nelson Mandela)는 팔레스타인분쟁, 북아일랜드분쟁 등 타 지역에서 발생한 분쟁을 중재하는 역할을 자처했다. 신흥중견국은 역내 이슈에 더 많은 관심을 표명하며, 지역통합 과정에 주도적인 역할을 하기도 한다. 또한 역내에서 상당한 영향력을 행사할 수 있는 물리적 차원의 국력을 바탕으로 역내 다자체제의 주도국의 면모를 보이기 위해 노력하며, 때때로 자국은 국제체제에서 패권국의 대리인이 아님을 보여주고자 하기도 한다.

이와 같이 중견국은 국제체제에서 국가 간 부(富)의 불균형으로 인해 피해를 입는 개발도상국들을 지원하기 위한 경제원조에 적극적으로 나서는 경향이 있으며, 특정지역 내에서 발생하는 분쟁을 평화적으로 해결하기 위해 타협안을 마련하는 중재자역할을 자처하기도 한다.[4]

■ 중견국은 다자체제에서 리더십을 발휘하기 위해 촉매, 촉진자, 관리자역할을 수행할 수 있어야 한다.

중견국은 특화된 이슈 분야에서 서로 공감대를 형성하여 단합하여 협력하려고 한다. 중견국과 강대국이 1 대(對) 1로 경쟁할 경우, 중견국은 강대국에 비해 항상 불리하다. 그래서 중견국은 뜻을 같이하는 국가들과 연합을 형성하여 국제사회의 관심있는 주요사안을 놓고 강대국과 선의의 경쟁을 벌일 수도 있다. 특히 중견국이 다자체제에서 리더십을 발휘하기 위해서는 세 가지 단계별 역할을 잘 이행하기 위해 준비가 잘 되어 있어야 한다.

첫째, 특정사안에 대한 관심을 높이기 위해 정치적 역량을 발휘하는 촉매(catalyst)역할을 잘 해낼 수 있어야 한다. 특정이슈에 관한 포럼이나 회의를 국내외에서 개최하고 국내외 미디어를 통해 특정사안의 중요성을 강조하고 알리는 계기를 마련하여 국제사회에서 특정사안에 대한 관심이 활성화되도록 하는 역할을 담당할 수 있어야 한다. 그러기 위해서는, 특정사안에 대한 지적(intellectual) 능력을 보유한 학자, 관료, 정부 예산, 정치적, 외교적 역량 등을 갖추어야 한다.

둘째, 특화된 이슈와 관련해서 촉진자(facilitator)역할을 잘할 수 있어야 한다. 촉매역할을 통해 활성화된 특정이슈에서 구체적인 의제(agenda)를 정하고, 그 의제의 목표를 달성하기 위해 전문가와 관료가 함께 참여하는 비공식적 1.5트랙(track) 다자회의, 정부 간 공식적 다자회의 등을 기획하고 준비하고 주관할 수 있어야 한다. 또한 회의의 결과로 공동성명의 초안을 작성하고, 차기 회합의 시기, 장소, 주제 등 관련 사안을 제의하고 결정하는 데 주도적인 역할을 담당할 수 있어야 한다. 그러기 위해서는 정치적 의지와 인적 및 물적 자원이 갖추어져야 한다.

셋째, 중견국은 특정이슈에 대한 관리인(manager)역할도 할 필요가 있다. 특정 아젠다에 대한 성공적인 촉매, 촉진자역할은 때때로 특정이슈와 관련된 다자기구를 설립하게 되는 결과를 만들어내기도 한다. 그럴 경우 다자기구의 사무국을 유치하여 직접 운영할 수도 있을 것이다. 또한 다자기구의 관리인으로서 분쟁의 소지가 있는 문제들을 미연에 방지하기 위해 신뢰구축방안에 대한 논의를 주도하는 역할도 맡을 수 있을 것이다.

- 특화분야에 집중할 수 있는 전문가 확보, 정부 예산이 뒷받침되어야 하며, 관료들의 기술적 전문성을 확보하기 위해 관료사회의 끊임없는 재정비가 필수적이다.
- 특화분야에 대한 지도자의 의지가 확고해야 하며, 국내정치적 지지도 확보하여 국제적 신뢰를 얻을 수 있어야 한다.

이러한 세 가지 단계적 역할을 잘 수행하기 위해서는 무엇보다도 관료사회의 기술적 전문성이 필요하다. 그래서 중견국이 가장 효율적인 기업가적, 기술적 외교를 수행해 나가기 위해서는 현실을 그때그때 반영한 관료사회의 끊임없는 재정비가 필수적이다. 또한 특정 이슈 분야에 집중적으로 동원할 수 있는 전문가, 학자 및 정부의 예산이 뒷받침되어야 한다. 특히 중견국이 보유한 인적 자원은 지적 능력이 뛰어나고, 기업가적 재능이 있어야 하며, 외교적 수완도 뛰어나야 한다. 그래서 창의적인 아이디어와 외교적 수완을 활용하여 국제사회에 도움이 될 뿐만 아니라 자국의 국익에도 도움이 되는 방향으로 특화된 이슈분야에서 연합형성을 주도하고 새로운 국제레짐과 규범을 제시하고 정립하는 데 일조할 수 있어야 한다. 이러한 중견국의 새로운 국제규범 만들기(norm making)에 적극 동참하는 역할은 패권국 또는 초강대국의 제1 동행자의 역할을 뛰어넘는 것이다.

이러한 풍부한 인적, 물적 자원의 동원력, 특정분야에 집중적으로 투자할 수 있는 집중력, 창의력, 외교적 수완 이외에 중견국이 다자외교에서 리더십을 발휘하기 위해서 반드시 확보해야만 하는 것이 있다. 무엇보다도 지도자의 의지가 가장 중요하다. 대통령, 총리, 또는 외교부 장관이 중견국 외교스타일을 발휘하는 데 지대한 관심이 있어야 한다. 또한 특정이슈에 개인적 이해관계나 정치적 이해관계가 있거나, 열정과 야망이 있어야 한다. 물론 국가이익이 걸려 있다면 가장 유리할 것이다. 그렇지 않고서는 특정 중견국이 특정분야에 자원을 집중적으로 투입해서 다자체제에서 리더십을 발휘할 뚜렷한 이유를 제시하기가 쉽지 않을 것이다. 게다가 지도자의 특정이슈에 대한 입장에 대해 국내정치적 지지를 확보해야 하고 국제적 신뢰도 얻어야 한다. 국내정치적으로 지지를 받지 못하는 이슈를 국제사회에서 주도하겠다고 할 경우, 이를 신뢰하고 동참할 국가는 많지 않을 것이다.

2. 중추적 중견국 외교

최근까지 중견국 외교와 관련된 연구를 해 온 학자들이 주로 활용한 중견국의 네 가지 분류 방식, 즉 위계적, 기능적, 규범적, 행태적 분류에 의하면, 웬만한 국가는 대부분 '자칭 중견국'으로 분류될 수 있다. 그러나 인구수, 경제규모, 군사력 측면에서 인도네시아와 한국을 노르웨이, 덴마크와 같은 그룹으로 분류하는 것은 적절하지 않다.

인도네시아, 한국은 위계적 분류뿐만 아니라 기능적, 규범적, 행태적 분류 중 두 가지 이상을 다 만족시키는 국가이다. 즉, 인도네시아는 위계적으로 인구 2억 4천만 명이 넘는 거대국가이며 경제규모나 군사력 측면에서도 아시아에서 다섯 손가락 안에 포함되는 국가이다. 한국 역시 인구수, 경제규모, 군사력 측면에서 중견국 분류를 충분히 충족시키고, 강대국 사이에 지정학적으로 중요한 위치에 있다. 게다가 인도네시아와 한국 모두 규범적, 행태적 분류도 충족시킨다. 그러나 노르웨이와 덴마크는 일인당 국민총소득(GNI)에서는 세계에서 몇 안 되는 부유한 국가이지만 경제규모, 인구수, 군사력 측면에서는 중견국의 위계적 분류를 충족시키기에는 규모가 작은 국가들이다. 물론 규범적, 행태적 분류는 충족시키는 국가들이다. 그래서 노르웨이와 덴마크는 중견국임에는 틀림없으나 인도네시아와 한국과는 다른 부류의 중견국이라고 할 수 있다. 이러한 차이를 구별하기 위해서 필자는 중견국을 세 가지로 분류하는 새로운 중견국 개념을 제시한다.

〈표 2-2〉 중견국 유형

유 형	조 건	예
중추적 중견국	위계 또는 기능적, 규범 또는 행태적 분류 모두 충족	한국, 인도네시아
불만족한 중견국	위계 또는 기능적 분류만 충족	북한
(일반적) 중견국	규범 또는 행태적 분류만 충족	노르웨이, 덴마크

먼저, 특정국가가 위계적 분류나 기능적 분류를 충족시키면 중견국의 '물리적' 조건 즉, 필요조건을 충족시키는 것으로 간주한다. 또한 특정국가가 규범적 분류나 행태적 분류를 충족시키면 중견국의 '외교스타일', 즉 충분조건을 충족시키는 것으로 간주한다. 만일 특정국가가 필요조건과 충분조건을 둘 다 충족시킬 경우, 이를 '중추적 중견국'(pivotal middle power)이라고 분류한다. 위의 예에서 본 바와 같이 인도네시아와 한국이 이에 속한다.

특정국가가 충분조건만 충족시킬 경우, 이를 '일반적 중견국' 또는 '만족한 중견국'이라고 분류한다. 위의 예에서 노르웨이와 덴마크는 일반적 중견국 또는 만족한 중견국으로 분류된다. 그러나 특정국가가 필요조건만 충족시키고 충분조건은 충족시키지 못하는 경우, 이를 '불만족한 중견국'으로 분류한다. 즉, 인구수, 경제규모, 군사력 등의 측면에서는 중견국의 조건을 충족시키지만 외교스타일 측면에서 규범적으로나 행태적으로 중견국의 조건을 충족시키지 못하는 국가를 의미한다.

불만족한 중견국으로는 북한을 들 수 있다. 북한은 지역질서에 상당한 영향을 미칠 수 있는 군사력을 보유하고 한국과 마찬가지로 지정학적으로 중요한 위치에 있는 중견국이다. 그러나 기존의 국제질서 및 규범에 위배되는 행태를 일삼는다. 핵무기를 포함한 대량살상무기를 개발하는 행태, 북한주민의 기본권을 침해하는 행태 등은 국제질서와 규범을 무시하는 행태들이다. 게다가 남북관계, 북·일관계, 북·미관계 등을 해결하는 데 항상 분쟁적이고 폭력적이다. 이와 같이 북한은 기존 국제질서에 불만족한 중견국인 것이다.

〈그림 2-3〉 아시아·태평양 지역의 중추적 중견국

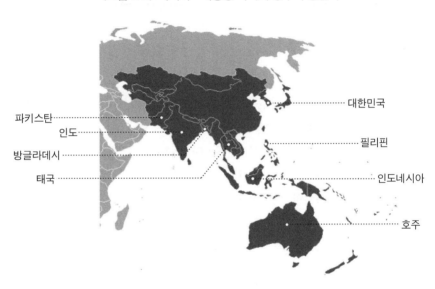

파키스탄·········
인도·········
방글라데시·········
태국·········

대한민국

필리핀

인도네시아

호주

출처: www.internetsociety.org/what-we-do/where-we-work/asia-pacific 재구성

필자가 제시하는 이러한 중견국 분류의 장점 중의 하나는 적어도 중추적 중견국은 불만족한 중견국, 일반적 중견국뿐 아니라 약소국과도 확실히 구별된다는 것이다. 약소국이 자칭 중견국임을 주장할 수는 있겠지만 자칭 중추적 중견국이라고 주장할 수는 없다는 것이다. 노르웨이나 덴마크도 일반적 중견국이거나 '강소국'으로 분류될 수는 있겠지만, 중추적 중견국과는 뚜렷이 구별된다.

필자는 제2부 제4장에서 경험적 연구를 통해서 중견국 리스트(list)를 다음과 같이 제시한다. 아·태지역에서 중추적 중견국으로 한국, 인도네시아, 호주, 태국, 필리핀, 인도, 파키스탄, 방글라데시 8개국을 제시한다. 유럽에서는 스페인, 폴란드, 네덜란드, 벨기에, 우크라이나, 터키, 남미지역에서는 브라질, 멕시코, 아르헨티나, 아프리카 및 중동지역에서는 남아프리카공화국, 나이지리아, 이집트, 사우디아라비아, 총 21개국을 중추적 중견국으로 간주한다.

불만족한 중견국으로는 북한, 베트남, 이란 3개국을 지정한다. 최근 들어 미국과 베트남의 관계가 개선되고 있는 것으로 보아서, 머지않아 베트남도 중추적 중견국의 대열에 합류할 가능성이 높다. 마지막으로, 일반적 중견국으로 아·태지역에서 뉴질랜드, 말레이시아, 싱가포르, 유럽에서 그리스, 노르웨이, 덴마크, 스웨덴, 아일랜드, 오스트리아, 체코, 포르투갈, 핀란드, 헝가리, 남미지역에서 칠레, 자마이카, 아프리카 및 중동지역에서 알제리, 코트디부아르, 합계 17개국을 제시한다.

- 중추적 중견국은 새로운 국제규범을 정립하는 창의적인 역할에 앞장서기도 한다.

- 지정학적으로 강대국 사이에 있는 중추적 중견국은 양국 간 충돌이 일어나지 않도록 두 강대국을 서로 떼어 놓는 역할을 담당하기도 한다.

'중추적 중견국'이라는 개념은 필자가 1998년『신한국책략』을 집필하면서 로체스터(Rochester) 학파의 창시자인 라이커(William Riker) 교수의 '중추적 행위자'(pivotal power)라는 개념을 활용하여 발전시킨 아이디어이다.[5] 라이커는 1962년에 출간한『정치연합이론』에서

체제 내에서 정치적 행위자들이 연합을 구성할 때, 그 연합의 규모는 승리할 수 있는 최소한의 크기인 '최소승자연합'(minimum winning coalition)으로 이루어진다고 주장한다. 여기서 최소승자연합을 구성하기 위해서 반드시 필요한 행위자를 중추적 행위자라고 한다. 즉 최소승자연합을 구성하기 위해서 특정 행위자를 그 연합에 포함시켜야만 하는 필요성이 높아질수록 그 행위자는 중추적 행위자의 입장에 놓이게 된다.

라이커의 중추적 행위자처럼 중추적 중견국은 한 쪽 강대국이 라이벌 강대국과 경쟁하는 구도에서 상대방보다 더 우세할 수 있는 승자연합을 구성하기 위해서는 반드시 자국과 연합을 형성해야 하는 중견국 파트너를 의미한다. 또한 여러 중견국과 약소국이 포함된 지역체제에서 뜻을 같이하는 다자체제를 구성할 때, 특정 국가가 포함될수록 그 다자체제가 더 강력한 영향력을 발휘할 수 있을 것으로 간주되는 국가를 의미한다. 강대국들 사이에서든 중견국이나 약소국들 사이에서든 연합을 형성할 때, 인기가 가장 높은 중견국 파트너 국가를 중추적 중견국 또는 '중추적 동반자'(pivotal partner)라고 한다.

여기서 중추적이라는 의미는 '사회 네트워크'(social networks)에서 중심축의 위치에 있는 것과 일맥상통한다. '허브·스포크'(hub and spokes) 네트워크, 즉 '축과 바퀴살' 관계에서 축의 역할을 담당할 수 있는 능력이 있는 국가, 누구나 자국의 편에 서 주기를 바라는 국가, 그래서 뜻을 같이하는 국가들의 다자체제에서 평판이 좋고 인기가 높은 국가를 의미한다.[6] 대개의 경우 이러한 중추적인 역할을 강대국이 맡는 경우가 많지만, 강대국들 사이에 둘러싸여 있으면서 상당한 군사력이나 경제력을 보유한 중견국이 중추적 역할을 담당하는 경우도 있다. 그러나 중견국들과 약소국들 사이에서 다자체제를 형성할 경우 이들에게 위협적이거나 부담스러운 강대국보다는 상당한 물리적 능력을 보유한 중견국 중 인기와 평판이 높은 국가가 중추적 역할을 맡을 가능성이 훨씬 더 높다.

중견국들 중에서도 특히 규범적으로나 행태적으로 외교스타일을 갖추었을 뿐 아니라 군사력, 경제력 등 물리적 능력까지 겸비한 중추적 중견국이야말로 다자체제에서 리더십을 발휘할 가능성이 높다. 중추적 중견국은 다른 중견국, 약소국과 함께 국제법과 국제규범을 잘 지키고, 국제분쟁을 평화적이고 다자주의적으로 해결하기를 선호하고, 선량한 국제시민의 면모를 보여주는 데 앞장선다. 그뿐 아니라 특정이슈에서는 강대국의 핵심파트너가 되기도 한다. 중추적 중견국은 군사력이나 경제력차원에서 지역질서에 상당한 영향력을 미칠 수 있는 능력을 보유하고 있고, 때로는 지정학적으로 강대국들 사이에 놓여 있어서 강대국들이 지역차원에서의 특정이슈를 해결하는 데 중추적 중견국을 자국의 핵심파트너로 여기는 경우가 많다.

중추적 중견국은 국제규범을 따르고 유지할 뿐 아니라 새로운 국제규범을 정립하는 창의적이고 진취적인 역할도 때때로 수행할 수 있어야 한다. 비록 군사안보와 직결된 분야에서는 강대국을 제치고 의제(agenda)를 주도할 수는 없겠지만, 다양한 인간안보와 관련된 분야에서는 주도적인 역할을 수행할 수 있다. 비록 특정의제가 강대국의 이해관계와 마찰을 일으킨다고 하더라도 중추적 중견국은 국제사회 또는 지역사회의 평화와 번영을 위해서 새로운 규범이나 레짐을 창출해내는 데 뜻을 같이하는 국가들을 주도하는 리더십을 발휘할 수 있는 것이다.[7]

사실 군사안보와 관련된 이슈에서 중추적 중견국과 일반적 중견국의 차이가 뚜렷하게 나타난다. 패권국은 국제질서 및 지역질서의 안정을 위해 동맹체제를 활용한다. 현재 미국은 해외주둔 미군 및 북대서양조약기구(NATO), 미·일동맹, 한·미동맹, 미·호주동맹

등을 통해서 세계 각 지역에서 지역패권국이 등장하는 것을 미연에 방지하고 기존의 국제질서 및 지역질서를 현상유지하는 정책을 추진하고 있다. 즉 유럽의 강대국들, 아시아의 중추적 중견국들이 미국 주도의 국제질서를 유지하는 데 핵심 동맹의 역할을 수행하고 있다. 패권국으로서는 가급적이면 일반적 중견국이나 약소국보다는 막강한 군사력, 경제력, 인구수를 바탕으로 하는 중추적 중견국을 자국의 동맹파트너로 확보하고 유지하기를 원할 것이다. 패권국 주도의 기존 국제질서에 불만이 많아서 현상타파의 기회를 엿보는 강대국 역시 같은 이유로 지역내 중추적 중견국과의 우호적인 관계를 유지하기를 원한다.

중추적 중견국은 지리적으로 강대국들 사이에 위치해 있는 경우가 많고, 정치적으로 주변국들과 우호적이며, 전략적으로 주변 강대국으로부터 자국을 지킬 수 있을 정도의 국력을 보유하고 있다. 이들은 대부분 현상유지를 선호하는 강대국과 동맹관계를 맺고 있거나 우호적인 관계를 유지하고 있으며, 불만족한 강대국이 지역질서를 현상타파하려고 할 경우 현상유지 세력과 연합을 형성하여 기존의 지역질서를 유지하고자 하는 경향이 강하다. 그와 동시에 불만족한 강대국과 현상유지를 원하는 강대국 사이에 지정학적으로 놓여 있을 경우 양국 간의 물리적 충돌이 일어나지 않도록 두 강대국을 서로 떼어 놓는 역할을 담당하기도 한다. 이러한 역할은 지역질서의 현상유지를 통해 자국의 이익을 추구하는 중추적 중견국의 이해관계와 부합된다. 즉 두 강대국 간의 무력충돌이 일어날 경우 자국이 무력분쟁에 연루될 가능성이 높기 때문에 강대국 간의 이러한 무력분쟁이 발생할 가능성을 미연에 낮추는 역할에 적극적이다.

주 /

1 중견국 외교를 연구하는 학자들은 캐나다를 전통적인 중견국으로 간주한다. 그러나 캐나다는 G7 회원국이 된 이래 중견국이라고 자처하기를 꺼려 한다. 그렇다고 스스로 강대국이라고 주장하지도 않는다. 최근에는 캐나다 외교관들이 스스로를 '건설적인 국가'(constructive power)로 지칭하는 경향이 있다. 2015년에 이임한 전 주한 캐나다 대사 채터슨(David Chatterson) 역시 필자의 학부강의에서 특강 중에 이러한 표현을 사용했다. 연세대 정치외교학과 동북아 국제관계 특강, 2013.11.19.

2 얼마 전까지만 하더라도 러시아를 포함한 G8이 G7을 대신하고 있었다. 그러나 2014년 러시아가 크림반도를 무력으로 합병한 이후, G8 회원국들은 러시아를 제명하여 G7 모임으로 개편한 바 있다.

3 Andrew F. Cooper, Richard A, Higgott, and Kim R. Nossal, *Relocating Middle Powers: Australia and Canada in a Changing World Order* (Vancouver: UBC Press, 1993).

4 Eduard Jordaan, "The Concept of a Middle Power in International Relations: Distinguishing between Emerging and Traditional Middle Powers," *Politikon*, vol.30, no.2, 2003, pp.165-181.

5 김우상, 『신한국책략』(서울: 나남출판, 1998), 제2장.

6 Joseph S. Nye, Jr., *The Future of Power* (New York: Public Affairs, 2011), pp.3-24; 김상배, "네트워크로 보는 중견국 외교전략," 『국제정치논총』 제51집 제3호, 2011, pp.51-77.

7 물론 패권국의 국익에 반하는 이슈에 관해서는 중견국의 이니셔티브가 실패할 가능성이 높은 것은 사실이지만, 모든 분야에서 다 실패하는 것은 아니다. 제2부 제5장의 베린저(Ronald Behringer)의 주장 참조; Ronald M. Behringer, *The Human Security Agenda: How Middle Power Leadership Defied US Hegemony* (London: Continuum, 2012).

제3장
미 · 중 사이 한국의 스마트 외교

1. 미 · 중 경쟁 구도의 심화와 한반도 주변 국제정세

- '투키디데스의 함정'이란 역사상 급성장하는 신흥부상국과 기존 패권국 간에 필연적으로 패권전쟁을 치르게 된다는 저주를 의미한다.

- 중국의 핵심국가이익은 경제발전, 하나의 중국, 남중국해 주변의 영유권 확보에 있다.

- 중국은 남중국해에서의 영유권 문제와 같은 핵심이익을 미국이 존중해 줄 것을 요구하는 신형대국관계를 주장한다.

2015년 9월 워싱턴 D.C.에서 오바마(Barak Obama) 미국 대통령과 정상회담을 마친 시진핑(習近平) 중국 주석이 시애틀을 방문했을 때, 중국이 "숨어서 참고 견디는 시기는 끝났다"고 선언했다. 그리고 "이 세상에 소위 투키디데스의 함정(Thucydides Trap)이란 것은 없다. 다

만 강대국들이 잘못된 전략을 추진할 경우 스스로 그 함정에 빠지게 될지도 모른다"라고 언급했다.[1]

'투키디데스의 함정'은 2,500여 년 전에 아테네 역사가 투키디데스가 펠로폰네소스 전쟁의 원인을 서술하면서, 당시 아테네가 급성장하여 스파르타를 따라잡게 되는 상황이 발생하고, 이러한 아테네의 급부상에 대한 스파르타의 두려움이 결국 당시 도전세력 아테네와 패권세력 스파르타 간의 전쟁을 불가피하게 만들었다고 서술한 것에서 기원한다. 이는 역사상 급성장하는 신흥부상국과 기존 패권국 간에는 필연적으로 패권전쟁을 치르게 된다는 저주와도 같은 것을 의미했다.

중국 지도자가 이렇게 급부상하는 아테네와 패권국 스파르타 간의 전쟁의 원인에 관해 언급한 데는 지대한 의미가 있다. 적어도 중국 지도자의 시각에서는, 중국이 급성장하고 있으며 조만간 미국과 대등한 국력을 보유한 대국(大國)으로 등장할 것이고, 그래서 도광양회(韜光養晦)의 시기는 이미 끝났음을 예고하고 있는 것이다. 그 결과 국제정세는 바야흐로 미국 주도의 패권체제에서 미국과 중국이 서로 견제하고 협력하며 국제질서를 조정해 나가는 소위 'G2' 시대로 변하고 있는 현실을 미국이 직시해야 한다는 것이다. 급변하는 신질서 속에서 미국과 중국은 상호 간의 핵심국가이익을 서로 존중하며 대립보다는 협력과 공존체제를 모색해 나가기 위해 '신형대국관계'(新型大國關係)를 정립해야 한다는 주장이다.

이러한 시진핑 주석의 입장은 덩샤오핑(鄧小平) 주석, 후진타오(胡錦濤) 주석 당시 중국이 취해 오던 노선과는 판이하게 다른 것이다. 1978년 중국 지도자 덩샤오핑이 등장하여 중국의 경제발전을 지상목표로 설정하고 '빛을 감춰 밖으로 새어 나가지 않도록 하면서 은밀히 힘을 기른다'는 의미의 '도광양회' 전략을 추진한 이래 중국은 오랜 기간 동안 가급적 주변국들과의 분쟁을 피하며 지속적으로 경제성장에만 몰두했다. 그 후 후진타오 집권 시기에는 '평화롭게 성장하여 세계무대에 등장한다'는 의미의 '화평굴기'(和平堀起), '평화롭게 경제발전에 주력한다'는 의미의 '화평발전'(和平發展) 노선을 유지해왔지만, 2012년 시진핑 주석이 집권한 이래로 중국은 '할 일을 주도적으로 한다'는 의미의 '주동작위'(主動作爲) 노선을 취하고 있다.

　2013년 6월 시진핑 주석은 오바마 대통령과 캘리포니아 써니랜드(Sunnyland)에서 정상회담을 할 당시 양국 간 신형대국관계의 정립을 미국에 요구했다. 특히 중국은 자국의 핵심국가이익과 관련이 있는 이슈에 대해서는 미국이 관여하지 말 것을 요구했다. 중국은 최근 남중국해 및 동중국해 주변의 섬들에 대한 영토주권을 강화하기 시작했고, 이 지역에서의 영토주권 문제를 핵심국가이익으로 표명했다. 시진핑 주석은 미국이 남중국해 및 동중국해 주변의 영토분쟁에 제3자로서 참견하지 않기를 강력하게 요구한 것이다. 미국이 이러한 중국의 요구를 수용할 경우, 미국과 중국은 서로 대립하지 않고 양국이 윈-윈(win-win)하는 새로운 G2, 즉 두 강대국 간의 관계를 정립할 수 있을 것이라는 것이다.

　'불충돌(不衝突)·불대항(不對抗), 상호존중, 협력공영'이라는 신형대국관계의 요구의 핵심에는 바로 이러한 중국의 핵심국가이익이 미국의 간섭에 의해서 침해되는 것을 용납하기 어렵다는 것이 포함되어 있다. 이 외에도 중국은 경제발전과 '하나의 중국'(one China) 원칙을 핵심국가이익으로 정하고 있다. 경제발전에 집중하기 위해서 주변국과의 평화공존을 주창하고, 대만은 중국 영토의 일부라는 원칙을 고수하고 있다.

■ '지정학의 부활'이란 중국의 급부상으로 인해 중국, 러시아 등 지정학적으로 미국과 경쟁관계에 있는 강대국들이 연합해서 미국 주도의 국제질서에 재도전하는 신냉전시대가 도래한다는 주장이다.

중국 경제력의 급성장이 미국을 빠른 속도로 추격하는 이러한 상황 속에서 몇몇 미국의 학자들은 최근의 국제정세를 '지정학의 부활'(return of geopolitics)로 평가하기도 한다. 급부상하는 중국이 현상타파를 추구하는 수정주의적 성향을 띠게 되고 러시아 역시 과거 초강대국의 지위를 회복하기 위해 현상타파를 시도한다는 것이다. 중국, 러시아 등 지정학적으로 미국과 경쟁관계에 있는 강대국들이 연합해서 미국 주도의 국제질서에 다시 도전한다는 것이다. 이와 같은 신냉전시대가 도래할 경우 남중국해 및 동중국해, 대만해협, 한반도 주변이 지정학적으로 불안정한 상태에 놓이게 되고, 중·일 갈등 및 미·중 간의 지역패권 경쟁구도는 더욱 심화될 것임이 자명하다는 것이다.[2]

미어샤이머(John Mearsheimer)와 같은 '공세적 현실주의' 학자들은 강대국은 무정부상태인 국제체제 속에서 태생적으로 자국의 생존을 보장하기 위해 국력의 극대화를 추구하여 지역패권국의 지위를 확보하는 것이 목표이며, 따라서 급부상하는 강대국은 필연적으로 현상타파를 추구하는 수정주의국가이며 기존 패권국과 충돌을 피할 수 없게 된다고 주장한다.[3] 급부상하는 중국은 지역패권을 놓고 필연적으로 미국과 충돌할 수밖에 없으며 이런 상황이 발생하는 것은 단지 시간문제라고 암시한다. 물론 이와는 반대로 소위 '지정학의 부활'은 허구에 불과하다고 반박하는 학자들도 있다. 급부상하는 중국 역시 기존의 자유주의 국제무역질서 속에서 경제성장을 이룰 수 있었으므로 기존 국제경제질서의 가장 큰 수혜자였고, 앞으로도 마찬가지라는 것이다. 그래서 중국은 기존 국제질서를 지속적으로 유지하는 데 동참하는 현상유지 국가라는 것이다.[4]

- 미국의 사활적 국가이익은 지역패권국의 등장 방지, 대량살상 무기 확산금지, 민주주의 및 자유무역체제 확산, 그리고 미국 본토의 안전보장에 있다.

- 미국의 아시아재균형정책의 핵심은 중국이 지역패권국으로 등장하는 것을 억제하는 동시에 기후변화, 북핵문제 등 해결을 위해 중국과 협력, 동맹국에 대한 핵우산 및 확장억지 제공과 함께 동맹의 역할 및 방위비분담 증대요구, 역내 다자주의 및 네트워크동맹 수용에 있다.

중국의 핵심국가이익이 경제발전, 하나의 중국, 남중국해 및 동중국해에서의 영유권 확보에 있다면, 미국의 사활적 국가이익 중 하나는 바로 아·태지역에서 중국이 지역패권국으로 등장하는 것을 방지하는 데 있다. 만일 대륙세력인 중국이 전략적 해양 요충지인 남중국해 및 동중국해에서의 영향력을 장악할 경우, 미국을 포함한 아·태지역 국가들은 안전한 해상수송로(sea lanes of communication: SLOC)를 확보하는 데 어려움을 겪을 가능성이 높아진다. 해양세력인 미국으로서는 남중국해 및 동중국해에서 자유항행권을 확보하고 중국이 지역패권국으로 부상하는 것을 미연에 방지하기 위해서라도 남중국해 및 동중국해에서의 중국과 주변국 간의 영토분쟁을 간과할 수 없는 실정이다. 물론 미국의 사활적 국가이익에는 지역패권국의 등장 방지뿐 아니라 대량살상무기 확산금지, 민주주의 및 자유무역체제 확산, 그리고 미국본토의 안전보장도 포함된다.

오바마정부는 중국의 급부상으로 인한 아·태 지역질서의 변화 및 북한정권의 핵무기를 포함한 대량살상무기의 확산가능성을 염두에 두고 전략적 재균형(rebalancing)의 일환으로 이 지역을 중시하는 '아시아로의 회귀'(pivot to Asia) 정책을 표방했다. 그렇다고 해서 미국이 실제로 전략적 무게 중심을 유럽이나 중동지역으로부터 아시아지역으로 완전히 옮겼거나 옮겨 오고 있다고 하기에는 아직 이르다. 재정적 어려움을 겪고 있는 오바마정부는 연방지출 자동삭감(sequestration)을 해야 하는 상황에서 현재 당면해 있는 중동지역에서의 이란 핵문제, 시리아 아사드(al-Assad) 정권의 폭정, 이슬람국가(IS)라는 테러집단이 자행하는 테러에 대처하는 데 몰두해 있다. 그래서 아시아재균형이라는 미국의 아·태지역 안보전략은 동맹국들로 하여금 자국의 안보를 위해 방위비분담을 증대시키는 것을 핵심으로 하고 있다고 해도 과언이 아니다.

오바마정부의 아시아재균형정책의 핵심은 세 가지로 요약된다. 먼저, 중국이 지역패권국으로 등장할 가능성을 미연에 억제하는 동시에 중국과 협력하여 북한 핵문제, 기후변화문제 등 강대국 간의 협력 없이는 해결하기 어려운 국제적 문제를 공동으로 해결하는 방안을 모색하는 데 있다. 그래서 미국은 남중국해 부근에서 자유항행권을 주장하며 중국과 마찰을 빚기도 하지만, 북한 핵문제를 다루기 위해 중국과 협력하기도 한다. 둘째, 미국은 동맹국들에 대한 핵우산과 같은 전쟁억지력의 제공을 재확인하는 동시에 동맹국들의 방위비분담 증대, 동맹국 간의 결속력 강화를 요구한다. 미국은 핵우산, 확장억지(extended deterrence)를 지역동맹국에 제공할 것을 재확인함과 동시에 이 지역에서 담당해오던 '안보제공자'(security provider)의 역할을 '안보증진자'(security enhancer)의 역할로 한 단계 하향조정할 것임을 예고하는 것이다.[5]

미국은 역내 동맹국들로 하여금 각자 방위비를 증대시켜 자국의 안보를 담당하는 데 앞장설 것을 요구한다. 특히 아시아지역에서 가장 중요한 미국의 동맹파트너인 일본이 정상국가로 탈바꿈하여 자국의 안보를 강화하고 중국을 견제하는 데 더욱 적극적인 역할을 할 수 있기를 원한다. 그래서 미국은 일본의 집단자위권 행사, 평화헌법 개정 등에 긍정적이다. 또한 한반도에 사드(THAAD)와 같은 '종말 단계 고고도지역방어 미사일체제'를 구축하는 데 한국이 적극적으로 동참하기를 기대한다. 게다가 한국과 일본 간의 과거사문제 등으로 인해 소원해진 관계를 복원하여 한·미동맹과 미·일동맹이 미국의 입장에서 실질적인 삼각동맹의 구실을 할 수 있도록 한·일 양국 간의 결속력을 강화시키는 데 관심을 표명한다. 미국은 이와 같이 기존의 동맹파트너와의 관계심화 이외에도 인도, 싱가포르, 심지어는 베트남 등 역내 주요국가들과 군사안보 관계의 확대를 염두에 두고 있다.[6]

셋째, 양자주의를 선호해 온 미국이 아시아지역에서 다자주의를 수용하고 지역다자안보체제에 적극적으로 참여하는 쪽으로 방향을 선회하고 있다. 역내 한국, 일본, 호주, 필리핀, 태국이 맺고 있는 허브·스포크(hub and spokes) 형태의 미국과의 양자 간 동맹뿐 아니라 미국 주도의 군사안보프로그램을 통해서 지역동맹국들 상호 간에 협력을 강화할 수 있는 방안도 모색한다. 즉 미국과 양자동맹을 맺고 있거나 군사안보관계를 강화해 나가는 지역파트너들이 네트워크(network) 형태로 서로 연결되어 미국과 협력을 강화하고 네트워크에 참여하는 국가들 간에도 상호협력을 강화할 수 있도록 유도한다는 것이다.[7]

사실상 미국이 아시아재균형정책에 걸맞게 중국의 급부상을 포함한 아시아지역에서 일어나는 제반 안보문제에 최우선 순위를 두고 몰두하는 것은 아직 시기상조인 것처럼 보인다. 미국은 향후 중국이 기존의 자유무역에 기반한 국제질서와 제반 국제법 및 국제규범을 준수하며 기존의 국제질서 속에서 번영을 추구하는 현상유지국가로 계속 남아 있을 것인지 아니면 기존의 국제질서에 불만을 품고 현상타파를 추구하려는 수정주의국가로 탈바꿈할 것인지에 관심을 집중하고 있다. 만일 중국이 현상타파국가로 변한다면 기존의 국제질서에 도전하는 시기는 언제가 될 것으로 추정하는지에 따라서 미국의 대 아시아

정책의 추진상황은 달라질 것으로 예상된다.

■ 푸틴 러시아는 시진핑 중국과 밀월관계를 유지하며 CICA, SCO를 중국과 함께 주도하고 있다.

2001년 9·11 테러 이후 미국과 러시아 간에는 화해와 협력분위기가 무르익던 때가 있었다. 그러나 부시(George W. Bush)정부는 우크라이나와 조지아를 북대서양조약기구(NATO) 회원국으로 받아들이는 정책을 추진하기 시작했다. 특히 러시아로 하여금 2004년에 우크라이나에서 일어난 '오렌지 혁명'을 부시정부가 지원하고 있다고 믿게 만들었다. 2007년에 부시정부는 러시아를 겨냥하여 폴란드와 체코에 미사일방어체제를 도입하겠다고 선언했다. 이로써 9·11 테러 이후 조성된 부시 미국정부와 푸틴(Vladimir Putin) 러시아정부 간의 화해 협력 분위기는 최악의 상황으로 변했다.

2009년 출범한 오바마정부는 이렇게 악화된 미·러관계를 정상화하기 위해 소위 대(對) 러시아 '복원'(reset)정책을 추진했다. 우크라이나와 조지아의 NATO 회원국 가입문제를 철회했다. 또한 유럽지역에 대한 미사일방어체제 도입계획을 조정했다. 2010년의 우크라이나와 키르키즈스탄의 대선에서 미국이 개입하지 않았다는 것을 러시아에게 확인시켜 주었다. 오바마정부와 2008년 출범한 메드베데프(Dmitry Medvedev) 러시아정부 간의 협력은 미국이 국제체제 속에서 러시아의 위상에 타격을 입히려고 한다는 의심을 해소하는 데 도움이 되었다.[8]

그러나 2012년 푸틴 대통령의 복귀는 이러한 오바마정부의 복원정책을 무색하게 만들었다. 푸틴 러시아는 시진핑 중국과 더 가까워지기 시작했다. 중·러 간 무역규모 및 중국의 대 러시아 투자가 급증하기 시작했다. 2014년에는 러시아 최대 규모의 천연가스 공급계약이 양국 간에 체결되기도 했다. 중국과 러시아 간의 경제협력이 증대됨에 따라 중국의 러시아에 대한 정치적 영향력도 막강해지기 시작했다. 러시아 지식인들 사이에 중국에 대한 의존도가 지나치게 높아져서 러시아가 중국의 주니어 파트너(junior partner)가 되는 것을 두려워하는 분위기가 있음에도 불구하고 푸틴이 이끄는 러시아는 중국과 밀월관계를 유지하고 있다.[9] 우크라이나의 크림반도를 무력으로 합병했고, 시리아 아사드(Bashar al-Assad) 정권을 지지하여 시리아 내부의 이슬람국가(IS) 테러집단 소탕작전에 있어서도 미국과 마찰을 빚고 있는 러시아로서는 중국의 부상에 편승하지 않을 수 없는 상황에 놓여 있는 것이다.

2012년 중국을 이끌게 된 시진핑 주석은 중국이 오랫동안 유지해 오던 '비동맹' 원칙을 포기하고 러시아를 포함한 주변국들과의 관계를 강화하는 데 주력하기 시작했다. 푸틴 역시 미국 및 NATO를 견제하기 위해서 중국을 택했다. 그리고 미국과 NATO에 대항할 수 있는 다자안보협력체를 아시아지역에서 중국과 함께 구축할 필요성을 느끼고 있다.[10] 푸틴은 시진핑과 함께 '아시아 교류 및 신뢰구축 회의'(CICA), 상하이협력기구(SCO)를 주도하고 있다.

구소련이 붕괴되고 난 뒤, 러시아가 과거의 초강대국 지위를 회복하기 위해 고심하던 시기에 미국은 러시아를 서구 우방세력으로 받아들일 기회가 있었다. 당시 부시 미국정부가 NATO의 확장을 구상하면서 그 대상으로 우크라이나 및 조지아를 염두에 두기보다는 먼저 러시아를 NATO에 가입시키는 정책을 추진했더라면 지금의 미국의 아시아재균형정책은 좀 더 다른 모습으로 강력한 효력을 발휘하게 되었을지도 모른다. 만일 미국이 우크라이나와 조지아를 러시아와 함께 NATO에 가입시켰더라면 지금의 러시아의 크림반도 합병도, 중국의 급부상을 더 위협적으로 느끼게 만드는 중국과 러시아 간의 협력 강화도 상상하기가 어려웠을 것이다.

최근 러시아 내부에서 러시아가 신냉전체제에서 유럽과 화해해야 할지 아니면 중국의 주니어파트너로 남아 있어야 할지를 고민하는 지식인들이 있는 것을 보면, 당장은 아니더라도 푸틴의 퇴진 이후 러시아의 외교전략에는 다분히 변화가 있을 수 있음을 예고한다.[11]

- 아베 일본정부의 수정주의적 역사관은 한·일관계를 개선하는 데 걸림돌이 되고 있다.
- 동맹 간의 결속력 약화 및 도덕적 해이 문제가 제기된다.

미국은 아시아재균형정책을 추진하는 데 일본의 중심적 역할을 기대하고 있기 때문에 일본이 정상국가로 변신하는 데 적극적으로 협조한다. 미국이 일본의 집단자위권, 헌법개정 문제 등을 지지하는 이유도 여기에 있다. 한반도 주변의 국제정세의 변화와 북한의 핵위협에 적극적으로 대처하는 데 있어서 한·일 양국 간의 협력도 중요하다. 그러나 아베(Abe Sinzo) 총리가 주도하는 일본정부의 수정주의적 역사관은 한·일관계를 개선하는 데 걸림돌이 되고 있다. 아베 총리가 집권하고 있는 한 한·일관계의 진정한 개선을 기대하기는 어렵다.

한반도 주변에서의 동맹 간의 결속력약화 문제, 즉 한·미동맹과 미·일동맹을 통해 미국을 사이에 둔 간접적 동맹관계로 볼 수 있는 한·일 양국관계가 악화되고 있는 문제뿐 아니라 한·미동맹 간의 도덕적 해이(moral hazard) 문제도 제기되어 왔다. 한편에서는 동맹 결속력 완화 문제의 해결을 위해 한·일 양국 사이에서 미국의 더욱 적극적인 역할이 필요하다는 목소리가 커지고 있다. 다른 한편에서는 한국, 일본과 같은 미국의 동맹국이 안보 무임승차(free riding) 행위를 하고 있다고 비판하기도 한다. 2016년 미국 공화당의 대권주자인 트럼프(Donald Trump) 역시 이와 같은 생각을 하고 있다. 이들은 미국이 한반도와 일본열도에서 주둔하고 있는 미군을 철수할 것이라는 의지를 표명할 경우 한국과 일본이 방위비분담의 증대에 더욱 적극적으로 나올 것이라고 역설하기도 한다. 어떤 학자들은 한국정부가 사드 미사일방어체제의 한반도 도입에 대해 중국과 러시아의 눈치를 보는 부정적인 태도나 미국이 한국에 KF-X 프로젝트에 필요한 군사기술 이전에 적극적이지 못한 것 등을 모두 동맹 간의 도덕적 해이 문제로 지적하기도 한다.[12]

이러한 한·미동맹 간의 오해의 소지가 있는 문제들과 중국 주도의 새로운 지역질서 정립에 한국이 적극 참여해 주기를 기대하는 중국의 입장이 서로 무관한 것으로 보이지는 않는다. 2015년 8월 시진핑 중국 주석이 중국 전승절 70주년 기념행사에 박근혜 한국 대통령을 초청했을 때, 심지어는 중국이 아시아인프라투자은행(AIIB) 창립과정에서 한국이 발기인으로 참여해 주기를 요청했을 때, 한국, 일본, 미국 등 전문가들 중에는 중국이 한국과 미국 사이를 이간질시키고 있다고 우려를 표명했다. 이러한 중국의 시도에 한국이 흔들려서는 안 된다고 걱정하기도 했다. 심지어 일부는 한국이 중국 쪽으로 이미 기울고 있다는 '중국 경사론(傾斜論)'을 제기하기도 했다.

■ 북한 김정은정권은 안정적 집권기에 돌입했다. 김정은정권의 조기 붕괴를 전제로 한 대북정책은 성공하기 어렵다.

미국, 중국, 러시아 간의 경쟁과 협력관계, 한·미, 한·중, 한·일 관계의 변화가 한반도 안보환경에 간접적으로 영향을 주는 요인이라면, 한반도의 안보환경을 위협하는 직접적 요소는 바로 북한 김정은정권의 핵위협이다. 김정은정권은 선군정치와 경제발전이라는 병진노선을 추진하며 핵 및 장거리 미사일능력 강화에 몰두하고 있다.

우리 정부는 6자회담을 통해서, 미국, 일본, 중국, 러시아 등과 협력하여 북핵문제의 해결을 위해 오랫동안 노력해 왔다. 그러나 이러한 노력은 북핵개발을 저지하는 데 가시적인 효과를 발휘하지 못했다.

그동안 한국, 미국 등의 대북정책은 북한정권이 곧 붕괴될 것이라는 전제하에 추진되어 왔다. 그러나 북한정권은 쉽사리 붕괴되지 않고 있다. 북한지도자 김정은이 2016년 6월 국무위원장직을 맡으며 김정은정권도 안정적인 집권체제에 돌입했다. 북한정권의 붕괴를 전제로 한 대북정책은 성공하기가 어렵다. 북한정권의 붕괴 시나리오에 대한 대비책을 항시 준비해 놓는 것은 필수적이지만 한반도안정과 북핵폐기의 목표를 위한 대북정책이 북한 김정은정권의 조기 붕괴라는 전제에 바탕을 두고 있어서는 안 된다. 김정은 국무위원장이 건강상의 이유로 갑자기 죽지 않는 한 김정은정권은 안정적으로 유지될 것임에 틀림없다.[13]

2. 미·중 사이 한국의 스마트 외교

■ 중국은 아시아지역에서 CICA, SCO와 더불어 신안보질서를, 일대일로(一帶一路), AIIB와 더불어 신경제질서를 구축하고자 한다.

시진핑이 이끄는 중국은 여태까지 중국이 고수해 온 비동맹 원칙을 포기하고 대 주변국외교를 강화하고 있다. 2014년 5월 시진핑 주석이 제안한 '아시아 신안보선언'은 아시아지역 내 미국 주도의 기존 안보질서에 도전하는 성격을 띠고 있다. 시진핑 주석은 아시아 교류 및 신뢰구축 회의(CICA)에서 외부세력을 배제한 아시아국가들 간의 안보협의체의 설립을 주장했다. 이는 중국이 기존의 상하이협력기구(SCO)와 더불어 CICA를 미국을 배제한 중국과 러시아 주도의 안보질서로 확립하는 데 활용하려는 속내를 드러낸 것이다. 또한 중국은 '일대일로'(一帶一路) 정책을 통해 중국주변의 동남아국가 및 중앙아시아국가들이 시진핑 주석의 '21세기 육지 및 해상 실크로드' 구상에 적극 참여하도록 유도하고 있다. 최근 아시아인프라투자은행(AIIB) 설립을 통해 한국을 포함한 다른 주변국들도 이러한 중국 주도의 새로운 지역질서구축에 동참하도록 유도하고 있다.

특히 한국에 대해서는 중국의 유인이 더욱 적극적이다. 중국은 한국이 AIIB 설립에 발기인으로 적극 참여해 주기를 기대했고, 중국 전승절 70주년 기념행사에 한국정상을 특별한 형태로 초청했다. 한·중 양국 두 정상 간의 개인적 친분관계를 활용하여 한·중 간의 경제통상협력뿐 아니라 외교안보협력을 강화하려고 했고 한·미 및 한·일 간의 관계를 소원하게 만들려고 시도했다.

옌쉐통(閻學通)과 같은 영향력 있는 중국의 국제정치학자는 중국이 한국과 동맹을 체결할 필요가 있다고 주장하기도 한다. 한국이 한·미동맹을 그대로 유지한 채 또 다른 형태의 '중·한동맹'을 맺을 수도 있다는 주장을 펼친다.[14] 여기에 중국정부는 한국이 사드를 한반도에 도입하자는 미국의 제안을 수용하지 않기를 바란다. 중국은 이 지역에서 미국이 주도하고 일본이 참여하는 미사일방어체제에 한국도 동참하게 될 것을 우려한다. 한국이 사드를 한반도에 도입하는 것은 결국 이 지역에 한·미·일 미사일방어체제를 구축하기 위한 첫 단계와 같다고 간주한다. 중국은 어떤 형태로든 이러한 미국 주도의 미사일방어체제가 동북아시아에 구축되는 것을 막으려고 한다.

한·중 간의 높은 경제적 상호의존도를 빌미로 만일 한국이 미국의 미사일방어체제에 동참하게 되면 한·중 간의 교역관계에 문제가 발생하게 되어 한국이 경제적으로 타격을 받게 될 수도 있을 것이라고 으름장을 놓는다. UN 안전보장이사회의 대북제재 결의안을 강력하게 추진하는 등 북핵문제의 원만한 해결을 위해서라도 한국에게는 자국의 외교적 지원이 필요함을 환기시킨다. 게다가 중국은 일본과 마찰을 일으키고 있는 과거사 문제를 활용해서 한국이 일본보다는 자국과 더 친밀한 외교적 관계를 구축하도록 유인한다.

미국 역시 동북아시아 중추적 중견국인 한국과의 동맹관계를 유지하기를 원한다. 이 지역에서 미국이 자국의 사활적 국가이익을 극대화하는 데 지정학적으로 중요한 위치에 있는 한국의 전략적 가치를 인정하고 있다. 중국이 이 지역에서 패권국가로 성장하는 것을 미연에 방지하기 위해서 미국은 미·일동맹과 한·미동맹을 중시 여긴다. 또한 북한의 대량살상무기 확산금지를 위해서 한반도와 일본열도에 미군을 주둔시키며 북한의 핵무기와 미사일 등 대량살상무기의 확산을 저지하고자 한다. 민주주의와 자유무역체제의 확산을 위해서라도 한반도가 북한주도로 적화통일이 되어 중국의 영향권 하에 놓이게 되고 민주주의와 자유무역체제가 후퇴하게 되는 것을 방지하는 데 한·미동맹이 중요한 역할을 한다는 것을 알고 있다.

미국이 이러한 자국의 사활적 국가이익을 일본열도에 주둔하는 미군만을 주축으로 해도 얼마든지 지킬 수 있다고 판단할 가능성은 희박하다. 만일 미·일동맹만 유지한 채 한·미동맹을 파기하려고 할 경우 한국은 자연스레 중국과 더 가까워지게 될 것이라는 우려 때문에 일방적으로 한·미동맹을 단절할 수 없을 것이다.

이와 같이 미국과 중국 사이에 지정학적으로 중요한 위치에 있는 한국은 중추적 역할을 담당할 수 있는 위치에 놓여 있다. 즉, 미국이 이 지역에서 경쟁상대인 중국에 비해 우세한 세력을 확보하여 중국이 지역패권국으로 등장하는 것을 저지하는 최선봉에 있는 나라가 바로 한국이라고 생각할 수 있다. 중국 역시 이 지역에서 패권국으로 성장하기 위해서는 미국과 경쟁해야 하는데 만일 한국을 기존 미·일동맹 및 한·미동맹체제로부터 분리시켜 자국과 더 가깝게 만들 수만 있다면 미·일동맹을 주축으로 하는 미국의 동맹세력과 경쟁해볼 만하다고 판단할 수도 있다.

물론 한국도 미국과의 군사동맹이 반드시 필요하다. 북한의 핵위협과 무력도발위협으로부터 핵우산과 확장억지력을 미국으로부터 제공받고 있다. 미국의 군사적 지원 없이는 한국은 북한의 대량살상무기위협에 거의 무방비상태가 된다고 해도 과언이 아니다. 한국은 현재 중국과 맺고 있는 경제 전략적 협력동반자관계를 지속적으로 유지하고 발전시켜 나가는 것 또한 국가이익을 극대화하기 위해 필수적이다. 현재 한국의 중국과의 교역의존도가 26%나 된다는 사실만 보더라도 한·중 경제 및 무역관계가 얼마나 중요한지 알 수 있다.

이처럼 미국과 한국, 중국과 한국은 각각 서로를 필요로 하고 있는 상황에 놓여 있다. 미국이나 중국이 일방적으로 한국과의 돈독한 관계를 원하는 상황이 아니라 한국 역시 미국과 중국 양국과 긴밀한 관계를 유지해야만 하는 처지에 놓여 있는 것이다.

- 스마트 외교는 강대국 주도의 체제구조를 그대로 수용하지 않고 자국에 유리한 형태로 변화시키기 위해 창의적으로 참여하는 외교이다. 강대국 주도의 기존 질서를 변형하여 지역 내 대다수의 국가에 공평하게 적용 가능한 새로운 '규범 만들기'를 시도하는 외교이다.

- 스마트 외교는 뜻을 같이하는 중추적 중견국들과 함께 소다자체제를 포함한 다양한 다자체제를 활용하는 외교이다.

- 스마트 외교는 대원칙에 입각한 예측 가능한 외교이다.

- 스마트 외교는 스마트 파워를 활용한다.

- 스마트 외교는 인간안보를 증진시키는 데 공헌하는 특화외교를 포함한다.

- 미·중 경쟁구도 사이에서 한국은 국가 대전략(大戰略)을 확립해야 한다. 대전략은 보수정부가 집권하든 진보정부가 집권하든 간에 정권차원을 뛰어넘어서 일관성과 지속성이 유지될 수 있는 대원칙(大原則)을 의미한다.

- 예측 가능한 스마트 외교를 위해서 한·미, 한·중, 한·일, 한·러 양자 간 정례적 고위급 '전략대화'가 필수적이다.

이러한 상황에서 한국은 잘하면 미·중 사이에서 '스마트 외교'를 펼칠 수 있다. 즉, 미국과 중국이 한국을 자국 쪽으로 더 가깝게 끌어들이거나, 자국과의 우호적 관계를 계속 유지하기 위해서 서로 경쟁하는 구도 속에서 한국은 '중추적 동반자'의 입지를 굳혀 나갈 수 있다. 한국이 '잘만 하면' 미국이나 중국으로 하여금 한국의 눈치를 보게 만들 수도 있다. 그러나 한국이 '자칫 잘못하면' 미국과 중국의 눈치를 보는 상황으로 전락할 수도 있다. 그렇기 때문에 한국은 미·중 사이에서 한국 특유의 중추적 중견국 외교를 일관성 있게 추진해 나가야 한다.

그러면 '잘만 하면'이란 무엇을 의미하고, '자칫 잘못하면'이란 또 어떤 것을 말하는지 고민하지 않을 수 없다. 즉 스마트 외교는 어떤 것이며, 스마트하지 못한 외교는 어떤 행태를 말하는지 정리해보기로 한다.

먼저 강대국들은 막강한 국력을 앞세워 자국의 이해관계에 따라 국제체제 및 지역체제의 구조(structure)를 형성한다. 약소국은 대부분 이러한 구조, 즉 국제정치 환경을 그대로 수용하여 그 속에 갇힌 상태에서 자국의 생존 및 국익을 추구하기 위한 방안을 그때그때 상황에 따라 모색한다. 이러한 외교는 '자칫 잘못하는' 외교에 속한다.

이와 반대로 '잘하는' 외교, 즉 스마트 외교는 한국이 지역에서 상당한 영향력을 행사할 수 있는 중추적 중견국으로서 지역 국제정치에 적극적으로 관여하는 외교를 의미한다. 그래서 지역 내 강대국들과 함께 지역질서를 확립하거나 재편하는 과정에 처음부터 책임 있는 이해당사자의 일원으로 참여하여 가능한 한 자국에 조금이라도 유리한 구조, 즉 지역정치 환경을 만들어내기 위해 중견국으로서 할 수 있는 역할이나 방안을 끊임없이 모색하는 외교를 뜻한다. 기존의 지역질서에 새로운 의제(agenda)를 등장시키거나 새로운 변수를 포함시키는 등의 외교적 수완을 발휘하여 지역 내 모든 국가에 공평하게 적용 가능한 새로운 '규범만들기'(norm making) 등을 시도하는 창의적인 외교를 말한다.

이렇게 '잘하는' 중추적 중견국 외교는 경쟁구도에 있는 강대국 사이에서 직면한 사안에 따라 그때그때 최대한 효율적으로 국익을 조심스레 추구하는 '줄타기외교'와는 질적으로 다르다.

둘째, 강대국들은 국제체제나 지역체제의 주요사안을 결정하는 과정에서 중견국이나 약소국의 참여를 허용하는 데 인색하기 때문에 중견국의 목소리를 성공적으로 반영하기 위해서라도 '뜻을 같이하는'(like-minded) 중추적 중견국들이 공동보조를 취하는 방안을 적극적으로 모색해야 한다. 그래서 '잘하는' 외교의 핵심에는 뜻을 같이하는 중추적 중견국들의 소다자주의(mini-multilateralism)를 포함한 다양한 다자주의외교가 있다.

현재 멕시코, 인도네시아, 한국, 터키, 호주 5개국 간의 중추적 중견국의 모임인 '믹타'(MIKTA)가 있다. MIKTA뿐 아니라 한국, 인도네시아, 호주 3개국 간의 '키아'(KIA) 모임과 같은 소다자체제도 만들어서 중추적 중견국들이 서로 협력하여 미국 및 중국과의 관계를 동시에 강화해 나가는 전략을 펼칠 필요가 있다.

한편으로는 지역안보질서를 그대로 유지하기 위해 미국과 협력을 공고히 하는 과정에서 중추적 중견국들이 공조할 필요가 있다. 다른 한편으로는 중국 주도의 신경제질서 구축과정에 중추적 중견국들이 동참하여 중국으로 하여금 주변의 중견국들이 미국 주도의 대(對)중국 봉쇄정책에 동참할지도 모른다는 우려를 불식시킬 필요가 있다. 이러한 행위는 중국의 기존 지역질서에 대한 불만을 누그러뜨리는 동시에 중국 주도의 신경제질서가 기존의 자유무역 경제질서와 상충되지 않도록 하는 효과를 발휘할 수 있다.

한국은 호주, 인도네시아 등과 같은 아시아지역의 중추적 중견국들과 효율적으로 소통하는 소다자간 '지역안보협의체'와 같은 중견국 외교벨트를 구축하여 이들과 함께 지역 내에서 미·중 간의 강대국 대결구도를 완화하는 데 나름대로 기여해야 한다.

호주, 인도네시아와 같은 아시아지역의 중추적 중견국은 한국과 유사한 국제정치 환경에 놓여 있다. 한편으로는 자국의 경제적 국익을 위해서 급부상하는 중국과 무역 관계를 심화해 나가지 않을 수 없는 처지에 놓여 있다. 이와 동시에 중국의 공세적 외교행태에 안보위협을 느끼는 것도 사실이다. 그래서 지리적으로 멀리 떨어져 있으며 세계경찰국가의 역할을 자처하는 미국과 안보차원에서 동맹관계나 우호적 관계를 유지하기를 원한다. 이 국가들은 기존의 지역안보질서가 현상유지되는 상태 하에서 중국과 대등한 입장으로 자유무역을 통해 경제성장을 추구하기를 원한다. 그래서 내심 미국 주도의 현존 자유무역 경제질서 및 지역안보질서가 안정적으로 유지될 수 있도록 미국의 동맹파트너로서 기여할 의사가 다분히 있는 국가들이다.

한국이 이들과 공조하여 중국이 주도하는 AIIB 설립이나 '일대일로'(一帶一路) 경제프로젝트에 적극적으로 참여할 경우, 중국의 기존 질서에 대한 불만족도를 낮추는 효과가 있다. 게다가 한국, 인도네시아, 호주가 공조해서 미국을 설득할 경우 한국, 인도네시아, 호주가 중국 쪽으로 기울고 있다는 오해를 불식시키기도 훨씬 수월한 효과가 있음이 틀림없다. 그래서 소수의 실제로 뜻을 같이하는 중견국

끼리 참여하는 지역안보협의체가 필요하다.

아·태지역에서 추진되고 있는 다자간 자유무역협정에 있어서도 마찬가지다. 현재 뉴질랜드 싱가포르 등이 추진하기 시작한 '환태평양 경제동반자'(Trans-Pacific Partnership: TPP) 협정이 미국 등이 참여하면서 2015년 10월에 타결되었다. TPP협정에는 뉴질랜드, 싱가포르, 칠레, 브루나이, 미국, 말레이시아, 베트남, 페루, 호주, 멕시코, 캐나다, 일본 12개국이 참여했다. 이에 반해 동남아국가연합(ASEAN)과 중국이 중심이 된 '역내 포괄적 경제동반자'(Regional Comprehensive Economic Partnership: RCEP) 협정에는 ASEAN+3, 즉 ASEAN 10개국과 한·중·일, 그리고 호주, 뉴질랜드, 인도가 참여하고 있지만 아직 협상을 최종적으로 타결하지 못한 상황이다.

몇몇 전문가들은 RCEP협정이 타결될 경우 TPP협정과 충돌을 피하기 어렵다고 지적한다. 이들은 TPP협정이 중국 견제용이 될 수 있다고 우려를 표명한다. 이와 같은 상황에서 중견국들은 미·중 사이에서 가교역할을 추구해야만 한다. 현재 양쪽에 다 참여하고 있는 중견국은 호주, 뉴질랜드, 싱가포르, 말레이시아 등이다. 이들이 적극적으로 한 목소리를 내어서 TPP가 RCEP과 경쟁하는 분위기를 일소해야 한다. 특히 중추적 중견국 한국과 인도네시아 등은 TPP에 참여하지도 않았다. 이들이야말로 TPP협정의 논의과정에도 적극적으로 참여해서 호주, 뉴질랜드, 싱가포르, 말레이시아 등과 더불어 TPP나 RCEP 자유무역협정이 만에 하나라도 특정 국가를 배제할 목적으로 추진될 경우 이를 방지하는 중추적 중견국 특유의 가교역할을 추구해야 한다.

셋째, 스마트 외교는 어떤 사안에 직면하든 간에 항상 원칙에 입각하여 예측 가능한 외교행태를 보여 주는 것이다. 날로 심화되어 가는 미·중 경쟁구도 사이에서 한국은 안보이슈와 경제통상이슈에 관해 국가 '대전략'(大戰略)을 가지고 있어야 한다. 그래서 대전략을 근거로 안보 문제와 경제통상 문제에 있어서 항상 예측 가능한 입장을 일관성 있게 취해 나가야 한다. 대전략이란 쉽게 말하면 '대원칙'(大原則)이다. 예를 들어 자유민주주의에 입각한 평화적 통일은 우리의 한반도통일 대전략에 속한다. 보수정부가 집권하든 진보정부가 집권하든 간에 어느 정부든 반드시 지켜야 하는 대원칙을 말한다. 각각의 정부마다 국가 대전략을 근거로 외교목표를 달성하려는 세부적인 전략은 다를 수 있다. 그러나 대전략은 정권차원을 뛰어넘어서 일관성과 지속성이 유지될 수 있는 대원칙을 의미한다.

- 한반도 통일 대전략: 자유민주주의에 입각한 평화적 통일

- 국가안보 대전략: 한·미동맹에 입각한 국가안보 우선주의

- 경제외교 대전략: 자유무역에 입각한 경제적 국익추구 우선주의

북한의 핵위협을 포함한 무력도발위협에 대비한 국가안보 대전략은 한·미동맹에 입각한 국가안보 우선주의를 표방하는 것, 경제외교 대전략은 자유무역에 입각한 경제적 국익추구 우선주의를 표방하는 내용을 핵심으로 해야 한다. 향후 어떠한 국제정치 또는 국제경제 상황에 직면하더라도 이러한 대전략에 입각하여 일관성 있게 행동하는 것이 강대국 사이에 있는 중견국으로서는 확실히 유리하다.

국가안보, 국가생존과 직결된 문제에 있어서 중국이나 러시아가 어떻게 반응하든 간에 한국이 원칙에 입각해서 일관성 있게 한·미동맹을 근간으로 안보정책을 추진해 나간다면 단기적으로는 조금의 손해를 볼 수 있을지언정, 중·장기적으로는 더 이상 중국이나 러시아의 눈치를 볼 일이 없어진다. 경제통상 이슈에 있어서 미국이나 일본이 어떻게 반응하든 간에 한국이 원칙에 입각해서 중국이나 러시아와도 협력을 강화해 나갈 수 있다. 미국이나 일본이 한국의 이

러한 입장을 더 이상 오해하지 않을 것으로 확신한다.

스마트 외교는 사드 미사일방어체제를 한반도에 도입하는 데 중국과 러시아의 눈치를 보고, AIIB에 가입하는 데 미국의 표정이나 살피는 그런 '눈치외교'와는 차원이 다른 것이다. 강대국에 둘러싸여 항상 상대적 약소국으로 취급당할 수도 있는 한국이 당면한 주요사안들에 대해 중국이나 미국의 눈치를 보기 시작하면 끝이 없다. 국가안보, 국가생존이 걸린 문제조차 강대국의 눈치를 보고, 우리의 국익이 심하게 훼손되는데도 불구하고 어쩔 수 없이 강대국의 입장을 우선적으로 고려해 주기 시작하면 나중에는 감당할 수 없는 국가이익의 손실을 보게 된다.

한두 번 눈치를 보게 되면, 그 이후부터는 오랫동안 강대국의 눈치를 보면서 살아가야 하는 약소국으로 전락하게 된다. 당장 강대국의 눈치를 보지 않고 우리의 국가안보, 국가생존을 위해 소신대로 움직이다가 단기적으로 외교적, 경제적 손실을 보게 될지언정, 중·장기적으로는 대원칙에 입각하여 예측 가능하게 행동한다는 전례를 확실히 쌓아가는 것이 우리 국가이익에 훨씬 유리하다. 아무리 강대국이라고 해도 우리가 더 이상 수용할 수 없는 선, 즉 '레드 라인'(red line)을 넘어서면 한국도 고슴도치처럼 침을 뾰족하게 세우고 상대방의 무리한 요구나 위협에 대적할 것이라는 입장을 분명하게 표명해야 한다.

이러한 예측 가능한 스마트 외교를 위해서는 우리 정부의 입장을 미국과 일본, 중국과 러시아에 잘 전달하고 소통할 수 있는 외교적 수완, 고위관료 네트워크 등을 확보해야 하는 것은 당연하다. 무엇보다도 우리의 입장을 분명히 전달하고 상대방의 의중을 파악하기 위해서 양자 간 정례적 고위급 '전략대화'는 필수적이다. 한·미, 한·중, 한·일, 한·러 간의 정례 전략대화를 통해서 상호 소통채널을 확보하고 우리의 입장을 전달하고 설득하는 데 외교적 역량을 발휘해야 한다.

어쩔 수 없는 상황에 직면할 경우 고슴도치처럼 침을 뾰족하게 세울 수 있기 위한 '하드 파워'(hard power)도 꾸준히 갖추어 나가야 한다. 그리고 강대국의 지식인, 여론 주도층, 일반대중이 한국을 조금이라도 더 알고 우리에게 친밀감을 느낄 수 있도록 상대방을 매료시킬 수 있는 소프트 파워 역량도 꾸준히 강화해 나가야 한다. 그래서 강대국 내 여론이 정치인들로 하여금 한국의 레드 라인을 침해하는 정책을 추진하지 못하도록 하는 데 조금이라도 도움이 될 수 있도록 해야 한다.

이와 같은 스마트 외교는 나이(Joseph Nye)가 제시한 '스마트 파워'를 필요로 하는 외교이다. 나이 교수는 '하드 파워'와 '소프트 파워'를 전략을 바탕으로 적절한 비중으로 혼합하여 외교 목표를 달성하는 수단으로 활용할 줄 아는 능력을 스마트 파워라고 설명한다.[15] 앞에서 설명한 세 가지 스마트 외교, 즉 미·중 사이에서 한국이 중추적 중견국 외교를 잘 수행해 나가는 것 모두 하드 파워와 소프트 파워를 바탕으로 한 스마트 파워와 관련이 있는 것이다.

넷째, 소프트 파워와 관련이 있는 스마트 외교가 있다. 이는 한국이 특정 '인간안보' 이슈를 선점하여 다자체제에서 중견국 리더십을 발휘하고 국제사회에서 인간안보를 증진시키는 데 공헌을 하는 '특화외교'(niche diplomacy)를 말한다. 즉 한국이 보유한 한정된 외교 자원을 모든 분야에 골고루 다 투자하기보다는 특화된 인간안보 분야에 집중적으로 투입해서 그 분야에서 국제적 리더십을 발휘하는 외교를 뜻한다.[16]

한국이 국제사회에서 국제규범을 잘 지키고 국제사회의 번영과 평화 유지에 공헌하는 모습을 보일수록 한국의 국격은 높아지고 이미지는 좋아진다. 이는 한국의 소프트 파워가 강해짐을 의미한다. 한국은 더 강력한 소프트 파워를 바탕으로 성공적인 '공공외교'(public diplomacy)를 추진하여 상대국의 지식인, 여론 주도층, 일반대중이 한국을 더 많이 방문하고, 한국인과 더 친해지고, 한국을 조금이라도 더 알고 한국의 문화와 전통, 국제사회에서 한국의 역할 등을 좋아하게 될 수 있도록 상대방을 매료시킬 수 있어야 한다. 또한 강력한 소프트 파워를 바탕으로 중견국 간의 연합형성을 주도하고 지역에서 상당한 영향력을 행사하는 중추적 중견국 리더(leader)가 되는 데 유리한 위치를 확보할 수 있어야 한다.[17]

대한민국이 이러한 인간안보분야에서 스마트 외교를 통해 아·태지역에서 중추적 중견국의 리더십을 발휘하는 것 역시 국가이익에 중·장기적으로 도움이 된다. 한국은 핵무기로 무장한 채 적화통일 운운하는 북한정권에 변화가 생길 경우 언젠가는 남북한 통일과정을 겪게 될 것이다. 그때 한국은 자유민주주의에 입각한 통일한국을 건설하는 과정에서 국제사회로부터 강력한 지지를 얻을 수 있어야 한다.

그러기 위해서 인간안보분야에 소프트 파워를 잘 활용한 특화외교를 통해 전 세계에 매력적인 한국의 이미지를 널리 전파하고 친한파 인사들과 친구들을 많이 만들어 나가야 한다. 글로벌 인간안보 증진을 위해 다자체제에 주도적으로 참여하여 뜻을 같이하는 국가들의 귀감이 되어야 하고, 한국의 윤리적, 인도주의적, 평화애호적 이미지를 각인시켜서 이들 국가와 우호적 관계를 강화해 나가야 한다. 아·태지역에서 우리와 같은 안보 및 경제적 환경에 놓인 호주, 인도네시아, 싱가포르, 말레이시아, 필리핀, 태국 등과 다자체제에서 정보를 공유하고 소통하여 미국, 중국 등 강대국의 일방적인 행위를 견제하고 중견국에 유리한 지역체제의 구조를 정착시키는 데 공동보조를 맞추어 나가야 한다.

특징 1	새로운 국제규범 만들기에 적극적으로 동참하는 외교
특징 2	소다자체제를 활용하는 외교
특징 3	대전략에 기반한 예측 가능한 외교
특징 4	스마트 파워를 활용하는 외교
특징 5	인간안보 증진을 위한 특화외교

3. 사드(THAAD)와 아시아인프라투자은행(AIIB)

■ 한반도의 평화와 번영을 위해서 안보차원에서 한·미동맹을 주
축으로 국방에 만전을 기하고, 경제적 국익을 위해서 중국을
포함한 모든 국가와 자유무역질서에 근거하여 협력해야 한다.

■ 사드(THAAD)의 한반도 도입에 중국, 러시아의 눈치를 보면
안 된다. 아시아인프라투자은행(AIIB)에 발기인으로 참여하는
데 미국의 눈치를 보면 안 된다. 필요한 것은 한·중, 한·러,
한·미 간 소통채널의 가동이다.

필자는 '동맹전이이론'(alliance transition theory)에서 중견국의 중추
적 역할을 두 가지 제시한다. 먼저 한국과 같이 미·중 사이에 위치
한 중추적 중견국은 미국 주도의 기존 국제질서 및 지역질서가 그대
로 유지되는 데 도움을 주는 역할을 할 수 있다. 기존의 미국 주도의
안보질서와 자유무역주의 국제질서의 안정적 유지는 한국의 국익과
일치한다. 또한 급부상하여 미국을 추격하는 중국의 기존 질서에 대
한 불만족도를 낮추는 데 한국과 같은 중추적 중견국이 기여할 수
있다. 미국에 대한 잠재적 도전국인 중국이 기존 질서에 대한 불만
족도가 높아서 미국과 무력충돌하게 될 경우 한국이 입을 수 있는

피해는 상상조차 하기 싫은 정도이다. 그래서 중국의 기존 질서에 대한 불만족도를 조금이라도 낮출 수 있는 일이라면 한국이 대원칙에 입각하여 추진해 볼 만하다.[18]

이러한 중추적 중견국의 두 가지 역할을 근거로 스마트 외교를 추진했더라면 최근 미·중 사이에서 한국이 '눈치외교'를 하느라 곤욕을 치른 사드의 한반도 도입 문제와 AIIB에 한국이 가입하는 문제를 훨씬 쉽게 풀어 나갈 수 있었을 것이다.

한국의 입장에서는 동아시아 안보환경과 자유무역질서가 안정적으로 유지되기를 원한다. 특히 북한의 핵무기를 포함한 대량살상무기의 위협에 철저히 대비해야 하는 상황이다. 아·태지역의 중추적 중견국인 한국의 입장은 그래서 누구나 쉽게 예측 가능할수록 유리하다. 한반도의 평화와 안정을 위해서 안보차원에서 한·미동맹을 주축으로 국방에 만전을 기하는 것이 당연하다. 그와 동시에 경제적 국익을 위해서 중국을 포함한 모든 국가와 자유무역질서에 근거하여 협력을 강화하는 것 또한 당연하다. 북한의 대량살상무기 위협으로부터 국가안보, 국가생존을 지키기 위한 대비책을 강구하는 데 주변국의 눈치만 보고 있을 수는 없다. 한·미합동군사훈련, 북한의 군사적 위협에 대응할 수 있는 최신예 무기의 개발 및 구매 등을 소홀히 해서는 안 된다. 사드 미사일방어체제도 북한의 대량살상무기 위협에 대응하는 데 조금이라도 도움이 된다면 당연히 한반도에 도입해야 한다.

2014년 6월 한반도에 사드 배치의 필요성이 제기된 이후, 사드 이슈는 국내에서 뜨거운 논란거리가 되었다. 보수진영과 진보진영의 정치인, 전문가들은 서로 사드의 한반도 도입에 대한 찬·반 양론을 제기하며 첨예하게 대립했다. 그 무렵 중국 정부는 직·간접적으로 한국정부에 사드의 한반도 도입에 대한 반대의 뜻을 전달했다. 중국은 사드의 한반도 도입을 동아시아 지역에서의 한·미·일 미사일방어체제 구축을 위한 전 단계로 간주하는 듯했다. 2015년 4월 중국은 러시아와 사드이슈를 주요의제로 한 동북아 안보 관련 양자대화를 처음으로 개최하였으며, 러시아로 하여금 사드의 한반도 도입을 반대하는 데 중국과 공동보조를 맞출 것을 요청했다. 이에 러시아 정부도 가세하여 사드를 한반도에 도입하는 것을 반대하는 입장을 분명히 밝히기 시작했다.[19]

2016년 7월 한·미 양국이 사드를 한반도에 도입할 것을 공식적으로 발표하기 전까지 약 2년간 사드의 한반도 도입 문제는 국론을 분열시키는 주요이슈였고, 한국정부는 미국, 중국, 러시아의 눈치를 보느라 이 문제에 대한 입장을 표명하는 데 대해 매우 조심스러웠다. 한국정부는 전략적 모호성을 내세우며 사드의 한반도 도입에 대해 미국과 논의한 바도 없고 그 사안에 대해 결정한 바도 없다는 입장을 취했다. 국민에게 사드 도입의 당위성을 알리고, 중국, 러시아에 사드 도입은 주변국에 결코 위협이 되지 않는 북한의 대량살상무기에 대한 방어용이며 미·일 미사일방어체제와 무관함을 해명하고 설득하는 데 필요한 시간을 주변 강대국의 눈치만 보느라 허비하고 말았다.

비록 사드를 주한미군에 배치하기로 한국정부가 최종결정을 내리기는 했지만, 이와 같은 국가안보와 직결되는 문제를 놓고 그동안 보여 준 우유부단한 모습, 한·미동맹 간, 한·중 간의 매끄럽지 못한 소통, 중국, 러시아의 눈치보기, 게다가 사드 도입이 결정된 이후에도 계속되는 상당수 정치인들의 중국 눈치보기 및 국론분열 행위는 중추적 중견국의 지도자들이 보여 줘서는 안 되는 부끄러운 행태라고 해도 과언이 아니다.

사드가 북한의 대량살상무기의 위협을 저지하는 데 그다지 효율적인 무기체계가 아니라는 이유로 사드의 한반도 도입을 반대하는 국내전문가들이 있다. 이들은 사드의 기술적 유용성에 회의적일 뿐 아니라 사드의 한반도 도입 결정이 한·중 및 한·러 관계를 악화시킬 것이라는 이유로 반대한다. 일례로 우리나라의 국가생존과 직결되는 북한의 대량살상무기 위협에 우리가 직접 사드와 같은 미사일 방어체제로 대비하는 것보다 중국이 나서서 해결해 주기를 기대하며 중국의 눈치만 살피는 것이 더 현명한 방책이라고 주장한다. 괜히 사드를 도입하는 잘못된 결정을 내려서 중국의 심기를 불편하게 할 경우 중국이 북핵문제 해결에 전혀 협조하지 않을 가능성이 있고, 그 결과 북한의 대량살상무기의 위협에 남한은 속수무책이 될 수도 있다는 것이다.[20] 그러나 이러한 사드 도입에 대한 반대논리는 타당하지 않다.

사실 사드의 한반도 도입은 중국이나 러시아에게 군사적으로 별로 위협이 되지 않는다.[21] 한 예로 중국이나 러시아가 미국을 표적으로 삼아 대륙간탄도미사일(ICBM)을 발사한다고 가정하자. 한반도에 배치된 사드는 이러한 ICBM을 요격할 능력이 없다. 또한 사드를 운용하기 위해 필요한 레이더체계 등이 중국과 러시아 일부 지역을 감시할 수 있다고는 하나, 이러한 레이더체계 없이도 미국은 이미 중국과 러시아의 대부분의 지역을 감시할 수 있는 능력을 보유하고 있다. 중국, 러시아가 사드의 한반도 도입을 자국의 군사안보에 위협적이라고 주장하는 이유는 사드를 한반도에 도입함으로써 한국이 미·일 주도의 지역미사일방어체제에 동참하게 될 것이라는 우려 때문이다.

사드를 주한미군에 배치함으로써 중국이나 러시아가 주한미군으로부터 실제로 상당한 위협을 받는다고 하더라도 한국의 우선순위는 당연히 북한정권의 대량살상무기의 위협을 막는 데 있기 때문에 사드를 도입하는 데 있어서 확고부동한 입장을 취해야 마땅하다. 중국이나 러시아와의 관계가 소원해질 것이 두려워 우리 스스로를 북한정권의 무력위협에 그대로 노출시킨 채 무방비상태로 있을 수는 없다. 중국이나 러시아가 적극적으로 나서서 북한의 대량살상무기 위협을 완전히 해소해 주지 못하는 한, 한국은 국가안보를 위한 사드 도입이라는 국방정책을 당연히 우선시해야 한다.

향후 이러한 국가안보와 직결된 이슈가 재차 국내·외적으로 문제가 되지 않을 것이라는 보장은 없다. 한·미합동군사훈련, 신형무기 구매, 주한미군 주둔 등과 관련된 이슈가 다시는 주변국으로부터 압력을 받거나 오해를 야기하지 않도록 하기 위해서라도 국가안보, 국가생존과 관련된 문제에 있어서 한국이 취할 입장은 예측 가능하다는 것을 반드시 행동으로 일관되게 보여 주어야 한다. 주변의 어떤 나라도 한반도안보 문제에 있어서 한·미 양국을 이간질시켜 한·미 동맹에 금이 가도록 할 수 없다는 것을 확실히 보여 줘야 한다.

- 역내 중추적 중견국은 미·중 사이에서 가교역할을 수행하며 중국의 기존 질서에 대한 불만족도를 낮추는 방안을 모색할 필요가 있다.
- 역내 중추적 중견국은 AIIB에 발기인으로 적극 참여했어야 한다. 그럴수록 AIIB가 기존의 국제경제제도와 충돌할 가능성이 낮아진다.

한국과 같은 중추적 중견국은 미국과 중국 사이에서 가교역할을 수행하며 급성장하는 중국의 기존 질서에 대한 불만족도를 낮추는 방안도 동시에 모색할 필요가 있다. 경제규모 측면에서 세계 2대 경제대국인 중국이 기존의 자유무역질서 속에서 타당한 대우를 받지 못할 경우 불만이 쌓일 수 있다. 국제통화기금(IMF)에서 중국의 지분이 다른 강대국에 비해 훨씬 빈약하여 중국이 이에 대한 불만을 표출해 왔으며, 중국, 브라질 등 신흥경제국들은 G20 정상회의 등에서 IMF 지분 조정 등 IMF 구조개혁 추진 시 지분의 상당부분을 차지해 온 미국과 유럽 국가들로부터 중국을 포함한 신흥국으로 지분율을 일정부분 증대시키기 위해서 노력해왔다. 한국은 이러한 IMF 지분조정문제 등에 있어서 국제무대에서 중국과 공조할 필요가 있다. 사실 한국은 다른 중추적 중견국인 호주, 인도네시아 등과 함께 조율하여 한 목소리를 낼 수도 있다. 그래서 만일 IMF에서 중국의 지분율이 타당하게 반영되는 데 일조한다면 이는 중국의 기존 질서에 대한 불만족도를 낮추게 하는 데도 일조하는 셈이다. 그래서 궁극적으로는 미국 주도의 기존 질서를 안정적으로 유지하는 데 공헌하게 되는 것이다.[22]

2014년 10월 중국이 주도하여 설립한 아시아인프라투자은행(AIIB)에 한국이 발기인으로 처음부터 적극적으로 참여했어야 하는 이유도 바로 여기에 있다. 당시 한국정부는 중국의 가입 요청에도 불구하고 AIIB 가입결정을 보류했다. 한국은 당시 가입에 부정적인 이유로 중국 중심의 독점적 지배구조와 국제금융기구로서의 합리성 등을 들었다. 한국정부는 그러나 추후에 가입할 수 있는 여지는 남겨두고 있던 상태였다. 한국의 가입 가능성에 대해 미국이 불편한 심기를 보이고 있다는 언론 보도도 있었다.

사실 AIIB 가입 문제를 놓고 한국이 미·중 사이에서 눈치외교를 할 필요가 전혀 없었다. 무엇보다도 한국으로서는 AIIB에 적극적으로 참여할 경우 챙길 수 있는 경제적 이해관계가 상당히 컸다. 게다가 중추적 중견국이 AIIB에 적극적으로 가입하는 행위는 잠재적 현상타파국가인 중국의 주도로 새로이 설립되는 AIIB가 기존의 국제경제질서와 상반되어 충돌하는 것을 미연에 방지하는 데도 도움이 될 수 있다.

한국과 같은 중추적 중견국이 가급적 많이 발기인으로 참여하면 할수록 AIIB에 대한 중국의 독점적 지배구조가 정착되는 것을 방지할 가능성이 높아진다. 그래서 중국 주도의 새로운 경제질서가 기존의 국제경제질서와 충돌할 가능성이 낮아진다. 한국, 호주, 인도네시아와 같은 비슷한 국제정치 환경에 놓여 있는 중추적 중견국들이 적극적으로 참여할수록 AIIB는 기존의 IMF나 아시아개발은행(ADB)과 경쟁하기보다는 서로 상호보완적인 관계로 발전할 가능성이 더 높아진다.

한국과 같은 중추적 중견국이 AIIB에 적극적으로 참여하는 행위야말로 자국의 경제적 이익을 챙기는 동시에 중국 주도의 지역경제기구의 설립을 적극적으로 지원함으로써 중국의 기존 경제질서에 대한 불만족도를 낮추는 데 도움을 주는 행위이기도 하다. 또한 중국 주도의 새로운 경제기구가 미국 주도의 기존의 경제기구와의 마찰 가능성을 낮추는 데 일조하여 궁극적으로 미·중 간의 대결구도를 완화하는 가교역할을 하는 행위이기도 한 것이다.

물론 한국이 중국과 경제적으로 밀착하는 행위는 한국이 미국으로부터 서서히 멀어져서 중국 쪽으로 더 가까워지는 모습으로 비춰지거나, 미국과 중국 사이에서 오락가락하는 모습으로 보여 미국의 오해를 살 수도 있다. 자국의 안보를 위해서 미국과 동맹을 맺고 미국으로부터 핵우산과 전쟁억지력을 제공받고 있는 한국이 경제적 이익을 추구하기 위해서 중국이 주도하는 새로운 지역경제질서에 자발적으로 동참하고 중국과의 관계를 급속도로 개선함으로써 한국이 중국 쪽으로 경사(傾斜)되는 것은 동맹국 미국에 대한 배신행위라고 생각될 수 있다. 그러나 한반도 안보문제에 있어서 한국이 항상 예측 가능한 정책을 추진한다는 것을 중국을 포함한 주변국이 인지하게 하는 것과 마찬가지로, 중국, 러시아를 포함한 주변국과의 교역 및 경제외교에 있어서도 한국이 항상 예측가능한 행태를 보인다는 것을 미국, 일본 등 우방국이 스스로 인지할 수 있게 해야 한다.

만일 미국이 한국의 이러한 가교역할을 이해하지 못한다면 양국 간에 다양한 외교채널을 통해서 소통하여 미국을 설득할 필요가 있다. 한·미동맹 간에 상호신뢰가 없을 경우 양국에 도움이 되는 이러한 중견국 가교역할은 그 효과를 발휘하기 어렵다. 미국이 한국의 이러한 가교역할을 한국의 경제적 이해관계 추구뿐 아니라 기존의 지역질서를 현상유지하는 데 도움이 되는 것으로 확신할 수 있어야 한다. 한국은 미국에게 한·미동맹은 확고부동하며, 한국이 미국과 중국 사이에서 눈치외교나 '양다리걸치기 외교'를 하는 것이 결코 아니라는 확신을 심어줄 수 있도록 상호 간에 소통할 수 있는 채널을 항시 가동할 수 있어야 한다. 미국 역시 혈맹인 한국을 신뢰하고 한국의 가교역할의 가치를 인정하는 데 인색해서는 안 될 것이다. 한국 국민의 마음속에 한·미동맹에 대한 믿음, 미국이 제공하는 핵우산과 확장억지력에 대한 신뢰가 클수록 한·미동맹 관계 역시 더욱 확고부동해질 것이다.

■ 미·중 사이에서 한국은 국가안보 및 경제통상관련 이슈에 항상 예측 가능한 외교를 일관성있게 추진하는 것이 국가이익에 훨씬 유리하다.

현재 한국의 대미 외교 및 대중 외교는 그때그때 상황에 따라 주어진 사안을 상당히 효율적으로 해결하는 것처럼 보인다. 그래서 실제로 외교에 참여하는 당사자들은 성공적인 외교라고 자화자찬하기도 한다.[23] 그러나 상당수의 외교전문가들은 한국의 외교가 미국과 중국 사이에서의 줄타기외교, 양다리걸치기 외교라고 비판하며 한국외교가 언제 화를 당할지도 모른다고 걱정한다.

미·중 사이에서 벌이는 줄타기외교는 양국 중 하나가 정책을 바꿔서 줄을 끊어버리면 줄을 타고 있는 중견국은 땅으로 떨어져 피해를 입게 마련이다. 미국과 중국 사이에서 한국이 어쩔 수 없이 줄타기를 해야 할 상황이라면 양국 중 어떤 국가도 함부로 줄을 끊을 수 없도록 하는 장치를 마련하든지 아니면 일방적으로 줄을 끊더라도 다른 안전한 생명줄이 존재하는 그러한 구도로 줄타기구조를 변형시킬 수 있어야 한다. 더 나아가 줄타기구조를 만드는 과정에 미국, 중국 등과 함께 참여하여 훈련된 곡예사가 아니더라도 쉽게 줄을 탈 수 있는 구조로 만들어 내는 그런 진취적이고 창의적인 역할을 해낼 수 있는 스마트 외교의 역량이 있어야 할 것이다.

한국이 요즈음 중국과 미국으로부터 동시에 러브 콜을 받고 있다고 좋아하며 그때그때 상황에 따라 적절하게 외교적으로 대응했다가는 반드시 곤란한 상황에 빠지게 될 것이다. 두 강대국 사이에서 중견국이 자국의 국익에 보탬이 되는 현명한 대미 외교 및 대중 외교를 하기 위해서는 상대방 모두에게 예측 가능한 외교를 추구하는 것이 확실히 유리하다. 만일 한국정부가 북한의 대량살상무기위협에 대한 대비책으로 사드 도입의 필요성을 처음부터 일관되게 주장했더라면, 중국이나 러시아가 북핵문제를 적극적으로 해결해 주지 못하는 한 사드의 한반도 도입결정에 대해 이처럼 강력하게 반발하지는 않았을 것이다.

기존 자유무역질서를 유지하는 차원에서 자국의 경제적 이익을 추구하기 위해 중국과 긴밀히 협력하는 한국의 입장 역시 미국이 이해하지 않을 수 없다. 민주주의와 자유무역체제를 신봉하는 지역동맹국들이 자국의 경제적 이해관계를 추구하기 위해 기존의 자유무역질서 속에서 중국과 교역을 통한 상호의존도를 높이면 높일수록 중국 역시 기존의 자유무역국제질서를 유지하는 데 동참할 가능성이 높아진다. 한국은 적어도 경제적 관계에 있어서 중국과 전략적 협력동반자관계를 발전시켜 나가는 데 있어서 아무런 눈치를 볼 필요가 없다.

한·미동맹 간의 신뢰가 확고하면 할수록 한·중 간의 우호적 관계의 심화가 문제될 이유가 없다. 도리어 한·미동맹이 상호간 신뢰를 바탕으로 더욱 강화될수록 중국이 스스로 나서서 한·중 경제관계를 더욱 대등하게 개선하거나 북한 김정은정권의 대량살상무기 개발에 대해 자발적으로 더욱 압박을 가하게 될 수도 있다. 또한 한·중 간의 경제적 관계가 더욱 심화될수록 미국 역시 한·미 간의 신뢰를 더욱 탄탄하게 다지기를 원하고, 그런 과정에서 한국의 입장을 더 대등하게 반영하여 한·미동맹을 강화하게 될 가능성이 높다.

한반도는 지정학적으로 미국이나 중국에게 중요하기 때문에 어느 쪽도 한국과의 우호적인 관계를 쉽사리 포기하려고 하지 않을 것이다. 대한민국은 바로 이러한 중추적 중견국의 지정학적인 이점을 잘 활용하여 중추적 중견국 외교, 즉 스마트 외교를 자신있게 펼치기에 충분한 외교 자원을 확보하는 데 인색해서는 안 된다. 특히 외교인력 양성 및 미국, 중국 등 주요 인접국가 및 우방국가와의 인적 네트워크 구축 등은 스마트 외교를 위해서 필수적인 것이다. 한국정부는 이러한 중추적 중견국 외교를 성공적으로 추진할 수 있도록 중·장기적인 안목을 가지고 미리미리 철저히 준비해 나가야 한다.

4. 눈치외교를 넘어 스마트 외교로

- 줄타기, 눈치외교는 강대국에 의해 정립된 체제의 구조 속에서 일관성 있는 전략도 없이 강대국의 눈치를 살피며 그때 상황에 따라 최선의 결과를 도출해내는 데 주력하는 외교이다.

- 헤징전략은 정책을 추진하는 과정에서 위험부담을 낮추기 위해 한쪽에 완전히 치우치지 않고 적절하게 분산 투자하는 전략이다. 헤징전략에 근거한 양다리걸치기 외교는 군사안보를 포함한 모든 분야에서 한·미동맹에 올인할 것이 아니라 한·중관계도 강화하는 외교이다.

■ 동북아균형자론은 줄타기, 눈치외교와는 다른 진취적인 외교였지만, 한국이 감당할 수 없는 비현실적인 역할을 추구한 외교이다.

월츠(Kenneth Waltz)와 같은 '신현실주의' 국제정치학자들은 국제체제 내의 각 국가들의 행위는 강대국들에 의해 이미 정해진 국제체제의 구조의 특성에 의해서 영향을 받는다고 주장한다. 패권체제, 양극체제, 다극체제와 같은 강대국들 간의 국력의 분포, 그리고 강대국들의 국가이익과 같은 이해관계에 의해서 국제체제의 구조는 형성되고, 체제 내 모든 국가들, 특히 강대국이 아닌 약소국은 그렇게 주어진 구조 속에서 자국의 생존과 국가이익을 추구할 수밖에 없다고 설명한다.[24] 줄타기외교는 이러한 강대국 논리의 전형적인 예라고 할 수 있다. 국제체제 내 국제법, 국제규범 등을 포함하는 국제질서, 국제체제의 구조는 이미 강대국 주도로 정해졌고, 체제 내 약소국은 그러한 구조 속에서 경제행위든 외교행위든 추구해야 한다는 논리이다. 즉 약소국의 운명은 강대국에 의해 결정된다는 주장이다.

눈치외교도 줄타기외교와 다를 바가 없다. 강대국들에 의해 만들어진 지역안보 및 경제통상 환경 속에서 강대국들의 눈치를 보며 그때그때 당면한 외교사안을 최대한 효율적으로 해결해 나가는 외교가 바로 눈치외교이다. 눈치외교는 '헤징'(hedging)전략에 기반한 '양다리걸치기' 외교와도 별반 다를 바가 없다. 헤징전략은 특정정책을 추진하는 과정에서 위험부담을 낮추기 위해서 한쪽에 완전히 치우치지 않고 다른 한쪽에도 적당하게 분산하여 투자하는 전략이다. 한국의 경제, 외교, 안보와 관련된 국가이익을 안정적으로 확보하기 위해서 군사안보에 있어서 한·미동맹에 올인할 것이 아니라 한·중 간의 관계도 한·미동맹에 못지않게 더욱 강화해야 한다는 전략이다. 한국의 국익을 위해서 군사안보문제는 군사안보문제대로, 경제통상문제는 경제통상문제대로 각각 미국과 중국, 러시아 등 주변 강대국에 적절히 분산해서 친·미 정책, 친·중 정책, 친·러 정책 등을 추진해야 한다는 것이다.

줄타기외교나 눈치외교는 강대국에 의해 만들어진 기존의 구조 속에서 특별히 일관성을 유지하는 전략도 없이 그때 상황에 따라 최선의 결과를 도출해낼 수 있는 정책을 추진하는 외교이다. 이에 반해 양다리걸치기 외교는 강대국에 의해 만들어진 기존의 구조 속에서 위험부담을 줄여서 손실을 최대한 적게 한다는 일관성 있는 전략을 보유한 채 나름대로 철저히 계산하면서 추진하는 외교전략이라 할 수 있다. 그러나 여전히 헤징전략에 근거한 외교에 따른 외교적 이익과 손실의 결과는 기본적으로 강대국의 국력과 의지의 영향력 하에 있다. 이러한 양다리걸치기 외교도 줄타기, 눈치외교와 마찬가지로 이미 강대국 주도로 정립된 기존의 구조 속에서 수동적으로 대비하는 방안밖에 되지 못한다.

■ 스마트외교는 강대국에 의해 주어지는 구조를 그대로 수용하는 것이 아니라 지역질서 재편과정에 적극 참여하여 중견국과 약소국에 유리한 형태의 지역질서를 구축하기 위해 역량을 발휘하는 외교이다.

이에 반해 앞에서 설명한 바와 같이 스마트 외교는 강대국에 의해 주어지는 구조를 그대로 수용하지 않고 변화시키려는 시도를 하는 외교이다. 기존의 지역질서에 새로운 의제를 등장시키거나 또 하나의 변수를 포함시키는 등의 외교적 수완을 발휘해서 지역 내 모든 국가에 공평하게 적용 가능한 새로운 '규범 만들기'(norm making) 등을 시도하는 외교이다. 강대국들에 의해 만들어진 구조를 그대로 받아들이는 것이 아니라, 적어도 지역질서가 변하거나 재편되는 과정에서 중추적 중견국이 처음부터 적극적으로 참여하여 가능한 한 강대국이 아닌 중견국이나 약소국에 유리한 형태, 또는 덜 불리한 형태의 지역질서를 구축하기 위해 역량을 발휘하는 외교인 것이다. 이를 위해서, 지역국가 모임, 중견국 모임, 중추적 중견국 모임 등 다자체제 및 소다자체제를 주도하는 데 외교적 리더십을 발휘하는 외교이다.

- 2008년 G20 정상회의 탄생과정에서 보여 준 호주와 한국의 창의적인 외교는 강대국 중심의 G8 체제를 그대로 수용하지 않고 중견국의 경험과 의사도 반영될 수 있는 새로운 G20 체제를 정립하는 데 결정적인 역할을 한 스마트 외교의 대표적인 예이다.

2008년 당시 G20 정상회의를 세계경제위기 극복을 위한 정례적 국제포럼으로 만드는 과정에서 보여 준 호주와 한국의 진취적이고 창의적인 외교는 이러한 스마트 외교의 대표적인 예라고 할 수 있다. 1999년 12월 G20 재무장관회의의 개최로 발족한 G20 모임은 2008년 11월 세계경제위기 직후 G20 정상회의로 격상되었다. 이렇게 격상되는 과정에서 한국과 호주가 스마트 외교역량을 발휘했다.

당시 러드(Kevin Rudd) 호주 총리는 세계경제위기 극복을 위한 방안을 마련하기 위해 강대국뿐 아니라 과거 아시아 금융위기를 극복한 경험이 있는 중견국들이 함께 협력해야 함을 강조했다. 러드 총리는 미국, 영국 등 세계 주요 언론매체에 기고를 통해서, 또한 주요국 정상 및 재무장관, 중앙은행 총재들과의 면담 및 전화통화 등을 통해서 세계경제위기 극복을 위한 방안 마련에 협력할 것을 주문하고 강대국들의 모임인 G8 정상회의가 아닌 경제위기의 극복 경험이 있는 중견국도 포함된 논의기구가 새로이 설립되어야 함을 역설했다. 당시 러드 총리는 호주가 아·태지역에서 '창의적 중견국'(creative middle power)의 역할을 담당해야 함을 확고히 믿고 있던 때였다.[25]

러드 총리가 뚜렷한 의지와 의제를 가지고 중견국 촉매역할을 성공적으로 수행했다.

2008년 11월에 제1차 G20 정상회의가 미국에서 개최되었다. 호주, 한국 등은 G20 모임의 중요성을 주장했고, 미국정부도 G20 정상회의를 선호했다. 미국 주도의 경제질서를 유지하는 데 EU국가 위주의 G14보다 아시아 국가가 포함된 G20이 유리하다고 판단했다. 2009년 3월에 러드 총리는 이명박 대통령과 한·호 정상회담을 개최했고, 그 이후 러드 총리는 이명박 대통령과 공조하여 세계경제 위기 극복 방안을 논의하고 언론매체에 공동기고를 하기도 했다. 양국 정상은 세계경제위기 극복을 위한 논의체로 G20 정상회의의 정례화를 역설했다. 몇몇 G8 회원국의 반대에도 불구하고 2009년 9월 미국에서 개최된 제3차 회의에서 G20 정상회의의 정례화가 사실상 결정되었다.

2010년에는 G8 회원국이 아닌 G20 중견국 회원국 중 처음으로 서울에서 제5차 G20 정상회의가 개최되었으며, 한국은 G20 정상회의 의장국의 역할을 성공적으로 수행했다. 당시 한국 정부는 출구전략의 국제공조, 지속가능한 발전 등의 문제가 G20 정상들 간에 심도 있게 논의될 수 있도록 주도하였으며, G20 정상회담에 참여하지 못한 다른 중견국들과 개발도상국들에 대한 배려(outreach)도 아끼지 않았다.

G20 정상회의 탄생 과정에서 보여준 호주, 한국의 진취적이고 창의적인 외교는 강대국 중심의 G8 체제를 그대로 수용하지 않았다. 양국이 추진한 중추적 중견국 외교는 강대국을 설득하여 중견국의 경험과 의사도 반영될 수 있는 새로운 G20 체제를 정립하는 데 결정적인 역할을 했다.

줄타기외교, 눈치외교, 양다리걸치기 외교 모두 다분히 근시안적이다. 그때그때 가장 효율적인 성과를 내기 위한 외교이기 때문에 항상 단기적 차원을 벗어나지 못한다. 현재 대통령 임기 5년 단임제 하에서 한국의 외교는 길어야 5년 동안의 단기적 차원에서 펼치는 외교라고 해도 과언이 아니다. 외교부 장관이 자주 교체될 경우 5년 보다 더 단기적인 차원에서 추진되는 외교도 있다. 그래서 외교 대 전략이 부재했던 것이 사실이고, 예측 불가능한 외교였다. 이는 단 기적으로는 조금의 손해를 볼 수 있을지언정, 대전략을 바탕으로 일 관성 있게 추진하는 예측 가능한 스마트 외교와는 차원이 다르다.

스마트 외교는 2000년대 중반에 추진되었던 '동북아균형자외교' 와도 다르다. 참여정부는 2005년 2월부터 약 2개월 동안 수차례에 걸쳐 동북아균형자론을 제기했다. 그 내용의 핵심은 한국군이 자주 적 군대로서 한반도뿐만 아니라 동북아시아 지역의 평화를 유지해 나가는 데 세력균형자의 역할을 담당할 수 있다는 것이었다. 그러나 이러한 주장은 주변국이 전혀 동조하지 않는 외교적 독백에 불과하 다는 등의 비판을 받으며 더 이상 제기되지 않았다.[26]

당시에 논란이 되었던 중국, 러시아, 북한의 삼각관계와 미국, 일 본, 한국의 삼각관계 사이에서 세력균형을 유지하기 위한 균형자역 할을 한국이 담당한다는 주장은 사실 수용하기가 어려운 것이었다. 외교사에서 '균형자'(balancer)의 대표적인 예로는 19세기 영국을 들 수 있다. 당시 유럽의 패권국이라고 할 수 있었던 영국은 소위 '위대 한 고립'(splendid isolation) 정책을 추구하면서 유럽대륙의 국가들 간 세력균형을 유지하고자 했다. 세력균형에 균열이 가는 경우 이를 막 기 위해 약자 쪽에 가담하여 유럽대륙의 균형을 유지하는 경우를 제 외하고는 유럽대륙으로부터 고립주의 정책을 추진했다. 이러한 균 형자의 역할을 담당할 수 있기 위해서는 무엇보다도 군사력을 포함 한 막강한 국력이 뒷받침되어야 한다.

한국이 동북아시아에서 미·중 사이에 균형자역할을 담당할 수 있기 위해서는 적어도 미국이나 중국에 버금가는 국력을 보유해야만 가능하다는 얘기다. 군사·안보 이슈에 있어서도 미·중 사이에서 한쪽에 얽매이지 않고 자유로운 입장에서 상황에 따라 어느 쪽과도 연합하여 동북아 지역의 세력균형을 유지하는 데 일조할 수 있어야 한다는 논리에 근거한다. 그래서 이 주장은 헤징전략에 가까웠고, 한·미동맹을 유지한 채 동북아균형자역할을 담당할 수는 없는 논리였다.

동북아균형자론은 동북아시아지역에서 경쟁구도에 있는 양쪽 세력의 힘이 거의 비슷하여 균형을 이룰 경우 지역체제는 안정을 유지할 수 있다는 세력균형이론에 근거한다. 즉 미국을 중심으로 한 세력과 중국을 중심으로 한 세력의 국력이 균형을 잃지 않도록 한국이 그 사이에서 균형자의 역할을 하여 지역체제의 안정에 기여할 수 있다는 주장이었다. 노무현 정부의 이러한 동북아균형자론은 적어도 줄타기외교나 눈치외교와는 달랐다. 강대국에 의해 형성되는 지역안보구조를 그대로 수용하여 기존의 안보질서 속에서 수동적으로 대응하는 외교가 아니라 강대국에 의해 형성되는 지역 내 국력의 분포형태에 균형자로서 적극적으로 참여하여 지역 내 힘의 분포를 한국에 유리한 세력균형 형태로 변형시키고자 하는 의도를 가진 외교전략이었다. 비록 한국이 감당할 수 없는 비현실적인 외교적, 군사적 역할을 추구하다 보니 실패할 수밖에 없었던 전략이었지만 상당히 진취적인 외교적 기상을 담고 있는 그런 외교전략이었다.

중추적 중견국 한국은 한·미동맹을 근간으로 이 지역의 기존의 안보질서를 유지하는 데 기여할 수 있다. 한·중 경제 전략적 협력 동반자관계를 활용하며 이 지역의 자유주의 국제경제질서를 안정적으로 유지하는 데 공헌할 수도 있다. 스마트 외교를 추구하기 위해서는 군이 동북아균형자역할을 담당하는 데 필수적인 강대국에 버금가는 군사력을 확보할 필요가 없으며, 주변국들과의 연합가능성에 항상 유연하게 대처하기 위해서 특정 주변국과 맺고 있는 동맹관계를 포기할 필요도 없다.

　제1부 제2장에서 설명한 바와 같이, 중추적 중견국은 지정학적으로 중요한 위치에 있으며, 경제력, 군사력, 인구수 등을 포함한 국력 차원에서 세계 20대 강국 정도에 포함되며, 이와 동시에 외교스타일 면에서도 규범적, 다자주의적, 평화애호적 스타일을 보이는 국가를 지칭한다. 중추적 중견국은 강대국처럼 거의 모든 글로벌이슈에 적극적인 관심을 가지고 상당한 영향력을 행사할 수 있는 능력을 가진 국가는 아니지만, 몇 가지 글로벌이슈에는 특별한 관심이 있고 그 분야에서 상당한 영향력을 행사할 수 있다. 게다가 지역정치에서 상당한 영향력을 행사하는 지역강대국의 대우를 받으며 지역안보 및 경제질서를 현상태로 유지하는 데 적극적으로 동참하는 국가이다.

　이러한 중추적 중견국은 진취적이고 창의적으로 스마트 외교를 추진할 수 있어야 한다. 스마트 외교를 펼칠 의지가 있고 역량 또한 갖추어야 한다. 향후 대한민국이 이러한 스마트 외교를 효율적이고 성공적으로 추진하기 위해서 반드시 필요한 인적, 물적 자산 등에 관해서 다음 장에서 설명하고자 한다.

주

1 news.xinhuanet.com, 2015.9.24. 참조.

2 Walter Russell Mead, "The Return of Geopolitics: The Revenge of the Revisionist Powers," *Foreign Affairs*, vol.93, issue.3, 2014, pp.69-79.

3 John Mearsheimer, *The Tragedy of Great Power Politics* (New York: Norton, 2014).

4 John Ikenberry, "The Illusion of Geopolitics: The Enduring Power of the Liberal Order," *Foreign Affairs*, vol.93, issue.3, 2014, pp.80-90; 중국이 현상유지국가일 것이라고 평가하는 대표적 학자로는 Alastair Iain Johnston, "Is China a Status Quo Power?" *International Security*, vol.27, no.4, 2003, pp.5-56.

5 Bruce W. Jentleson, "Strategic Recalibration: Framework for the 21st Century National Security Strategy," *Washington Quarterly*, vol.37, no.1, 2014, pp.115-136; Ely Ratner, "Rebalancing to Asia with an Insecure China," *Washington Quarterly*, vol.36, no. 2, 2013, pp.21-38.

6 Jentleson, pp.115-136; Ratner, pp.21-38.

7 Jentleson, pp.115-136; Ratner, pp.21-38.

8 Andrew Kuchins and Igor Zevelev, "Russian Foreign Policy: Continuity in Change," *Washington Quarterly*, vol.35, no.1, 2012, pp.147-161.

9 Artyom Lukin, "Russia, China and the Korean Peninsula: A Post-Ukraine Assessment," *International Journal of Korean Unification Studies*, vol.24, no.3, 2015, pp.67-100; Sergey Lukonin, "Russian Policy towards the Korean Unification," *International Journal of Korean Unification Studies*, vol.24, no.3, 2015, pp.101-123; Georgy Toloraya and Alexander Vorontsov, "Russia's 'Turn to the East' Policy: Role of North East Asia and the Korean Peninsula,"

International Journal of Korean Unification Studies, vol.24, no.3, 2015, pp.31-66.

10 Toloraya and Vorontsov, pp.31-66.

11 Country Reports on Russia, *The Asan Forum*, vol.3, no.4, July/August 2015.

12 Daniel A. Pinkston and Clint Work, "Moral Hazard and the US-ROK Alliance," *The Diplomat*, November 10, 2015.

13 Bruce Bueno de Mesquita, *Principles of International Politics*, 5th ed. (Washington D.C.: CQ Press, 2014) 번역본, 김우상 · 김재한 · 황태희 외, 『세계정치론: 전쟁과 평화 그리고 세계질서』(서울: 카오스 북, 2015), pp.90-107.

14 옌쉐퉁, "중한 동맹관계의 수립은 가능한가?" 『성균 차이나브리프』 제2권 제3호, 2014, pp.58-64.

15 Joseph S. Nye, Jr., *The Future of Power* (New York: Public Affairs, 2011). 하드 파워, 소프트 파워, 스마트 파워의 설명에 관해서는 제1부 제4장 참조.

16 제2부 제2장의 에반스(Gareth Evans)의 특화외교 참조.

17 공공외교에 관해서는 제1부 제4장 참조.

18 Woosang Kim, "Alliance Transitions and Great Power War," *American Journal of Political Science*, vol.35, no.4, 1991, pp.833-850; Woosang Kim, "Power Transitions and Great Power War from Westphalia to Waterloo," *World Politics*, vol.45, no.1, 1992, pp.153-172; Woosang Kim, "Power Parity, Alliance, and War from 1648 to 1975," in Jacek Kugler and Douglas Lemke, eds. *Parity and War: Evaluations and Extensions of the War Ledger* (Ann Arbor: University of Michigan Press, 1996); Woosang Kim, "*Power Parity, Alliance, Dissatisfaction, and Wars in East Asia, 1860-1993*," *Journal of Conflict Resolution*, vol.46, no.5, 2002, pp.654-671.

19 Lukin, pp.67-100.

20 "베이징에서 무너지는 북한붕괴론," 중앙일보 2016.6.10. 31면 참조.

21 괌, 오키나와 등을 사정권에 두고 있는 중국 지린성, 랴오닝성, 산둥성 등에 배치한 탄도미사일이 요격될 수 있기 때문이라고 설명하는 전문가도 있다. 중앙일보, 2016.8.9.

22 2015년 12월 미국 의회가 IMF개혁안을 최종 승인함에 따라 중국의 출자지분 및 의결권 지분율은 각각 6위에서 미국과 일본 다음으로 3위로 상승할 전망이다. 이러한 중국을 포함한 신흥국의 지분율 증대를 위한 중견국의 협력은 잠재적 도전국의 불만족를 낮추는 데 긍정적인 역할을 할 수 있을 것이다. 매일경제, 2015.12.20.

23 조선일보, 2015.9.19. 5면, 2016.3.15. 6면 참조.

24 Kenneth Waltz, *Theory of International Politics* (Reading: Addison Wesley, 1979).

25 2006년 9월 러드(Kevin Rudd) 호주 총리는 시드니 연구소(Sydney Institute)에서 행한 연설에서 호·미동맹, UN안보리 비상임이사국 참여 등 UN 다자체제에서의 적극적인 역할, 그리고 동남아시아국가연합(ASEAN) 등 아·태지역 국가들과의 포럼을 통한 다자주의라는 세 가지 중심축을 바탕으로 호주가 '창의적 중견국'의 역할을 수행해야 한다고 역설했다. Gwilym Croucher, "Australia as a Creative Middle Power, again?" *Australia Policy Online*, 2009.5.4, pp.1-5.

26 배종윤, "동북아시아 지역질서의 변화와 한국의 전략적 선택,"『국제정치논총』제48집 제3호, 2008, pp.93-118; 이수형, "중추적 중견국가론과 참여정부의 균형적 실용외교,"『한국과 국제정치』제24권 제1호., 2008, pp.217-249.

제4장

소프트 파워 외교

　중견국 외교의 대표적인 특징은 무엇보다도 자국이 보유한 한정된 인적, 물적 자원을 모든 글로벌이슈에 다 투자하기보다는 특정분야에 집중적으로 투입해서 소기의 목적을 달성하는 '특화외교'(niche diplomacy)를 추진하는 것이며, 특정분야에 관심이 있는 '뜻을 같이하는'(like-minded) 국가들과 연합형성을 통해서 중견국의 영향력을 행사하는 것이다. 특히 중추적 중견국이 특정이슈에서 주도권을 잡고 리더십을 발휘하기 위해서는 관료사회의 기업가적 재능과 기술적 전문성을 필요로 한다. 또한 특정분야에 능통한 기술적 능력을 갖춘 전문가들과 연합형성의 주요 대상이 되는 국가들의 언어, 문화, 역사, 사정 등에 능통한 지역전문가도 필요하다.

　다시 말해 스마트 외교를 추진할 수 있는 능력을 충분히 갖추어야 한다. 먼저 일반적 외교역량과 특정분야에서의 관료사회의 능력을 필요로 한다. 일반적 외교역량에는 외교부의 인력 및 예산규모, 해외공관의 수, 외교관의 소통, 정보수집 및 협상능력, 외교관의 열정 등을 포함한다. 또한 특정분야에서 특화외교를 추진하기 위해 집중적으로 동원할 수 있는 외교역량이 강대국의 수준에 버금가야 한다. 집중적으로 동원되는 외교관 및 관련분야 관료들은 전문적 지식과 기업가적 리더십, 소통력과 협상력을 겸비한 창의적인 인재들로 구성되어야 한다. 이들은 특정이슈에 대해 뜻을 같이하는 국가들을 설득하여 연합형성을 주도하거나, 최소한 연합의 주요 일원으로 참여할 수 있는 자질을 갖추어야 한다. 뜻을 같이하는 국가들의 언어, 문화, 역사, 사정 등에 능통하고 그 국가 내에 인적 네트워크를 확보하고 있는 지역전문가들도 확보해야 한다.

이러한 인적, 물적 자원을 특정분야에 동원하기 위해서는 국가 지도자의 의지와 열정이 없이는 불가능하다. 대통령, 총리, 외교부 장관과 같은 지도자가 믿음과 열정을 가지고 특정분야에서 스마트 외교를 추진하려는 확고한 의지가 있어야 한다. 이러한 지도자의 의지가 국내정치적으로 지지를 받게 될 때 자국이 추진하려는 특화외교에 대한 국제적 신뢰를 얻기가 수월할 것이다. 중추적 중견국은 강대국에 비해 주변국이나 관련된 약소국에 위협적이지 않기 때문에 국내외의 신뢰를 확보할 경우 특정분야에서 중견국 리더십을 발휘하기가 수월해진다. 또한 자국의 '소프트 파워'(soft power)를 바탕으로 성공적인 '공공외교'(public diplomacy)를 추진할 경우 국가이미지 개선 등을 통해 뜻을 같이하는 국가들과의 연합형성을 주도하는 데 유리한 위치를 확보할 수 있게 된다.

본 장에서는 먼저 스마트 외교를 위한 영역에는 어떤 것들이 있는지 살펴보기로 한다. 또한 스마트 외교를 추진하는 데 도움이 되는 소프트 파워와 공공외교의 의미에 대해서도 설명하기로 한다. 마지막으로 스마트 외교를 위한 인적 자원인 기업가적 재능과 기술적 전문성을 갖춘 관료, 전문가, 지역 내 특정 국가의 사정에 능통한 지역전문가, 상대국에서 한국정부의 입장 등을 적극적으로 지지해 줄 수 있는 지한파(知韓派) 및 친한파(親韓派) 양성의 필요성에 관해서 논의하고자 한다.

1. 스마트 외교의 영역

- 강대국 사이에서 하드 파워에 중점을 둔 스마트 파워를 활용한 안보 및 경제통상외교가 있다.

- 소프트 파워에 중점을 둔 스마트 파워를 활용해서 인간안보분야의 다자체제에서 리더십을 발휘하는 특화외교가 있다.

제1부 제3장에서 필자는 중추적 중견국의 성공적인 외교를 '스마트 외교'라고 지칭하며, 스마트 외교의 영역에는 크게 두 가지가 있다고 설명했다. 간단히 요약하자면 첫 번째 영역으로는 강대국 사이에서 중추적 중견국이 하드 파워에 중점을 둔 스마트 파워를 활용하여 기존의 지역경제질서 및 안보질서를 현 상태로 유지하는 데 기여하는 안보외교 및 경제통상외교가 있다. 물론 스마트 외교를 활용해서 강대국에 의해 만들어진 체제의 구조를 있는 그대로 수용하기 보다는 중견국들에게 유리한 형태로 변형시키기 위해 창의적으로 추진하는 외교도 중요한 부분이다.

강대국 사이에서 눈치외교가 아닌 스마트 외교를 펼치기 위해서 뜻을 같이 하는 국가들과 연합해서 외교적 수완을 발휘해야 한다. 또한 대전략을 바탕으로 일관성 있게 예측 가능한 외교를 펼쳐야 한다. 이러한 형태의 외교야말로 강대국에 둘러싸인 중추적 중견국이 국가이익의 극대화를 추구하는 데 최선책이다. 중추적 중견국은 기존의 지역안보질서 및 경제질서를 안정적으로 유지하는 데 기여할 수 있는 물리적 역량, 즉 하드 파워가 있기 때문에 일반적 중견국과는 차별화된다.

두 번째 영역으로는 중추적 중견국이 소프트 파워에 중점을 둔 스마트 파워를 잘 활용하여 인간답게 살 수 있는 권리와 관련된 특정 분야에서 인간안보 증진을 위해 국제사회에 기여하는 특화외교가 있다. 중추적 중견국은 주로 '인간안보'(human security)분야에서 기존의 국제규범을 준수하거나 새로운 국제규범을 만들어내는 데 기여할 수 있다.

중추적 중견국은 연합을 형성하여 다자제체 내에서 인권, 지속가능한 발전, 기후변화, 녹색성장, 자연재해, 질병, 기아, 초국가적 범죄, 해적퇴치, 테러방지, 핵확산방지, 인도적 지원 및 개입, 평화유지 활동 등 인간안보와 관련이 있는 분야에서 도덕적, 헌신적, 인도주의적 역할을 담당하는 데 주저하지 않는다. 제2부 제5장에서 상세히 설명하겠지만, 인간안보는 공포로부터 인간을 보호하는 것, 궁핍으로부터 인간을 보호하는 것, 그리고 인간의 권리를 법적으로 보호하는 것과 관련된 인간 개개인에 대한 안전보장이다.

2. 소프트 파워[1]

- 물리적 강제력, 경제적 보상, 경제제재 등에 동원되는 군사력, 경제력을 하드 파워라고 한다.

- 상대방을 설득, 매료시켜서 스스로 움직이게 하는 매력적 힘의 자산을 소프트 파워라고 한다. 문화, 가치관, 외교정책, 정치·사회 제도, 성공적인 경제성장 모델, 찬란한 역사와 유적 등이 소프트 파워의 핵심 자산이다.

- 하드 파워와 소프트 파워를 상황에 따라 각각 필요한 만큼 적절하게 혼합하여 외교 목표를 달성하고 국익을 극대화할 수 있는 전략적 능력을 스마트 파워라고 한다.

중추적 중견국이 강대국 사이에서 기존의 안보 및 경제질서를 현 상태로 유지하는 데 기여하는 역할이나 특정 인간안보이슈를 선점 하여 다자체제에서 중견국 리더십을 발휘하고 인간안보를 증진시키 는 데 공헌하는 역할을 성공적으로 수행하는 데는 강력한 소프트 파 워가 필수적이다.

파워(power), 즉 힘이라고 하는 것은 변화를 만들어 내거나 변화에 대응할 수 있는 능력, 원하는 것을 얻을 수 있는 능력이나 원하는 결 과를 얻기 위해서 상대방에게 영향을 미칠 수 있는 능력을 말한다. 상대방이 하기 싫어하는 것을 하게 만드는 것도 힘이 있어야 가능하 다. 이러한 파워에는 세 가지 측면이 있다.

첫째, 물리적 강제력으로 위협하거나 경제적 보상이나 제재를 통 해 상대방이 하기 싫어하는 것을 하게 만드는 능력이다. 만일 시키 는 대로 하지 않으면 폭행하겠다는 위협을 통해 상대방이 하는 수 없이 시키는 대로 따르게 만드는 강제력, 물리적 폭력이 이 범주에 속한다. 또한 시키는 일을 하면 경제적으로 보상을 해주겠다거나, 만일 하지 않으면 경제적 손실을 입히겠다고 협박하는 것도 이 범주 에 포함된다. 둘째, 의제(agenda)를 선정하는 과정에서 재치있는 행 동을 통해서 자신이 원하는 결과를 상대방이 수용하게 만드는 능력, 상대방과의 신뢰를 쌓아서 상대를 설득하는 능력이 있다. 셋째, 자 신의 가치관, 믿음, 아이디어, 문화 등에 상대방이 영향을 받아 자발 적으로 자신을 따르게 만드는 능력, 자신의 매력을 발산하여 상대방 이 자신이 원하는 대로 행동하게끔 만드는 능력도 있다.

하버드 대학의 나이(Joseph Nye) 교수는 물리적 강제력, 경제적 보 상 또는 제재에 동원되는 힘의 자산을 경성국력 또는 '하드 파워' (hard power)라고 한다. 그리고 상대방을 설득하거나 매료시켜서 마 음을 스스로 움직이게 하는 힘의 자산을 연성국력 또는 소프트 파워 라고 한다. 이 두 가지 하드 파워와 소프트 파워를 상황에 따라 각각 필요한 만큼 적절하게 혼합하여 외교 목표를 달성하고 국익을 극대화할 수 있는 전략적 능력을 '스마트 파워'(smart power)라고 한다.[2]

한 국가의 하드 파워의 핵심자산은 군사력과 경제력이다. 군 병력, 군사무기체계 등이 타국에 비해 우세하기 위해서는 군대에 동원할 수 있는 충분한 여력을 제공하기 위해 인구수가 많아야 한다. 또한 적지 않은 수의 군사력을 보유하고 그에 걸맞은 무기체계를 갖추기 위해서 이를 뒷받침해줄 수 있는 경제력이 필수적이다. 이에 반해 소프트 파워 자산은 바로 자국을 타국에 매력적으로 만들 수 있는 문화, 예술, 가치관, 제도, 본보기가 될 만한 역사와 유적 등을 의미한다. 물론 군사력이나 경제력도 소프트 파워 증진에 효과를 발휘하기도 한다. 해적퇴치작전, 평화유지활동 등에 주도적으로 참여하여 자국의 인도주의적, 헌신적 이미지를 증대하기 위해서는 군사력이 뒷받침되어야 한다. 또한 문화, 예술 진흥을 위해서 경제력이 필수적일 뿐 아니라, 경쟁력 있는 자국산 제품이 수출되어 지구촌에서 인기상품이 될 때도 자국의 소프트 파워는 증대될 수 있다.

소프트 파워의 핵심이라고 할 수 있는 매력(attractiveness)도 사람마다 국가마다 각각 특색이 있다. 매력의 핵심 요소로는 인자함 또는 자비로움, 명민함 또는 빼어난 능력, 아름다움 또는 카리스마 세 가지가 있다. 첫째, 상대방과의 관계에서 인자함이나 자비로움은 동정심과 신뢰감을 유발하게 해서 스스로 묵종하게 만드는 힘이 있다. 이러한 능력은 상대방의 말을 경청하고, 상대방을 이해하려고 노력하고, 상대방을 배려하고, 상대방과 함께 소통하는 과정에서 얻을 수 있다. 둘째, 명민함 또는 뛰어난 능력은 자신이 맡은 바 임무를 성실하게 성공적으로 잘 수행해내는 능력을 지칭하며, 이는 존경심을 유발하여 열심히 배우고 모방하게 만드는 힘이 있다. 셋째, 아름다움 또는 카리스마는 이념과 가치관, 자신의 통찰력, 즉 비전(vision)을 제시하는 과정에서 드러나며, 이는 상대방을 고무시켜서 자신을 충실

하게 지지하도록 유인하는 힘이 된다.[3]

개인이든 국가든 간에 이러한 매력을 지니고 있을 때 자신의 소프트 파워는 막강해진다. 문화, 가치관, 외교정책, 정치 및 사회제도, 성공적 경제성장모델과 민주화모델, 찬란한 역사 및 유적 등은 한 국가의 매력적 요소의 근간이 된다. 대한민국은 6·25전쟁 이후 아주 짧은 기간 동안에 괄목할 만한 경제성장과 민주화과정을 성공적으로 이루어 낸 '한강의 기적'이라는 자랑스런 경험을 보유하고 있다. 소위 '서울 컨센서스'(Seoul Consensus)가 민주주의에 바탕을 둔 '워싱턴 컨센서스'(Washington Consensus)나 국가 주도의 경제성장에 근거한 '베이징 컨센서스'(Beijing Consensus)보다 개발도상국들의 경제발전모델로 더 각광을 받는 것을 볼 때, 서울 컨센서스는 한국의 중요한 소프트 파워 자산이다.

최근 전 세계로부터 인기를 끌었던 K-pop 문화뿐만 아니라 이러한 한국의 경제성장과 민주화모델 역시 활용을 잘할 경우 한국의 이미지와 국격을 한 단계 더 높이는 데 유용하게 쓰일 수 있다. 한국의 연예기획 회사들이 세계 각국의 청소년들을 선별하여 K-pop 연예인으로 훈련시키면서 전 세계에 한국을 알리는 것처럼, 한국의 경제발전모델과 민주화과정을 '새마을운동' 등과 연계시켜 개발도상국에 전수하고 개발도상국의 지식인과 관료들을 교육시키고 훈련시키는 지식공유프로그램(Knowledge Sharing Program)을 성공적으로 운용하는 것은 한국의 소프트 파워를 강화하는 데 도움이 된다.

이러한 다양한 형태의 한국의 소프트 파워는 상대국의 지도자, 정부 관료들이 한국과 외교, 경제, 문화 등 다양한 분야에서 협력하는 데 유리한 국내 정치적, 사회적 환경을 조성하는 데 도움이 된다. 소프트 파워는 대개 중·장기적인 차원에서 간접적인 효과를 발휘하는 데 쓰인다. 상대국의 여론을 주도하는 오피니언 리더(opinion leader)나 지식인, 그리고 일반대중이 우리나라의 매력에 빠져들어 한국에 관심을 갖게 되고, 한국을 방문하게 되고, 그중 많은 사람들이 친한파가 되어 스스로 자국의 지도자나 관료들이 한국과 우호적인 입장에서 양국관계를 강화해 나갈 수 있는 분위기를 조성하는 효과를 발휘할 수 있다. 즉 막강한 소프트 파워를 통해 공공외교(public dipolomacy)를 성공적으로 추진할 수 있다.

〈그림 4-1〉 하드 파워, 소프트 파워, 스마트 파워

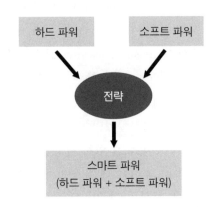

3. 공공외교[4]

소프트 파워를 현명하게 활용할 경우, 중추적 중견국은 강대국 사이에서 스마트 외교를 성공적으로 펼칠 가능성이 높아질 뿐 아니라, 뜻을 같이하는 국가들 연합의 다자체제에서 리더십을 발휘할 가능성이 높아진다. 지구촌에서 자국의 소프트 파워를 최대한 활용하기 위해서는 공공외교에 역점을 두지 않을 수 없다. 최근의 세계경제위기 속에서 각 국가들은 여타분야와 마찬가지로 공공외교에서도 무한경쟁에 돌입했다. 미국과 중국 등 강대국들은 자국의 이미지 개선

을 위해서 공공외교의 중요성을 강조하기 시작했다. 미국은 2001년 9·11 테러사태 이후 세계 최강의 하드 파워만 가지고는 미국이 추구하는 국가이익을 충분히 확보하기는커녕, 본토에 위협이 되는 테러행위조차 막을 수 없음을 절실히 느끼게 되었다. 이는 미국으로 하여금 소프트 파워 및 스마트 파워의 중요성을 일깨워 주는 계기가 되었다.

중국의 경우도 마찬가지이다. 중국의 급부상으로 인해 아시아 지역에서 중국과 국경을 접하고 있거나, 국제체제에서 중국과 교역관계를 맺고 있는 국가들 대부분이 중국의 군사력 증강과 경제성장 추이를 두려워하고 있다. 특히 주변국들은 중국의 하드 파워가 강해지면 강해질수록 중국 지도부의 의도, 특히 그들의 외교정책방향이 갈수록 공세적으로 변하지 않을까 하는 의심스런 눈초리로 지켜보고 있다. 국제사회에서의 이러한 대 중국 견제는 중국의 경제성장 정책이나 국내정치 상황에 하등의 도움이 되지 않는다는 것을 중국의 지도자들도 잘 알고 있다. 그러다 보니 중국도 자국의 이미지를 개선하기 위해 소프트 파워를 강화할 수 있는 방안을 모색하고 공공외교에 공을 들이고 있다.

일본 역시 19세기 말 20세기 초 한반도와 중국에서 자행한 전쟁범죄와 식민지 수탈행위, 20세기 중반의 태평양전쟁 당시 인도·차이나 반도를 포함한 아시아 전 지역에서 자행한 전쟁범죄 등 전범국가의 이미지를 국제사회의 평화와 번영에 공헌하는 강대국의 이미지로 탈바꿈하기 위해 공공외교에 많은 인력과 예산을 투자하고 있다. 인간안보분야에서 '궁핍으로부터의 자유'라는 개념을 정립하고 관련 분야에서 주도적인 역할을 담당하기 위해 상당한 외교 인력과 예산을 투입해 왔다. 한·일 간의 위안부 문제를 포함한 과거사 문제, 독도 영유권 문제 등에 있어서 한·미동맹과 미·일동맹 사이에 낀 미국으로부터 자국의 입장에 대한 지지를 확보하기 위해 오래전부터 미국 내에 지일파, 친일파 정치인, 학자, 지식인, 오피니언 리더 등을 양성하는 데 심혈을 기울이고 있다.

- 전통적 공공외교는 정부가 타국의 일반대중을 상대로 행하는 G2P 외교이다.

- 21세기 공공외교는 G2P + P2P 외교형태로, 정부, NGOs, 일반 시민이 상대국 NGOs, 여론 주도층, 일반대중을 상대로 하는 외교이다.

- G2P + P2P 공공외교는 쌍방향적, 대칭적으로 서로 정보를 교환하고 인적 교류를 추구하며, 상호 이해증진을 통해 우호관계를 형성하고 우호적 인맥을 관리하는 데 치중한다.

　공공외교는 "국민들의 이익을 증진하고 가치를 높이기 위해 다른 국가의 국민들과 직접적인 관계를 맺는 과정"이라고 정의되기도 하고, "자국의 국가적 목표와 정책뿐 아니라 사상과 이상, 제도와 문화에 대한 이해를 증진시키기 위해 정부가 타국의 대중과 의사소통하는 과정"이라고 정의되기도 한다.[5]

　이러한 공공외교는 전통적 외교와 큰 차이가 있다. 전통적 외교, 즉 정부 간 'G2G'(Government to Government) 외교의 주체는 당연히 각 국가의 정부이다. 즉 대통령, 총리, 외교부 장관, 외교부 소속의 관료 등 국가를 대표하거나 공적인 임무를 띤 외교관들이다. 또한 전통적 외교의 대상은 상대국을 대표하는 기관장이나 부처 공무원들이다. 외교관들은 정무, 경제 및 통상 위주의 외교협상, 교섭 등을 포함하는 활동과 그 밖에 교육, 문화, 영사 등의 업무를 담당한다. 특히 교통 및 통신수단의 발달 이후에는 해외공관에서 근무하는 외교관들뿐 아니라 국가수반이나 외교부 고위 관리들이 정상회담이나 고위급회담 등을 통해 직접 외교의 일선에 나서는 경우가 흔해졌다.

이에 반해 공공외교의 주체는 정부뿐 아니라 NGOs나 일반대중도 될 수 있다. 공공외교가 미국정부에 의해서 추진되기 시작했을 당시에는 전통적 외교와 마찬가지로 그 주체가 정부였다. 미국은 해외공보처(USIA)를 운영하면서 미국에 관한 정보(information)를 타국에 제공하고 미국의 정책 등을 소개하고 전파하는 행위를 통해서 전 세계에 미국의 이미지를 개선하는 노력을 해 왔다. 이러한 행동들이 선전(propaganda)을 위한 것이라는 다소 부정적인 시각으로 비춰지는 것을 극복하기 위해서 공공외교라는 용어를 사용하기 시작했으며, 정부가 직접 상대국의 일반대중을 상대로 자국과 관련된 정보 등을 제공하며 좋은 이미지를 관리해 나가는 데 역점을 두기 시작했다. 이러한 전통적 공공외교는 정부가 타국의 일반대중을 상대로 행하는 'G2P'(Government to People) 외교의 형태였다.

점차 정보통신 및 교통수단의 발달로 인해 자국 국민들과 타국 대중들, 비정부기구들 간의 왕래 및 교류가 활발해지면서 일반시민들과 비정부기구 등의 의미 있는 역할이 증대되기 시작했다. 공공외교의 중심에는 정부뿐 아니라 NGOs 및 일반대중이 포함되었고, 공공외교의 대상도 상대국 정부뿐 아니라 상대국의 NGOs, 일반대중을 포함하게 되었다. 즉 21세기 공공외교의 형태는 'G2P' 외교와 'P2P' (People to People) 외교가 합쳐진 형태로 발전하게 되었다. 이러한 21세기 공공외교의 핵심은 정부, NGOs, 일반시민 등이 자국의 소프트 파워를 활용하여 상대국 정부, NGOs, 여론주도층 및 일반대중과 교류하면서 상대방이 자국을 더 잘 이해하게 되고 지지하는 친구가 되게 하는 것이다.

전통적인 G2P 공공외교는 일방적으로 정보를 전달하거나 정책을 소개하는 방법을 사용했으며, 가급적 공식 외교채널을 활용한 반면, 21세기 'G2P + P2P' 공공외교는 일방적이기보다는 쌍방향적 성격을 띠고, 비대칭적이기보다는 대칭적으로 상호 간에 정보를 교환하고 인적 교류를 추구하는 방식을 채택하고 있다. 이러한 새로운 접근법에 기반한 공공외교는 상호 이해증진을 바탕으로 상호 간 우호관계를 형성하고 우호적 인맥을 관리하는 데 치중한다. 전통적 공공외교가 '정보적 구조'를 강조했다면, 21세기 공공외교는 '관계적 구조'를 강조한다. 즉 전통적 공공외교는 어떤 메시지를 어떠한 방법으로 타국의 일반대중의 마음에 와 닿도록 전달할 것인지에 관한 정보입안 및 전파계획에 치중한 반면, 21세기 공공외교는 어떻게 우호적 관계를 구축하여 타국에 더 많은 지한파 및 친한파 인사들을 양성할 것인지가 핵심이 되고 있다. 그러기 위해서 상대방과 어떻게 쌍방향 소통채널을 확보하고 확장해 나가며 우호적 관계를 지속적으로 발전시킬 수 있는지에 초점을 맞추고 있다.[6]

정부가 직접 타국의 일반대중을 상대로 펼칠 수 있는 공공외교는 다분히 제한적이다. 먼저 외교부는 대변인실을 통해서 매일 전 세계에서 발생하는 사안에 대한 자국의 입장, 정부의 중요한 외교정책에 대한 설명, 정책의 진척사항 등을 자국 거주 외교사절단에게 객관적으로 설명하고 이해를 구하는 소통을 하기도 하고, 재외공관의 본국 외교관들을 통해서 타국의 정부나 대중에게 브리핑(briefing)하기도 한다. 그러나 이러한 행위는 일방적 소통에 근거한 전통적 접근법을 활용하는 것이다. 자칫 잘못할 경우 정부의 선전행위로 간주되어 신뢰성을 잃게 될 수도 있다. 사실이야 어떻든 이러한 노력이 선전행위로 치부될 때, 국제사회에서 나쁜 평판을 쌓게 될 수도 있다.

■ 공공외교에는 전문가, NGOs, 일반대중 등이 민간외교관의 자부심을 가지고 참여하는 것이 바람직하다.

이를 극복하기 위해 공공외교에 다양한 행위자들이 참여하는 것이 바람직하다. 사회 각계 각층의 전문가, NGOs 관련 인사, 일반대중 등이 소위 '민간외교관' 또는 '국민외교관'(civic diplomat)의 자부심을 가지고 각자 자신이 자국 정부의 입장을 이해한 만큼 타국 대중에게 자국의 정책이나 입장을 설명하고 의문을 해소해 주는 역할을 할 수도 있다. 쌍방향 소통의 과정을 겪으면서 각자 자국의 입장을 나름대로 설명할 기회를 가질 수 있을 뿐 아니라 타국의 입장도 이해하게 되는 계기를 마련하기도 한다.

이러한 쌍방향 소통의 공공외교의 첫 단계로는 학문, 문화교류 프로그램 등에 참여하는 것이다. 학문교류, 문화교류를 하는 과정에서 쌍방이 서로 소통하고 우의를 다질 수 있는 기회를 종종 가지게 된다. 두 번째 단계로, 공동프로젝트에 참여하거나 타국의 NGOs 등과 정책네트워킹을 통해 정례적으로 장기간에 걸쳐 교류를 하게 될 경우 타국의 상대방과 가까운 친구가 될 정도로 소통할 기회가 많아진다. 서로 친한 친구가 되면 자신도 모르게 상대방 친구의 나라에 관심을 갖게 되고, 호감을 가질 가능성이 높아진다. 그럴수록 친구의 나라를 자주 방문할 기회가 생기고 그 나라에 관해 많은 것을 알게 되고, 스스로 그 나라에 관해 주변의 지인들에게 소개할 기회도 잦아진다. 마찬가지로 상대국의 친구 역시 우리나라에 호감을 갖게 되고 스스로 자신의 주변인들에게 한국을 알리는 역할을 하게 된다.

공공외교의 효과는 다분히 중·장기적이다. 단기간 내에 성공적으로 타국에서 친한파를 양성하기는 쉽지 않다. 오랜 기간 동안의 쌍방향 교류와 소통을 통한 친한파, 지한파 만들기 노력이 정부의 외교정책 방향과 일치할 때, 공공외교의 효과는 배가될 수 있을 것이다. 이를 위해서 정부는 외교전략 차원에서 공공외교의 중·장기적인 목표를 설정하고 나름대로 예산과 인력을 투자할 필요가 있다.

공공외교의 범주에는 문화 외교, 스포츠 외교, 미디어 외교, 학자와 관료들이 함께 특정 이슈에 관해 비공식적으로 의견을 교환하는

회의형태의 트랙 II(Track II) 외교, 심지어는 정당외교 및 의회외교도 포함될 수 있다. 자국의 소프트 파워 자산을 최대한 활용해서 타국의 정부나 일반대중이 한국에 관해 호감을 갖게 만들고, 그래서 지한파, 친한파 친구들을 만들어 내는 것이 바로 공공외교의 핵심이기 때문에 매력적인 소프트 파워를 강화하는 것은 공공외교를 위해서 꼭 필요한 수단이 되는 것이다.

〈표 4-2〉 공공외교

| 전통적 공공외교 | G2P | 정부(G)가 타국의 일반대중(P)을 상대로 하는 외교 |
| 21세기 공공외교 | G2P + P2P | 정부, 일반대중이 타국의 일반대중을 상대로 하는 외교 |

4. 대한민국의 소프트 파워 외교[7]

스마트 외교의 핵심에는 정부가 추진하는 안보외교 및 경제통상외교의 영역과 인간안보분야의 다자체제에서 리더십을 발휘하는 특화외교의 영역이 있다고 했다. 첫 번째 영역은 전통적인 정부외교, 즉 G2G 외교가 주를 이룬다. 두 번째 영역은 G2G 외교 못지않게 G2P + P2P 외교가 중요하다. 이 영역은 막강한 소프트 파워를 바탕으로 성공적인 공공외교를 추진하는 것과 직결된다.

21세기 대한민국은 최근 날로 강화되고 있는 소프트 파워를 최대한 활용하여 성공적인 공공외교를 추진할 수 있어야 한다. 그러기 위해서 정부는 정부대로, 일반대중은 그들대로 맡은 바 임무를 잘 수행해야 한다. 정부차원에서는 인간안보와 관련된 다자체제에서 중추적 중견국 역할, 즉 중견국 리더십 역할을 잘 발휘하는 것이야말로 공공외교를 가장 효과적으로 수행하는 것이 될 것이다. 게다가 대한민국의 일반대중이 각자 민간외교관, 국민외교관의 역할을 잘 수행할 수 있을 때 지구촌에서 많은 지한파, 친한파를 양성하는 계기를 마련할 수 있을 것이다.

몇 년 전까지만 해도 우리나라 외교통상부의 예산과 인력의 많은 부분이 주변 4강외교, UN외교 및 대북정책에 할애되었고, 이와 관련된 부서의 인기가 다른 지역이나 이슈와 관련된 부서보다 더 높았다. 그러다 보니 우리나라와 뜻을 같이할 수 있는 중견국들과 다양한 국제적 이슈를 놓고 공조하는 과정에서 중견국 리더십을 발휘하는 데 한계가 있었다. 그러나 지난 10여 년 전부터 당시 외교통상부 내에서도 외교적 지평을 넓혀 나가야 한다는 데 대한 공감대가 형성되었다. 2009년에 동남아국가연합(ASEAN)과 외교관계의 강화를 모색하는 '신아시아 외교'가 새로이 추진되었고, 글로벌 네트워크 확대를 위한 중남미, 아프리카, 중동 지역에서의 외교도 활발해졌다. 특히 세계금융·경제위기를 극복하기 위한 다자체제에서의 외교, 저탄소녹색성장을 위한 다자외교 등에도 심혈을 기울였다. 지구촌사회에서 대한민국의 위상과 역할을 제고할 수 있도록 공적개발원조(ODA) 외교도 강화하기 시작했고, UN뿐 아니라 다양한 국제기구 활동에 적극 동참하는 다자외교에 관심을 더욱 갖기 시작했다.

한국정부는 아시아 다자체제의 뜻을 같이하는 국가들의 핵심그룹인 ASEAN과 관계개선에도 적극성을 보였다. 2009년 3월에는 한국과 ASEAN 간의 대화관계 수립 20주년을 기념하여 한·ASEAN 사무국 역할을 하는 한·ASEAN 센터를 서울에 설립하였고, 2009년 6월에는 한·ASEAN 특별정상회담을 성사시켰다.

세계경제위기 극복을 위해 정립된 G20 정상회의에서도 중요한 역할을 해냈다. G20 재무장관회의로 시작된 G20 모임을 정상회의로 격상시키는 데 호주와 더불어 결정적인 역할을 해냈다. 2010년에는 제5차 G20 정상회의를 서울에서 개최하였으며, 한국은 의장국의 역할을 맡아 출구전략에 있어서 국제공조, 지속가능한 발전 등의 문제에 관한 논의를 주도하고 G20 정상회의에 참여하지 못한 다른 중견국들과 개발도상국들에 대한 배려(outreach)도 잊지 않았다.

기후변화, 지속가능한 발전 등과 같은 인간안보관련 다자외교에서도 대한민국은 다른 강대국들이나 약소국들과는 다르게 단기적으로 불필요하다고 느낄 정도의 부담을 자발적으로 지면서 중견국 리더십을 발휘했다. 기후변화 의제에서는 2009년 11월 UN기후변화협약(UNFCCC) 'non-Annex I' 국가로서 2020년까지 온실가스 배출수준을 평상시보다 30% 줄일 것이라는 계획을 자발적으로 선언했다. 녹색성장 분야에서도 전문가, 관료, 예산을 집중하여 국제사회에서 기후변화와 마찬가지로 중요한 이슈임을 부각시키고 다양한 국제회의를 개최했다. 마침내 2012년 10월에 15개국이 참여하는 글로벌녹색성장연구소(GGGI)를 서울에 유치하여 창립총회를 개최하였고, 향후 국제사회에서 가장 중요한 국제기구 중 하나로 부상할 것으로 예상되는 녹색기후기금(GCF)의 설립을 주도하여 인천 송도에 유치하는데 성공했다. 이러한 한국정부의 역할은 중추적 중견국 외교 역량을한껏 발휘한 대표적인 사례임에 틀림없다.

2011년 11월에는 세계개발원조총회가 부산에서 개최되었고, 한국은 효율적인 공적개발원조 체제를 구축하기 위한 국제적 논의를 주도했다. '한강의 기적'이라는 전 세계에 유례없는 경이로운 경제성장과 민주화를 동시에 일궈낸 한국은 지속가능한 발전분야에서 이러한 중요한 경험을 개발도상국에 전수하고 있다.

이런 가운데서도 한국정부는 6·25전쟁 60주년을 맞이하여 2010년부터 2013년까지 16개국에서 한국전 참전용사들과 가족들을 한국에 초청하는 프로그램과 평화봉사단(Peace Corps) 단원들을 초청하는 재상봉프로그램을 가동했다. 대한민국이 어려움에 처했을 때, 목숨을 걸고 우리를 도와준 한국의 진정한 친구들에게 우리가 받았던 도움에 대한 고마움을 잊지 않고 전했다. 그들이 상상하기 어려운 수준의 성공적인 경제성장과 민주화를 이룬 자랑스런 우리나라의 모습을 그분들께 보여 주었다. 최근에는 원조수혜국에서 원조공여국으로 성공적인 변신도 했다. 이러한 대한민국의 인도주의적, 평화애호적, 도덕적 이미지의 소프트 파워를 근거로 한국은 향후에도 지구촌 곳곳에서 다양한 이슈들과 관련된 다자체제에서 중추적 중견국 역할을 수행해 나갈 수 있는 기틀을 마련하고 있다.

- 특화외교가 성공하려면 지도자의 의지와 열정이 있어야 하고, 특정 분야에 전문적 지식과 국제적 네트워크를 가진 실무급 관료, 학계 전문가, NGOs 전문가 등을 양성해야 하며, 관료사회를 끊임없이 재정비하는 체제를 구축해야 한다.

- 주변 4강 및 중견국 파트너국가의 언어, 문화, 사정 등에 능통하고 인적 네트워크를 확보하고 있는 지역전문가의 양성이 시급하다.

- 군사외교 활성화를 위한 체제구축이 필요하다.

- 주변 4강 및 주요 중견국 파트너국가에서 지한파, 친한파를 양성하고 지속적으로 관리할 수 있는 체제가 구축되기를 기대한다.

- G20 정상회의, GGGI, GCF에서 중추적 중견국 리더십을 지속적으로 발휘해야 한다. 그러기 위해서는 초당적이고 초정부적인 일관성 있는 관심과 지원이 필수적이다.

기후변화 및 녹색성장 분야에서 국제사회에서 주도적 역할을 성공적으로 추진한 한국정부는 한때 중추적 중견국의 스마트 외교 역량을 한껏 발휘했다. 그러나 후임정부가 들어선 이후 녹색성장과 관련된 분야가 전임정부에 비해 별로 주목을 받지 못하는 실정이다. GGGI를 세계적인 연구소로 키우고, GCF를 20년, 30년 이후 국제통화기금(IMF)에 못지않은 영향력 있는 국제기구로 발전시키는 데 한국이 주역이 되기 위해서는 지도자의 관심과 의지, 열망이 있어야 한다. 기후변화, 환경, 녹색성장 분야에 전문적 지식과 국제적 네트워크를 가진 실무급 관료, 학계 전문가, NGOs 전문가 등을 집중적으로 양성해야 한다. 정부는 관련부처에 충분한 예산도 배정할 수 있어야 한다. 관련부처의 실무관료들에게 기업가적 재능과 기술적 전문성을 확보할 수 있도록 기업이나 대학원에서 재교육의 기회를 제공해야 한다. 재계, 학계 등 관련 이슈를 다루는 기관에서 전문가를 계약직이나 정규직으로 충원해서 관료사회를 끊임없이 재정비하는 체제를 구축해야 한다. 정부가 바뀌었다고 해서 전임정부가 국제적으로 주도해 오던 주요사업에 더 이상 관심을 표명하지 않거나, 야당이 여당이 되었다고 해서 전임정부가 추진해 오던 국제적 사업에 제동을 걸게 될 경우, 국제사회에서 한국의 신뢰도는 추락하고, 한국의 위상과 이미지도 실추하게 된다.

위에서도 언급한 바와 같이 G20 모임을 G20 정상회의로 격상시켜서 세계경제위기와 관련된 제반 문제를 논의하는 정례 국제포럼으로 만드는 데 한국의 스마트 외교의 역할은 대단했다. G20 정상회의는 신흥경제국 회원이 중추적 중견국의 지위를 국제사회로부터 공식적으로 인정받는 유일한 국제제도(international institution)이다. 그런 의미에서 G20 정상회의는 신흥경제국 회원들에게 아주 중요한 기회와 임무를 제공한다. G7 회원국이 아닌 신흥경제국 회원들은 G20 정상회의의 중요성을 깨달아야 한다. 강대국들은 가급적이면 중견국이라는 특별한 지위를 강대국 이외의 국가들에게 부여하는 것을 탐탁치 않게 여긴다. 강대국은 그저 강대국과 약소국이라는 이분법을 가장 선호하며, 세계경제 문제와 같은 중요한 이슈는 강대국 모임인 G7 정상회의에서 강대국 간에 논의하고 강대국이 주도적으로 해결하기를 원한다. 2008년에 시작된 세계경제위기가 어느 정도 해소되었다고 해서 G20의 중견국 회원국들이 스스로 G20 정상회의의 중요성을 부각시키지 않고 G20 정상회의를 적극적으로 활용하지 않을 경우, 강대국들은 G20 정상회의가 무용지물이 되기를 바랄지도 모른다.

G20 정상회의와 같은 국제적으로 공인된 중추적 중견국이 포함된 모임을 잘만 활용한다면 한국과 같은 중추적 중견국은 성공적으로 스마트 외교를 추진할 수 있다. 이러한 제도는 G20의 회원국 지위를 보유한 뜻을 같이하는 중추적 중견국들이 주도하여 더욱 강화해 나갈 필요가 있다. G20 회원국 중 중추적 중견국인 한국, 호주, 인도네시아, 브라질, 멕시코, 터키, 남아프리카공화국, 인도, 아르헨티나, 사우디아라비아는 공조하여 G20 정상회의를 반드시 활성화시켜야 한다.

기후변화 및 지속가능한 발전의 이슈분야에서도 한국이 리더십을 지속적으로 발휘할 수 있도록 외교역량을 적절히 투입해야 한다. 이러한 분야에서 리더십을 발휘하기 위해서는 외교 관료의 역할이 더욱 중요하다. 특정이슈와 관련이 있는 각 부처의 전문가들을 한시적으로나마 외교부 소속으로 흡수하든지, 부처 간 소통 및 협조체제를 강화할 수 있는 획기적인 방안을 마련하여 특정이슈분야에서 한국의 지적, 기술적 능력을 외교적 역량으로 승화시키는 것이야말로 중추적 중견국이 특화외교를 성공적으로 수행할 수 있는 방안이다. 특정이슈와 그때그때 현실에 부합하는 관료사회의 재정비가 절실한 이유가 바로 여기에 있다.

한국이 지속적으로 중추적 중견국의 리더십 외교를 성공적으로 펼치기 위해서는 풍부한 인적, 물적 자원을 집중적으로 동원할 수 있어야 한다. 특히 이러한 특화된 이슈분야에서의 지도자의 리더십 발휘

의지가 있어야 한다. G20 정상회의, 녹색성장 등 중요한 분야에서 리더십을 발휘했다고 하더라도 인적, 물적 자원이 집중적이고 지속적으로 투입되지 않는 한 그 분야에서 한국이 리더십을 계속 유지하기가 어렵다. 특히 전임정부가 추진해서 성공적인 성과를 거둔 분야를 후임정부가 등한시할 경우, 특정분야에서의 한국의 중견국 리더십 외교는 빛을 잃게 되고 국제사회에서의 신뢰도 떨어지게 된다.

한국은 이미 중추적 중견국으로서 리더십을 발휘하고 있는 분야에서 지속적으로 주도권을 유지해 나가기 위한 노력을 경주하는 것이 가장 효과적이다. 기존의 주도적 분야를 포기하다시피 하고 새로운 분야에 새로이 공을 들이는 것은 그나마 한정되어 있는 한국의 외교역량과 자원을 비효율적으로 활용하는 것이 되기 쉽다. 그래서 한국은 녹색성장분야를 지속적으로 주도하기 위한 관료사회의 재정비를 적극 추진해야 한다. 녹색기후기금과 글로벌녹색성장연구소를 더욱 강화하여 명실상부한 국제기구로 발전시켜 나갈 수 있도록 적극 지원해야 한다.

대한민국 주변에는 뜻을 같이하는 국가들이 많이 있다. 중요한 중견국 파트너로 아시아지역에서만 보더라도 쉽사리 인도네시아를 지목할 수 있다. 말레이시아, 태국, 싱가포르, 필리핀, 베트남 등도 무척 중요한 중견국 파트너들이다. '미래의 강대국'이라고 불리는 인도 역시 주목할 필요가 있다. 아시아·태평양지역에서 호주 역시 빼놓을 수 없다. 한국과 호주는 최근에 가장 활발하게 중추적 중견국 역할을 함께 수행한, 서로 호흡이 잘 맞는 '중추적 파트너'(pivotal partner)이다. 스칸디나비아 국가들 중 스웨덴, 노르웨이, 덴마크, 핀란드, 그 외에 네덜란드, 벨기에, 중유럽에서 폴란드, 체코, 중남미에서 브라질, 멕시코, 칠레, 그 외에 터키, 사우디아라비아, 남아프리카공화국 등 주요 중견국 파트너들이 있다.

그러나 우리나라에는 이러한 파트너국가들에 관한 전문가들이 얼마나 있는지 되돌아보아야 한다. 이들 각국의 사정, 문화, 언어 등에 능숙하고 이들이 한국의 중요한 파트너국가인 이유를 충분히 인식하는 지역전문가들이 충분히 포진해 있는지 걱정이다. 이러한 지역전문가를 양성하는 국제대학원, 각국 언어와 문화 등을 가르치는 대학의 인문학부 및 언어학부 등은 산재해 있다. 그러나 여기서 배출되는 젊은 인재들이 지역전문가가 되기 위해 그 지역과 관련된 직장에서 근무하면서 계속 전문지식과 언어를 연마할 수 있는 환경이 얼마나 잘 조성되어 있는지 의문이다. 젊은 인재들이 인도네시아어, 노르웨이어, 아랍어, 힌두어 등에 능통해지고 그 지역전문가가 되기 위해 열심히 직장생활을 할 수 있는 환경이 조성될 필요가 있다. 중견국 파트너들과 협력해서 스마트 외교를 성공적으로 펼치기 위해서는 파트너국가의 언어, 문화, 사정 등에 능통하고 인적 네트워크를 확보하고 있는 지역전문가를 양성하는 것이 시급하다.

이러한 지역전문가를 양성하기 위한 환경을 조성하는 것도 정부의 몫이다. 지역전문가를 항시 필요로 하는 대기업들도 중요한 역할을 할 수 있을 것이다. 어떤 분야이든 간에 전문가를 양성하는 데는 오랜 시간이 걸린다. 그래서 당장은 현재 우리가 보유한 인적 자원을 충분히 활용할 수 있는 방안을 마련하는 것도 대안이 될 수 있다.

우리나라 외교부 관료들, 해외업무에 종사해온 부처의 관료들, 대기업의 각국 지 · 상사에서 30여 년 이상 근무하고 퇴직한 인재들이 많이 있다. 그중 일부는 법률회사나 기업, 대학교 등에 재취업되는 경우도 있지만 대다수의 경우 본인의 주 특기와 전혀 상관없는 일을 다시 시작하든지 아니면 완전히 은퇴한 경우도 허다하다. 그런 은퇴한 인재들 중에는 중남미 국가에서 외교관으로 30년 이상 근무한 경우도 있을 것이고, 중남미 국가의 지 · 상사에서 20년 이상을 근무한 인재도 있을 것이다. 이들은 그 지역사정에도 밝을 뿐 아니라 그 나라 언어에도 능통한 경우가 허다하다. 중동 지역이나 아프리카 지역에서 근무한 인재들의 경우도 마찬가지다. 이러한 인재들은 단지 정년퇴임을 할 나이만 되었을 뿐이지 아직도 본인이 해 오던 업무에 대한 지식과 열정이 그대로 살아 있는 이들이 많다. 정부가 이러한 은퇴한 인재들이 나라를 위해 계속 봉사하면서 자신의 노후 생활을 즐길 수 있는 터전을 마련해 주는 것도 좋은 방안이라고 사료된다.

예를 들어 서울 근교에 가칭 '국립지역연구원'을 설립하여 은퇴한 외교관, 정부관료, 기업출신 전문가, 정년퇴임한 교수출신 지역전문가들 중에서 소정의 자격심사를 거쳐서 몇백 명 수준의 연구원을 충원하는 것이다. 이들은 대부분 연금에 의존하기 때문에 많은 연봉을 필요로 하지 않는다. 이들이 매일 출근해서 다른 연구원들과 함께 생활할 수 있는 환경을 조성해 줄 경우 국가 차원에서 얻을 수 있는 것은 많다. 이들은 외교부를 포함한 관련 부처, 대기업 등 지역전문가의 역량을 필요로 하는 곳에 실질적인 도움이 될 수 있다. 그러나 이러한 계획은 정부의 의지와 예산이 뒷받침되지 않고는 상상하기 어렵다. 그래서 필자가 전문가들과 이런 얘기를 나누면 다들 아이디어는 좋지만 실현 불가능한 허황된 꿈이라고들 한다.

대한민국 외교관의 자질도 중요하다. 우리나라를 대표하는 공식적인 외교관이라면 의전, 에티켓 문제뿐 아니라 언어 구사력, 리더십 소양 등을 반드시 지녀야 한다. 타 문화에 대한 이해 수준도 높아야만 그 나라 에티켓을 만족시킬 수 있다. 영어에 능숙한 것은 당연할 뿐 아니라 자신이 근무하는 나라의 언어도 소통이 될 정도로는 구사할 수 있어야 할 것이다. 그러나 현실은 이상과 동떨어져 있는 상황임을 직시해야 한다.

리더십의 핵심요소인 인자로움, 열린 마음과 자세, 명민함과 자신감, 자부심, 이러한 요소를 갖춘 후 자연스럽게 생기는 카리스마를 얻기 위해서도 각자가 노력할 뿐 아니라 정부차원의 재교육 기회제공 등과 같은 방안이 필수적이다. 최근 외교관 충원제도를 외무고시에서 국립외교원 체제로 바꿨다고는 하지만 전문가들의 눈에는 별반 차이가 없어 보인다. 특별채용을 통한 외교관 충원사례가 과거에 비해서 조금 나아졌다고는 하나 아직 개선의 여지는 많다. 더 많은 재계, 학계 및 관련 분야 전문가들이 실무급 및 고위급 외교관으로 계약직, 정규직으로 활약할 수 있도록 문호를 개방할 필요가 있다.

우리나라는 막강한 군사력을 보유하고 있다. 향후 통일이 되기 전까지는 북한정권의 무력도발위협에 대처하여 한반도의 평화와 안정을 유지하는 것이 우리 군의 주요 목적이다. 이와 동시에 한국군은 국제무대에서 해적퇴치, 테러방지, 평화유지활동 등과 같은 국제사회의 평화와 번영을 위한 분야에서 기여하며 주도적인 역할을 담당할 수 있다.

그러기 위해서 평화유지활동 등에 필요한 군사훈련, 해외주둔에 쉽게 적응할 수 있는 훈련을 받은 군 인력을 적정 수만큼 항시 확보해 놓을 필요가 있다. 이들에게는 외국군과의 군사교류 기회도 주어질 필요가 있다. 특히 파병부대를 지휘할 고급장교의 역량을 강화하여 이들이 국제적 평화유지활동에 주도적으로 참여할 뿐 아니라 다양한 군사외교활동에 적극 참여할 수 있도록 군사외교체제의 구축이 필요하다. 이들에게는 평화유지활동뿐 아니라 한·미, 한·일, 한·중, 한·러, 한·호주, 한·인도네시아, 한·인도 등 강대국뿐 아니라 아시아지역의 주요 국가와의 군사교류의 주역으로 참여할 수 있는 기회가 제공되어야 한다.

평화유지활동 및 군사교류를 통해서 한국군의 뛰어난 이미지를 지구촌에 알릴수록 한국의 소프트 파워가 강화될 뿐 아니라 막강한 한국군의 이미지를 바탕으로 우리 방위산업에도 긍정적인 영향을 미칠 수 있다. 이를 위해 군 스스로가 군사외교를 활성화할 수 있는 여건을 만들어 나가는 것이 급선무다.

한국이 이러한 인간안보와 연관된 특화분야에서 중견국 리더십을 발휘할 때, 국제사회에서 한국의 위상은 자연스레 더 높아질 것이다. 한국의 중추적 중견국 외교스타일의 강화는 한국이 선량한 국제시민으로서 손색이 없음을 보여 줄 것이다. 소프트 파워의 증진은 향후 한반도 통일 과정에서도 꼭 필요하다. 자유민주주의에 기반한 평화적 한반도 통일 과정을 국제사회가 적극적으로 지지하게 하는 데 도움이 될 것으로 기대된다.

우리나라에도 정부를 대신해서 공공외교를 선도하는 한국국제교류재단(Korea Foundation)이 있다. 한국국제교류재단은 외교부 문화외교국 공공정책과와 조율하며 우리나라의 공공외교를 진두지휘한다. 재단은 민간외교관의 역할을 맡아야 하는 일반대중에 대한 소양을 기르는 데 도움이 되는 교육 및 교류 사업도 진행한다. 그러나 재단의 예산과 인력 규모면에서 다른 나라의 공공외교 기관들과 비교할 수 없을 정도로 열악하다. 영국의 브리티시 카운슬(British Council), 독일의 괴테 인스티투트(Goethe Institut), 프랑스의 알리앙스 프랑세즈(Alliance Française), 일본의 일본재단(Japan Foundation) 등의 예산과 인력에서 자국의 언어교육 프로그램 관련 예산과 인력을 제외한 규모만을 비교해도 한국국제교류재단의 규모는 턱없이 약소하다. 외교부 담당부서의 예산 및 인력도 상상하기 힘들 정도로 부족하다.

일본이 일본재단을 통해서 워싱턴 정가 주변의 주요 국제문제 관련 연구소, 아이비리그와 같은 주요대학 등에 자국의 공공외교를 위해서 투자하는 예산규모는 상상을 초월한다. 한국국제교류재단이 추진하는 사업규모와는 비교할 수 없을 정도로 크다. 이러한 재단의 기관장이 얼마나 효율적으로 사업을 시행하고 재단을 운용하는지에 따라 결과가 달라질 수 있다고 하지만, 턱없이 부족한 예산을 가지고 일본과 경쟁하여 워싱턴 주변에서 지일파, 친일파보다 더 많고 더 신뢰할 수 있는 지한파, 친한파를 양성한다는 것은 사실상 불가능하다. 일본의 공공외교 예산에 비해, 한국의 경우는 인적, 물적 예산이 충분히 뒷받침되지 않는 것이 현실이다.

주변 4강과 더불어 주요 중견국 파트너 국가에 지한파, 친한파를 양성하고 지속적으로 관리할 수 있는 체제를 구축하는 것이 시급하다. 정부 지도자의 의지와 열망이 없이는 예산을 확보하기도 어렵고, 몇 년간 확보했다고 하더라도 그 이후 정부가 바뀔 경우 예산이 계속 뒷받침되지 않을 수도 있다. 정부의 강력한 의지가 없는 한 한국의 공공외교를 지원하는 제도적 장치는 허술하다고 하지 않을 수 없다. 한국의 중추적 중견국 리더십 외교를 잘 이해하고, 이에 대한 의지와 열망이 있는 지도자가 등장하여 훨씬 보강된 제도적 장치, 예산 및 인력을 가지고 대한민국의 공공외교, 나아가서 스마트 외교를 펼칠 수 있는 날이 곧 오기를 기대해 본다.

주 /

1 김우상, "대한민국의 중견국 공공외교," 『정치 · 정보연구』 제16권 1호, 2013, pp.331-350의 소프트 파워 섹션을 발췌하여 다시 정리함. Joseph S. Nye, Jr., *The Future of Power* (New York: Public Affairs, 2011).

2 Nye, chapter 1.

3 Nye, chpater 4.

4 김우상(2013)의 공공외교 섹션을 거의 그대로 발췌하여 다시 정리함. Nye; 얀 멜리센(박종일 외 역), 『신공공외교: 국제관계와 소프트 파워』(서울: 인간사랑, 2005); 자오지청(이희옥 역), 『글로벌 시대 중국의 공공외교: 중국은 어떻게 세계와 소통하는가』(서울: 나남, 2012); 낸시 스노우 · 필립 테일러 편저(최진우 역), 21세기 공공외교 핸드북(고양: 인간사랑, 2009), 제1장, 제9장, 제10장.

5 멜리센, p.45.

6 스노우 · 테일러, 제10장.

7 김우상(2013)의 중견국 대한민국의 공공외교 섹션에서 많은 부분을 발췌하여 다시 정리함. 대한민국 외교부, 『외교백서』(대한민국 외교부, 2010).

제2부

이 론

제1장

동맹전이이론과 중추적 중건국

한반도 주변을 포함한 동아시아지역은 중국의 급부상과 이로 인한 지역 안보질서의 재편 과정에서 미국과 중국 간의 경쟁이 심화될 가능성이 높은 곳이다. 또한 중국과 일본 간의 무력충돌 가능성도 점차 높아지고 있는 지역이다. 최근 시진핑(習近平) 주석이 주도하는 중국의 남중국해 및 동중국해에서의 핵심이익을 추구하는 정책은 이 지역에서 중국과 일본, 중국과 몇몇 주변 동남아국가연합(ASEAN) 회원국 간의 영토분쟁을 심화시키고 있다. 미드(Walter Russell Mead)는 탈냉전 이후 중국, 러시아와 같은 지정학적으로 미국과 경쟁관계에 있는 국가들이 연합해서 미국 주도의 국제질서에 재도전하게 되는 신냉전체제가 도래할 것이라는 '지정학의 부활'(return of geopolitics)을 주장한다.[1] 이는 동아시아지역에서 미·중 간의 신냉전 구도가 구체화되고 중·일 간의 갈등 양상이 심화될 수 있음을 예고한다.

이러한 동아시아 안보질서의 변화 가능성에 커다란 영향을 미치는 요인은 바로 오랫동안 유지되어 온 중국의 가파른 경제성장이라고 할 수 있다. 중국의 급부상과 같은 국력의 내적 성장을 통한 역동적인 국제질서의 변화를 분석하고 설명하는 데 적합한 이론적 틀로 '세력전이 연구프로그램'(power transition research programme)이 최근 들어 여러 나라의 국제정치 전문가들과 정책결정자들로부터 주목받기 시작했다. 세력전이 연구프로그램의 핵심에는 바로 세력전이이론(power transition theory)과 동맹전이이론(alliance transition theory)이 있다. 제2부 제1장에서는 세력전이 연구프로그램과 관련된 이론들을 소개하고, 중국의 급성장이 지역 안보질서에 미칠 영향에 대해서 동맹전이이론을 활용하여 분석하고자 한다. 또한 최근 호주, 캐나다, 남아프리카공화국, 한국 등 중견국 출신 학자들에 의해 활발히 논의되고 있는 중견국 외교론이 세력전이 및 동맹전이이론과 어떻게 연결되는지 설명하고자 한다.

1. 세력전이 연구프로그램

하버드 대학 벨퍼연구소 소장인 앨리슨(Graham Allison)은 지난 500여 년간의 인류 역사상 이러한 패권국과 급성장하는 도전국 간의 전쟁의 원인을 규명하는 자신의 연구, 즉 '투키디데스의 함정' (Thucydides Trap) 연구는 패권국 미국과 급성장하는 중국 간의 향후 전쟁 가능성에 관해 기존의 국제정치이론과는 상이한 시각을 제공한다고 주장한다.[2] 그러나 앨리슨의 투키디데스의 함정에 관한 연구 내용이 기존의 국제정치이론에서 소개되지 않았던 새로운 것이 결코 아니다. 이러한 주장은 60여 년 전에 오르갠스키(A.F.K. Organski)에 의해서 최초로 소개되었다. 그 이후 몇몇 국제정치학자들이 유사한 주장을 펼쳐 왔다.

투키디데스의 함정은 2,500여 년 전 아테네의 역사가 투키디데스가 자신의 저서 『펠로폰네소스 전쟁사』에서 펠로폰네소스 전쟁의 원인을 서술하면서, 당시 아테네의 급부상과 이에 대한 스파르타의 두려움이 결국 도전세력인 아테네와 패권세력 스파르타 간의 전쟁을 불가피하게 만들었다고 서술한 데서 기원한다. 투키디데스는 아테네의 급성장과 이에 대한 스파르타의 두려움, 당시 도시국가 코린스(Corinth)와 코르시라(Corcyra) 간의 전쟁에 스파르타와 아테네가 연루됨으로 인한 전쟁의 확산 등을 서술한다.

60여 년 전에 이미 오르갠스키는 투키디데스의 함정이 의미하는 이론적 주장뿐 아니라 중국이 미국 주도의 국제질서에 도전하는 '불만족한'(dissatisfied) 도전국이 될 것이라는 것을 자신의 세력전이이론을 근거로 예측했다. 1958년에 출간한 『세계정치』에서 오르갠스키는 2,500여 년 전 패권국 스파르타에 급성장하던 아테네가 도전했듯이 향후 중국이 급성장하여 미국의 패권적 질서에 도전하게 될 것이라고 예측했다.[3]

세력전이이론은 기존의 세력균형이론과는 정반대되는 것이었다. 세력균형이론은 양대 경쟁세력 간의 국력이 균등한 세력균형상태가 전쟁을 방지할 수 있는 가장 안정적인 상태라고 주장한다. 그러나 오르갠스키의 주장은 급성장하는 잠재적 도전국이 기존 패권국의 국력을 따라잡게 되어 양국 간의 국력이 균형을 이루게 되는 상황에서 패권전쟁이 일어날 가능성이 높다는 것이다. 오르갠스키는 급성장하는 잠재적 도전국의 기존 국제질서에 대한 불만족도를 파악해야 잠재적 도전국과 기존 패권국의 전쟁가능성을 더 정확히 예측할 수 있다고 주장한다.

세력전이이론이 처음 소개된 1958년 당시 국제정치학계 및 워싱턴 외교가의 상황은 지금과는 상당히 달랐다. 그때는 미국과 소련(Soviet Union)의 냉전이 시작된 지 얼마 되지 않은 무렵이었고, 국제정치학자, 정치인, 정책결정자들에게 통용되던 대표적인 논리는 세력균형이론이었다. 그 당시 소장학자 오르갠스키가 세력균형이론과는 정반대되는 주장을 펼쳤을 때 그의 목소리에 귀를 기울이는 외교안보와 관련된 미국 행정부 고위관료는 물론 없었고, 미국을 포함한 세계정치학계에서 이러한 주장에 관심을 표명하는 국제정치학자도 거의 없었다.

오르갠스키가 처음으로 세력전이이론을 주창한 지 20여 년이 지나서야 비로소 자신의 제자 쿠글러(Jacek Kugler)에 의해서 이론이 재조명되기 시작했다. 오르갠스키·쿠글러(A.F.K. Organski and Jacek Kugler)는 1980년에 출간한 『전쟁 장부』에서 오르갠스키가 1958년부터 주장해 온 세력전이이론의 핵심 주장에 대한 경험적 검증을 시도했다. 쿠글러가 사실상 주도한 경험적 연구는 비록 완벽한 형태는 갖추지 못했지만 세력전이이론에 대한 학문적 관심을 새로이 이끌어 내는 데 지대한 공헌을 했다.[4]

우연찮게도 이때쯤 길핀(Robert Gilpin)은 『전쟁과 변화의 세계정치』에서 패권안정론을 주장했다. 오르갠스키의 세력전이이론과 아주 흡사한 주장이었지만 투키디데스의 함정을 주장하는 앨리슨처럼 길핀도 오르갠스키의 연구업적에 대한 단 한 번의 언급이나 주석도 달지 않고 자신의 이론을 소개했다. 1980년대 중반에는 케네디(Paul Kennedy)의 『강대국의 흥망성쇠』가 출간됨과 더불어 워싱턴 정가 주변에서는 미국의 패권체제가 쇠퇴하고 있는지에 관한 우려가 뜨거운 논쟁거리가 되었다.[5] 하지만 이러한 논쟁도 몇 년 동안 지속되지 못하고 구소련이 붕괴함에 따라 더 이상 주목을 받지 못하게 되었다.

1980년 이후 세력전이 연구프로그램은 체계적으로 꾸준하게 발전하기 시작했다.[6] 1988년에 네덜란드의 국제정치학자 호우웰링·시카마(Henk Howeling and Jan Siccama)가 유럽 열강들의 전쟁의 원인을 세력전이와 관련된 변수에서 찾는 연구를 발표했고, 같은 해에 필자는 세력전이이론의 분석틀 속에서 동맹변수의 중요성을 연구하는 박사학위 논문을 출간했다.[7]

그 이후 필자는 산업화와 같은 내적 성장을 통해서 국력을 증대시킨다는 오르갠스키의 세력전이이론의 기본 가정(assumption)이 너무 협소하기 때문에 내적 성장뿐 아니라 동맹과 같은 외적 성장도 국력 증대 방안이 될 수 있다는 주장에 근거하여 세력전이이론의 기본 가정을 더욱 현실적으로 완화시키는 연구를 진행했다. 이렇게 완화된 가정을 바탕으로 세력전이이론 대신 기존 이론을 수정한 동맹전이이론을 소개했다. 필자는 세력전이 연구프로그램에서 최초로 잠재적 도전국의 기존 국제질서에 대한 불만족도를 측정하는 방법을 개발하여 세력전이이론이 주장하는 핵심가설들을 경험적으로 검증하는 연구도 함께 수행했다.[8]

디치코·레비(Jonathan DiCicco and Jack Levy)는 오르갠스키의 세력전이이론에 대한 필자의 이론적 수정 시도는 라카토스(Imre Lakatos)의 "과학적 연구프로그램" 차원에서 볼 때 핵심 가정의 변경을 시도했기 때문에 세력전이 연구프로그램 "내부의 문제변경"이라고 볼 수는 없지만, 수정한 내용이 세력전이이론의 일부가 아닌 완전히 다른 이론으로 변형되었기 때문에 이를 "동맹전이이론"으로 명명하고 "프로그램 간의 문제교체를 통한 이론의 발전"에 기여한 것으로 평가한다.[9]

21세기 초에 쿠글러의 제자 렘키(Douglas Lemke)는 오르갠스키의 주장을 지역체제에 적용시켜 다중위계체제(multiple hierarchy) 모델을 발전시켰다. 오르갠스키의 세력전이 주장은 국제체제라는 위계체제 내에서 당대 국제질서를 주도하는 패권국과 몇몇 강대국 간의 패권전쟁 가능성을 설명하고 예측하는 것에 반해, 렘키의 다중위계체제 모델은 각 지역마다 존재하는 지역적 위계체제 내의 지역패권국과 도전국 간의 지역패권쟁탈을 위한 전쟁의 가능성을 설명한다.[10] 디치코·레비는 이러한 렘키의 연구는 라카토스의 과학적 연구프로그램 차원에서 볼 때 세력전이이론의 핵심 가정을 그대로 수

용한 채 세력전이 "연구프로그램 내부문제의 변경을 통한 이론의 발전"에 기여한 것으로 평가한다.[11]

세력전이이론적 분석틀 속에서 핵전쟁억지와 관련된 주장도 제기되었다. 오르갠스키에 의하면, 핵무기는 자국의 핵심이익을 보호하기 위해서는 언제든지 실제로 사용될 수 있다. 오르갠스키는 1962년에 일어난 '쿠바 미사일 위기' 당시 케네디(John F. Kennedy) 미국 대통령이 국제체제에서 미국의 위상과 주도권이 심각한 위협에 직면할 경우 소련과 핵전쟁도 불사하지 않을 수 없었을 것이라고 주장한다. 케네디 대통령은 핵전쟁의 결과가 전 세계에 어떤 재앙을 불러올 것인지 상상할 수는 있었지만 쿠바에서의 미국의 핵심이익을 지키기 위해 핵전쟁의 위험부담을 수용할 수밖에 없었을 것이라고 역설한다. 핵전쟁의 재앙에 대한 두려움이 국가 지도자들로 하여금 핵전쟁억지 결정을 유도할 것 같지만 실제로는 그렇지 못하다는 주장이다. 이러한 오르갠스키의 주장은 전통적인 핵전쟁억지이론과 상반된다.[12]

브로디(Bernard Brodie)의 전통적 핵전쟁억지 주장은 양국이 모두 제2차 핵공격능력을 확보하고 있을 경우 '상호확증파괴'(Mutual Assured Destruction: MAD)의 위험부담 때문에 어느 쪽도 먼저 핵선제공격을 할 수 없게 되어 핵전쟁억지가 성립하게 된다는 것이다.[13] 핵전쟁억지이론에 의하면 급성장하는 도전국이 패권국과 동등한 핵능력으로 무장을 한 채 쇠퇴하는 패권국을 따라잡게 될 경우 MAD의 두려움 때문에 쇠퇴하는 패권국과 급부상하는 도전국 간의 패권전쟁은 일어나지 않는다는 것이다.[14] 이에 반해 오르갠스키의 주장은 잠재적 도전국과 쇠퇴하는 패권국 간의 핵능력이 균등할 경우에도 양국 간 패권전쟁의 가능성은 여전히 높다는 것이다. 그래서 패권국이 핵전쟁에 휘말려들지 않기 위해서는 잠재적 도전국보다 핵능력의 우위를 유지할 수 있어야 한다고 역설한다. 쿠글러, 자가레(Frank Zagare), 강

경국 등의 최근의 연구는 이러한 오르갠스키의 주장을 뒷받침한다.[15]

1980년대 이후 세력전이이론이 극소수의 국제정치학자들에 의해 학문적 발전을 꾸준히 이루어 온 것과는 대조적으로, 세계 주요국가들의 외교안보와 관련된 고위관료 그룹이나 관련 정책연구소의 전문가들에게는 전혀 관심을 끌지 못했다.[16] 21세기 초반 중국의 급부상이 현실화되고 이로 인한 지역 안보구도 및 글로벌 안보질서의 변화 가능성에 대해 강대국의 고위 정책결정자들이 위기의식을 느끼기 시작하면서 비로소 투키디데스의 함정이라는 의미의 중요성이 갑자기 부각되기 시작했다. 중국의 부상과 세력전이와 관련된 다양한 연구들도 활성화되기 시작했다. 미국의 학계뿐 아니라 중국, 대만, 일본, 호주 및 한국의 학계에서도 중국의 급부상이 국제정치경제 질서 및 지역 안보질서에 미칠 영향에 대해 세력전이이론적 시각에서 조망하는 많은 연구들이 진행되기 시작했다.[17]

2. 세력전이이론

위에서는 세력전이 연구프로그램의 발전과정에 관해 간략히 정리해 보았다. 여기서는 오르갠스키의 세력전이이론에 관해 좀 더 자세히 소개하고자 한다.[18]

오르갠스키는 60여 년 전에 이미 중국이 미국과 서구 열강들의 패권적 질서에 가장 위협적인 국가로 부상할 것이라고 예측했다. 그는 급성장하는 강대국이 기존 패권국의 국력을 따라잡게 되어 양국 간 세력균형이 형성되는 상태에서 패권쟁탈전쟁이 일어날 가능성이 가장 높아진다고 역설했다. 이러한 주장은 기존의 세력균형이론과는 정반대되는 시각이었다. 우리에게 잘 알려진 모겐소(Hans Morgenthau), 월츠(Kenneth Waltz), 키신저(Henry Kissinger)와 같은 세력균형론자는 전쟁을 방지하는 주요수단으로 동맹의 형성과 와해를 통해 경쟁세력 간의 세력균형을 유지하는 방안을 제시해 왔다.[19] 그러나 오르갠스키는 동맹을 통한 국력의 증대 대신 산업화를 통한 경제성장, 인구수의 증대 및 정치적, 사회적 근대화를 통한 내적 국력의 증대에 초점을 맞추었다. 그는 강대국들의 내적 성장을 통한 전반적 국력성장 속도의 차이와 그로 인해 발생하는 급부상하는 강대국과 패권국 간의 세력전이 상황이 기존 국제질서의 변동 가능성을 높이는 핵심 요인이라고 지적했다. 오르갠스키는 세력균형이론이 농업경제에 기반한 산업화 이전의 시기에는 적합한 이론일지 몰라도 기술혁신을 통해 역동적인 국력의 변화가 일어나는 산업화 시기에는 별로 적합하지 않은 이론이라고 비판했다.

세력전이이론에 의하면 국제체제 내에서 급성장하는 강대국이 상대적으로 쇠퇴하기 시작한 기존 패권국의 국력을 따라잡는 세력전이 시기에 국제체제는 가장 불안정해진다. 급성장하는 강대국이 패권국 주도로 만들어진 현재 국제질서에 불만이 많을 경우 체제의 불안정성은 더욱 심각해진다. 기존 국제질서에 불만이 많은 강대국이 급성장하여 패권국의 국력을 따라잡게 될 때 양국 간 세력전이전쟁 또는 패권쟁탈전쟁이 일어날 가능성이 높다는 것이다. 오르갠스키는 불만족한 잠재적 도전국의 급성장 속도 역시 전쟁발발의 주요한 원인이 된다고 지적한다. 이와 같이 오르갠스키는 패권전쟁의 세 가지 주요원인으로 잠재적 도전국과 패권국 간의 세력균형, 잠재적 도전국의 기존 국제질서에 대한 불만족도, 그리고 잠재적 도전국의 국력증대 속도를 지적한다.[20]

19세기 말에서 20세기 초 급성장하던 미국이 당시 유럽 질서를 주도했던 영국의 국력을 능가했을 때 양국 간 패권전쟁은 일어나지 않았다. 오르갠스키는 이와 같은 예외 역시 세력전이이론의 분석틀 속에서 설명이 가능하다고 지적한다. 그는 평화적 세력전이가 발생할 수 있는 네 가지 상황을 설명한다. 첫째, 급성장하는 강대국이 기존 국제질서를 타파하지 않고 현상태로 유지하기를 원할 때 평화적 세력전이가 가능하다는 것이다. 급성장하는 강대국이 쇠퇴하는 패권국의 국력을 완전히 능가할 때까지 체제 내 주도권을 추구하지 않고 양국 간 세력전이가 일어나고 있다는 사실을 못 느낄 정도로 유화적인 입장을 취할 경우 사실상 평화적 세력전이가 진행될 수 있다는 것이다. 둘째, 잠재적 도전국의 급성장이 내적 요인에 의한 것이어서 패권국의 핵심 이해관계에 위협이 되지 않을 경우 평화적 세력전이 가능성이 높아진다는 것이다. 셋째, 급성장하는 강대국과 상대적으로 쇠퇴하는 패권국이 서로 동맹을 맺고 공동의 적에 대항해서 전쟁을 함께 치른 경우, 정치적, 경제적 우호관계는 물론 유사한 언어, 역사, 문화 등을 공유해 온 우방국이었던 경우 양국 간의 세력전이는 평화적일 가능성이 높다고 지적한다. 넷째, 쇠퇴하는 패권국이 다른 지역의 전쟁에 참전 중이어서 급성장하는 강대국의 지원이 필요할 때 패권국은 급성장하는 강대국의 지원을 받는 대가로 체제의 주도권을 넘겨주게 되고, 따라서 양국 간의 세력전이는 평화적으로 진행될 수 있다고 지적한다.[21]

사실 평화적 세력전이에 관한 이러한 설명은 세력전이이론에 사족(蛇足)을 단 것과 다를 바 없다. 평화적 세력전이 상황에 대한 위의 네 가지 설명은 세력전이이론의 핵심 변수 중 하나인 불만족도 변수와 직결된다. 오르갠스키에 의하면, 패권국이 우호적인 강대국들과 함께 체제 내 기본적인 정치 및 경제 질서, 국경선과 영토소유권 등 안보질서를 정립하는 데 필요한 기본적인 공공재를 제공하고, 이러한 국제질서는 패권국과 몇몇 강대국에 가장 유리한 형태로 유지된다. 불만족도 변수는 이러한 패권국 주도의 국제질서에 대해 잠재적 도전세력이 얼마나 만족하는지를 측정하는 변수이다. 불만족도 변수의 수준을 측정하는 과정에서 잠재적 도전국의 국제체제에서 리더십추구 의도, 잠재적 도전국의 핵심이익과 패권국의 사활적 이익의 충돌 가능성, 패권국과의 동맹관계 및 역사적, 문화적 우호관계 등과 같은 요소들이 충분히 반영될수록 불만족도 변수가 더욱 정확하게 측정될 수 있다.

오르갠스키가 예외적 사례로 설명한 19세기 말 20세기 초 영국과 미국 간의 평화적 세력전이는 이처럼 세력전이이론의 핵심변수의 값에 따라 설명이 가능한 사례이다. 잠재적 도전국의 불만족도 변수의 값이 낮으면 낮을수록, 즉 잠재적 도전국이 기존의 국제질서 전반에 대해 불만이 적으면 적을수록, 쇠퇴하는 패권국과 급성장하는 강대국 간에 평화적 세력전이가 일어날 가능성이 높다는 것이다.

오르갠스키·쿠글러는 1980년에 출간한 『전쟁 장부』에서 오르갠스키가 1958년부터 주장해 온 세력전이이론의 핵심 가설들(hypotheses)에 대한 경험적 검증을 시도했다.[22] 그들은 이 연구에 세 가지 변수를 포함시킨다.

첫째, 급성장하는 잠재적 도전국과 쇠퇴하는 패권국 간에 세력전이가 발생했는지에 관한 변수를 포함시킨다. 그러나 이 변수는 오르갠스키가 20여 년 전에 주장한 변수와는 사뭇 다르다. 오르갠스키는 급성장하는 잠재적 도전국이 쇠퇴하는 패권국의 국력을 따라잡아서 양국 간 세력균형이 거의 이루어졌다고 인식하게 될 때 세력전이 전쟁의 가능성이 높아진다고 주장한 반면, 여기서는 양국 간 세력전이가 완전히 일어나서 급성장하는 도전국이 이미 쇠퇴하는 패권국보다 더 강한 국력을 보유하게 되었을 때 세력전이전쟁의 가능성이 높아진다는 것이다.

둘째, 급성장하는 도전국의 국력성장 속도가 빠르면 빠를수록 패권국과의 세력전이전쟁의 가능성이 높아진다는 것이다. 잠재적 도전국의 국력성장 속도가 급속도로 빠르게 일어날 경우 잠재적 도전국과 패권국 모두 그로 인해 야기될 체제 내 안보환경의 변화에 미리 대비할 시간이 부족해서 서두르게 되고, 그런 과정에서 오판을 할 수도 있기 때문이라고 설명한다.

셋째, 오르갠스키·쿠글러는 양국 엘리트 집단의 위협에 대한 인식을 새로운 변수로 포함시킨다. 잠재적 적대국의 국력증대가 자국의 안보에 미치는 위협에 대한 판단이 양국 간 전쟁가능성에 영향을 미친다는 것이다. 그러나 이 위협변수 역시 오르갠스키가 원래 주장한 세력전이이론의 핵심 변수인 불만족도 변수와는 직접적인 관계가 없는 변수이다.

마지막으로, 동맹변수는 세력전이전쟁의 가능성을 설명하는 데 별로 도움이 되지 않는다고 지적한다. 즉 산업화 이전의 시기와는 달리 주로 내적 성장에 의해 국력을 신장하는 산업화 시기에는 동맹이 주요 국력증대 수단이 될 수 없다는 것이다. 산업화 시기의 동맹은 산업화 이전의 동맹의 형성과 와해가 수월했던 시기와는 달리 다분히 이념적이고, 따라서 그 수명이 오랫동안 유지되는 경향이 있기 때문에 국력증대의 주요수단이 될 수 없다는 것이다.

1958년의 오르갠스키의 세력전이이론과 1980년의 오르갠스키·쿠글러의 경험적 연구를 종합해 볼 때, 세력전이이론은 다섯 가지 핵심 가설을 주장한다.

첫째, 급성장하는 도전국의 국력이 상대적으로 쇠퇴하는 패권국의 국력과 비슷하다고 인식되는 양국 간 세력균형의 시기에 패권전쟁이 발발할 가능성이 높다. 둘째, 급성장하는 도전국과 쇠퇴하는 패권국 간에 세력전이과정이 일어나서 잠재적 도전국이 쇠퇴하는 패권국보다 더 막강한 국력을 확보하게 되었을 경우 급성장한 강대국이 전쟁을 일으킬 가능성이 높다. 즉 양국 간 세력전이의 발생 유무가 중요한 독립변수 중의 하나이다.

셋째, 급성장하는 도전국의 국력성장 속도가 빠르면 빠를수록 전쟁이 일어날 가능성이 더 높아진다. 넷째, 급성장하는 잠재적 도전국의 기존 국제질서에 대한 불만이 크면 클수록 전쟁 발발 가능성이 높아진다. 비록 오르갠스키 · 쿠글러는 경험적 연구에서 불만족도 변수 대신에 위협인식 변수를 포함시켰지만, 이는 불만족도 변수를 경험적으로 조작화할 수 있는 방법을 아직 찾아내지 못한 상태에서 불만족도 변수의 대안으로 위협인식 변수를 활용한 데 불과하다. 마지막으로, 동맹 변수는 세력전이 이론적 분석틀 속에서 중요하지 않다.

3. 동맹전이이론

위에서 설명한 바와 같이 오르갠스키 · 쿠글러는 세력전이 상황에서 동맹 변수가 패권전쟁의 발발에 별로 영향을 미치지 못한다고 주장한다. 세력전이이론은 오직 내적 성장, 즉 산업화를 통한 경제성장과 정치적, 사회적 근대화를 통해서 강대국의 국력이 증대될 수 있다는 가정(assumption)에 바탕을 두고 있다. 그러나 이 가정은 지나치게 협소하기 때문에 좀 더 넓게 이완시킬 필요가 있다. 즉 특정 국가는 산업화를 통한 내적 성장뿐 아니라 동맹형성을 통해 외적으로도 국력을 증대시킬 수 있다는 가정으로 보완할 수 있다. 동맹을 통한 국력증대 방안은 세력균형이론의 핵심 가정인 것을 고려한다면, 이렇게 더 포괄적인 국력증대 가정이 오르갠스키의 협소한 국력 증대 가정보다 훨씬 더 현실적이고 유용하다.[23]

필자는 이러한 국력증대 가정의 보완에 근거하여 동맹전이이론을 주장한다.[24] 첫째, 급성장하는 잠재적 도전국과 쇠퇴하는 패권국 양국 간의 국력을 비교하는 대신, 급성장하는 잠재적 도전국의 동맹세력 대(對) 상대적으로 쇠퇴하는 패권국의 동맹세력이 국력의 균형을 이룰 때 패권전쟁이 발발할 가능성이 높아진다. 즉 양국 간 세력전이가 아니라 양대 동맹세력 간의 동맹전이상황을 주시해야 한다. 두 번째로, 잠재적 도전세력의 기존 국제질서에 대한 불만족도가 패권전쟁의 가능성을 설명하는 중요한 변수이다. 특히 잠재적 도전국의 현재 국제질서에 대한 불만족도 변수는 양대 동맹세력 간의 세력균형 변수와 '동시에 작용하는 변수'(interactive variable)이다.

양대 동맹세력 간의 국력이 비슷한 세력균형 상태가 아닌 경우에는 도전세력이 패권국이 주도하는 기존의 국제질서에 불만족하더라도 전쟁가능성은 그리 높지 않다. 또한 양대 동맹세력이 서로 힘의 균형상태에 있다고 하더라도 잠재적 도전세력이 기존 국제질서에 만족하며 현상유지를 선호할 경우 평화적 세력전이가 진행될 수도 있다. 그러나 양대 동맹세력 간의 국력이 비슷하여 세력균형 상태가 형성되는 동맹전이 시기에 도전세력의 불만족도가 높을 경우 양대 세력 간의 패권전쟁가능성은 아주 높아진다는 주장이다. 동맹전이 당시의 세력균형 변수와 도전세력의 불만족도 변수는 동시에 작용하는 변수이기 때문에 어느 변수이든 한 가지 변수만 가지고 분석하기보다 두 가지 변수를 동시에 고려할 경우 강대국 전쟁의 발발가능성을 더 잘 설명하고 더 정확하게 예측한다는 주장이다.

전통적인 세력균형이론은 국제체제 내 강대국 간의 국력의 분포 상황에만 집중하지만, 세력전이이론이나 동맹전이이론은 강대국 간의 국력분포 이외에 강대국 간의 핵심이익과 관련된 요인도 고려한다는 점에서 국제정치 현상에 대한 설명력과 예측력 측면에서 한 차원 더 유리한 이론이다.

동맹전이이론은 양대 동맹세력의 국력분포 상태와 도전세력의 기존 국제질서에 대한 불만족도가 동시에 작용하는 변수라는 주장 이외에, 오르갠스키·쿠글러가 제시한 다른 독립변수들은 별로 중요하지 않다고 역설한다.

첫 번째로, 오르갠스키·쿠글러는 도전국의 국력성장 속도가 빠르게 진행될 경우 잠재적 도전국과 패권국 모두 그로 인해 야기될 체제 내 안보환경의 변화에 미리 대비할 시간이 부족해서 서두르게 되고, 그런 과정에서 오판을 할 수도 있기 때문에 급성장하는 도전국의 국력성장 속도가 빠를수록 패권국과의 전쟁가능성이 높아진다고 주장한다. 그러나 사실 양국 간 또는 양대 세력 간의 세력전이는 오랜 시간에 걸쳐 진행되는 과정 중에 나타나는 현상이기 때문에 양쪽 세력의 지도자들이 국력분포의 변화와 상대방의 의도를 파악할 시간적 여유는 충분하다.[25] 그래서 촉박한 시간에 쫓겨 오판할 가능성은 낮다. 비록 오판을 한다고 하더라도 체제 내 안보상황의 변화나 판세에 대한 오판이 반드시 전쟁을 부추긴다고 단언할 수는 없다. 한편으로는 오판으로 인해 지도자들이 전쟁을 일으킬 가능성이 높아질 수도 있지만, 다른 한편으로는 오판으로 인해 지도자들이 전쟁을 회피할 수도 있을 것이기 때문이다. 그래서 필자는 오르갠스키·쿠글러의 국력증대 속도 변수는 세력전이이론이나 동맹전이이론적 분석틀 속에서 별로 중요한 변수가 될 수 없다고 지적한다.

두 번째로, 양국 간 세력전이 또는 양대세력 간 동맹전이의 발생유무 그 자체가 중요한 것이 아니라 동맹전이가 진행되는 과정에서 형성되는 양대 동맹세력 간의 세력균형 상태가 중요하다. 세력전이 또는 동맹전이 발생여부에 관해서는 지도자들이 어떻게 인식하는가에 따라 달라질 수 있다. 어떤 지도자는 자국의 국력을 상대적으로 과대평가하는 경향이 있을 수 있고, 다른 지도자는 자국의 국력을 과소평가할 수도 있기 때문에 양대 동맹세력 간 세력전이가 일어났는지를 객관적으로 판단하는 것은 별로 의미가 없다.

동맹전이이론의 이러한 주장을 1648년 웨스트팔리아 조약이 체결되어 근대 국가체제가 형성되기 시작한 이후부터 최근까지의 강대국들의 국력 및 동맹관계를 분석하는 작업을 통해 경험적으로 검증해 보았다. 지난 350여 년간의 외교사, 전쟁사를 바탕으로 축적한 데이터를 사용한 경험적 연구의 결과는 위에서 설명한 바와 같이 양대 동맹세력 간의 세력균형 상태가 형성될 때 전쟁 가능성이 높으며, 잠재적 도전세력의 기존 국제질서에 대한 불만족도가 높을수록 전쟁발발 가능성이 높음을 보여 준다. 특히 양대 동맹세력 간의 세력균형이 이루어진 상황에서 잠재적 도전세력의 불만족도가 높을 경우 강대국들 간의 전쟁가능성이 가장 높음을 경험적으로 검증한다.[26]

동맹전이이론의 핵심 주장을 정리해 보면 다음과 같다. 급성장하는 잠재적 도전국과 그 동맹세력의 국력이 상대적으로 쇠퇴일로에 있는 패권국 주도의 동맹세력을 따라잡는 상황이 발생할 때, 즉 양대 동맹세력 간의 세력균형 상태가 조성될 때, 잠재적 도전국은 동맹세력을 규합하여 기존 국제질서의 타파를 시도하고 패권국에 무력으로 도전할 가능성이 높아진다. 특히 잠재적 도전국이 기존의 패권국 주도의 국제질서에 대해 불만이 많으면 많을수록 현상타파전쟁을 야기시킬 가능성이 훨씬 높아진다.[27]

동맹전이이론은 강대국 간의 전쟁가능성을 낮추는 데 도움이 되는 두 가지 정책을 암시한다. 첫째, 잠재적 도전국이 급부상하여 가까운 장래에 기존의 국제질서나 지역질서의 현상유지를 위협할 수도 있다고 판단되는 경우 기존 패권국은 국제질서 및 지역질서의 안정을 위해서 잠재적 도전국에 비해 국력의 우위를 유지할 수 있는 방안을 적극적으로 마련해야 한다.

패권국은 새로운 동맹조약을 체결하여 동맹국의 수를 늘리고 우호적인 국가들과의 관계를 강화해야 한다. 그와 동시에 기존의 동맹과의 결속력을 강화하고 동맹비용 분담의 증대를 유도하는 등의 정책으로 자국 주도의 동맹세력이 잠재적 도전세력보다 상대적으로 군사력의 우위를 유지하기 위해 적극적인 외교안보 정책을 추진해야 한다. 잠재적 도전세력이 기존 패권세력을 따라잡아 양대 세력 간의 세력균형 상황이 발생하지 않도록 미리 대비해야 한다. 경제적 급성장을 통해 패권국의 경제규모를 따라잡는 잠재적 도전국이 군사력 차원에서도 패권국을 추월하는 상황이 발생하지 않도록 하기 위해서, 그런 상황이 발생할 가능성이 있다고 하더라도 그 시기를 최대한 늦추기 위해서 패권국은 자국의 군사력을 증강하고 동맹국들과의 군사적 결속력을 강화해 나가야 한다.

두 번째로, 급성장하는 잠재적 도전국이 기존 국제질서나 지역질서에 불만족한 국가인지 기존 질서를 그대로 유지하기를 바라는 국가인지가 미래의 체제 안정을 예측하는 데 아주 중요하다. 만일 급성장하는 잠재적 도전국이 불만족한 국가라고 판단될 경우 어떤 형태로든 간에 그 불만족도를 조금이라도 낮출 수 있도록 유인하는 정책이 필요하다. 이를 위해 기존 국제정치경제 체제 내에서 급성장하는 잠재적 도전국의 위상과 이해관계를 적절히 반영해 주는 정책은 잠재적 도전국의 기존 질서에 대한 불만족도를 낮추는 데 영향을 미칠 수 있을 것이다.

4. 동맹전이와 중추적 중견국

오르갠스키는 국제체제를 국력의 수준에 따른 피라미드(pyramid)형 위계 체제로 이해하며 그 위계 체제의 제일 위에는 지배국(dominant power), 즉 패권국이 있고, 그 다음으로 몇몇 강대국이 있으며, 그 밑의 위계 체제에는 중견국, 약소국 등이 순서대로 존재한다고 설명한다. 그중 지배국은 기존 질서를 주도적으로 설립한 국가이기 때문에 당연히 기존 국제질서에 만족한 국가이다. 그 다음으로 강대국 중 대부분은 패권국과 함께 기존 질서를 구축하는 데 참여한 국가들로서 현재 질서에 만족하며 현상유지를 위해 패권국과 협력하는 국가들이다. 그러나 당시에 패권국 주도의 국제질서 구축에 참여하지 못한 강대국이거나 기존의 질서가 확립된 이후에 강대국으로 부상한 국가는 기존 국제질서에 불만족한 국가로서 잠재적 도전국이 될 가능성이 높은 국가이다. 그 다음으로 중견국, 약소국 등은 만족한 국가와 불만족한 국가로 나눠져 있지만, 약소국일수록 불만족한 쪽에 속하는 국가들이 더 많아진다고 지적한다.[28]

오르갠스키는 국제체제 내에서 중견국의 위상을 언급하는 몇 안 되는 강대국 출신 국제정치학자이지만 국제질서를 유지하고 패권전쟁을 방지하는 데 있어서 중견국의 역할의 중요성을 그리 강조하지는 않는다. 세력전이이론의 분석틀 속에서는 동맹이 중요하게 고려되지 않기 때문에 패권국이나 도전국의 중견국 동맹파트너는 그 역할의 중요성이 별로 고려되지 않는다.

길핀, 코헨(Robert Kehane) 등 패권안정론을 주장하는 학자들은 기존의 질서를 구축하고 유지하는 데 있어서 패권국의 동맹 파트너의 중요성을 지적한다. 그러나 그들이 지적하는 동맹국은 강대국을 의미한다. 우리에게 잘 알려진 모겐소, 월츠, 키신저, 미어샤이머(John Mearsheimer) 등 대부분의 국제정치학자들은 국제정치를 한마디로 '강대국 정치'로 명명한다. 즉 강대국 간의 관계로 이해하고 강대국 간의 국력분포, 이해관계, 주도권 등에 초점을 맞춰 국제정치를 이해하려고 한다. 이들에게 강대국이 아닌 그 외의 모든 국가들은 약소국이며, 약소국의 존재는 국제질서의 정립, 유지, 변화 등에 별로 영향을 미치지 못하기 때문에 국제정치 현상의 분석과 이해의 주요 대상이 되지 못한다.

동맹전이이론에서는 기존 국제질서를 주도적으로 정립한 패권국에게 동맹국의 지원은 필수적이다. 동맹국의 지원 없이는 패권국 홀로 현재의 국제질서나 지역안보질서를 구축하기도 어렵고 현상유지하기도 힘들다. 그래서 패권국은 강대국뿐만 아니라 지정학적으로 전략적인 위치에 있는 지역 강대국 수준의 중견국을 중요한 동맹 파트너로 활용하려고 한다. 급부상하는 중국처럼 아시아 지역의 강대국이 국제체제의 패권국인 미국 주도의 국제질서에 도전하는 경우가 발생할 때 급부상하는 지역 강대국과 패권국 사이에 있는 중견국의 전략적 가치는 높아진다. 국제질서를 현상유지하려는 패권국뿐 아니라 급부상하는 잠재적 도전국 역시 지정학적으로 중요한 위치에 있는 중견국을 자국의 전략적 파트너로 삼으려고 할 가능성이 높다. 특히 그 중견국이 상당한 군사력을 보유한 국가일 경우 지역 내 경쟁구도 속에서 나름대로 막강한 영향력을 행사할 수 있는 국가로 인정받을 수 있다.

그래서 지정학적으로 강대국 사이에 있는 중견국은 패권국과 잠재적 도전국 간의 '안보딜레마'(security dilemma)를 완화하는 데 나름대로 건설적인 '가교'(bridging) 역할을 할 수 있다. 안보딜레마는 상호 간의 신뢰부재로 인해 발생한다. 예를 들어 패권국은 지역동맹국에 대한 확장억지(extended deterrence)를 더욱 확실히 제공하기 위해 새로운 무기체계를 지역동맹국에 제공할 수 있다. 그러나 잠재적 도전국은 이러한 행위를 자국에 대한 패권국의 군사적 봉쇄 또는 견제행위로 간주한다. 그래서 잠재적 도전국 역시 패권국이 역내에 새로이 반입한 무기체계를 능가하는 신무기를 개발하여 실전배치한다. 이에 대해 패권국 역시 새로운 무기체계를 개발하여 역내에 실전배치하는 군비경쟁의 악순환이 발생하게 될 수도 있다.

이러한 안보딜레마가 발생하는 것을 미연에 방지하기 위해 패권국과 동맹을 맺고 있거나 우호적인 관계에 있는 중견국이 잠재적 도전국과의 관계개선을 통해서 기존의 지역질서를 안정적으로 유지하는 데 기여할 수 있는 부분이 있다. 안보딜레마 상황에서 패권국이 잠재적 도전국을 설득하기는 어렵다고 하더라도 양국 사이에 있는 중견국은 잠재적 도전국을 설득할 수 있다. 예를 들어, 미국이 한반도에 도입하는 사드(THAAD) 미사일방어체제가 북한의 대량살상무기 위협에 대한 한국의 국가생존을 위해 필수적인 것이라고 중국을 설득할 수 있는 국가는 미국이 아니라 한국이다. 중견국이 이러한 가교역할을 수행할 수 있기 위해서는 잠재적 도전국과의 관계도 돈독히 유지해 둘 필요가 있다.

중견국은 강대국에 직접적으로 위협적인 존재가 아니기 때문에 비록 패권국과 동맹을 맺고 있거나 우호적인 관계에 있다고 하더라도 잠재적 도전국이 이들과의 관계개선을 마다할 이유가 없다. 잠재적 도전국은 지역 내 중견국이 궁극적으로 자국에 편승할 가능성도 있다고 생각하여 이들과 더욱 적극적으로 관계개선을 시도할 수도 있다. 그렇기 때문에 중견국이 이러한 가교역할을 효율적으로 수행하기 위해서 패권국과의 신뢰관계 역시 중요하다. 중견국의 이러한 가교역할이 기존 국제질서 및 지역질서를 안정적으로 유지하는 데 도움이 될 것이라는 것을 패권국이 믿을 수 있어야 한다. 게다가 이러한 중견국 가교역할의 의도는 기존의 지역질서를 현상태로 유지하기 위한 것임을 패권국이 확신할 수 있어야 한다. 만일 패권국이 중견국의 의도를 오해하여 자국과 잠재적 도전국 사이에서 중견국이 눈치외교를 하며 자국과는 관계가 점차 멀어지고 잠재적 도전국과 점차 더 가까워질 수도 있다고 의심할 경우 중견국의 가교 역할은 그 효력을 발휘할 수 없다. 그래서 중견국이 가교역할을 성공적으로 수행할 수 있기 위해서는 중견국과 패권국 간의 신뢰관계의 강화가 필수적이다.

이와 같이 지역정치 구도 속에서 중견국이 상당한 영향력을 행사하는 경우가 허다하다.[29] 비록 국력이 강대국만큼 강하지는 못하더라도 지역 내에서 영향력을 행사할 수 있는 군사투사력(power projection capability)을 보유하며 지정학적인 위치에 있는 중견국은 국제정치, 지역정치를 분석하고 이해하는 데 있어서 반드시 고려대상이 되어야 한다. 필자는 지역안보질서에 상당한 영향력을 행사할 수 있는 중견국을 '중추적 중견국'(pivotal middle power)과 '불만족한 중견국'(dissatisfied middle power)으로 구별해서 정의한다.[30] 지정학적 요충지에 있으며 지역 내에서 상당한 군사투사력을 보유하고 기존 패권국 주도의 국제질서 및 지역질서를 현상유지하는 데 이해관계가 있는 중견국은 중추적 중견국이다. 이에 반해 지정학적으로 중요한 위치에 있거나 지역 내에서 상당한 군사투사력을 보유하고 있지만 패권국이 주도하는 국제질서 및 지역질서에 반감을 나타내는 국가는 불만족한 중견국이다.[31]

동맹전이이론에서 강대국은 국제질서를 유지하는 데 중요한 역할을 담당한다. 비록 패권국보다는 상대적으로 국력이 약하지만 강대국은 대부분의 글로벌이슈에 영향력을 행사할 수 있는 군사투사력을 보유하고 있다. 강대국은 대부분 기존 국제질서에서 상당한 기득권을 확보하고 있다. 기존 패권국은 국제질서의 현상유지를 위해서 강대국의 지원이 필요하고 그래서 패권국과 몇몇 강대국은 동맹관계를 맺고 현 질서를 유지하는 데 동참한다. 물론 강대국 중 불만족한 국가도 있다. 이들은 급성장한 국력에 비해 기존 질서 내에서 적정한 수준의 대우를 받지 못하고 있다고 느낀다. 이러한 불만족한 강대국 중 국력이 급성장하여 잠재적 도전국으로 부상할 경우 국제정치상황은 복잡해질 수밖에 없다. 이런 경우 중추적 중견국이나 불만족한 중견국의 역할이 상당한 영향을 미칠 수 있게 된다. 비록 불만족한 중견국이 홀로 지역질서나 국제질서에 충격을 줄 수 있는 힘은 없지만, 급부상하는 불만족한 강대국과 연합할 경우 기존 질서를 위협할 만한 주요 행위자로 등장할 수 있다.[32] 이와 마찬가지로 중추적 중견국은 기존 패권국과 연합하여 지역 내에서 급부상하는 잠재적 도전국을 견제하고 기존 질서를 현 상태로 유지하는 데 중요한 역할을 담당할 수 있다.

각각의 지역위계체제는 지역 패권국, 지역 강대국 및 지역 약소국으로 구성되어 있다. 지역 패권국은 일반적으로 국제체제 내 패권국과 동일하다. 몇몇 지역 강대국은 국제체제 내에서 강대국에 해당한다. 그 밖에 몇몇 지역강대국은 국제체제 내에서 중추적 중견국 또는 불만족한 중견국에 포함된다. 현재 동아시아 지역의 위계 체제에서 지역 패권국은 미국이라고 할 수 있다. 중국은 지역에서 패권을 추구하는 지역 강대국인 동시에 국제체제에서도 강대국이다. 일본 역시 지역 강대국이면서 국제체제 내에서도 강대국에 해당한다. 한국은 지역 강대국인 동시에 국제체제 내에서는 중추적 중견국이고, 북한은 지역 강대국인 동시에 불만족한 중견국이라고 할 수 있다.

한국이나 북한은 지역 내에서 활용 가능한 군사투사력을 보유하고 지역 내 주요이슈에 관해 영향력을 발휘할 수 있다. 이들은 강대국의 경쟁구도 사이에서 지정학적으로 중요한 위치에 있다. 한국은 패권국의 지역파트너로서 기존 질서의 현상유지를 위해 상당한 영향력을 행사할 수 있다. 북한은 패권국 미국에 대한 잠재적 도전국 중국과 함께 기존의 국제질서 및 지역질서의 안정을 위협할 수 있는 불만족한 중견국이다. 역사적으로 보더라도 패권국이나 강대국은 지역 내 중견국과의 동맹 관계를 통해 지역 내에서 영향력을 행사하는 경우가 종종 있었다.[33] 미국은 미·일동맹과 한·미동맹을 주축으로 하여 아시아지역에서 기존의 질서를 현상유지하고 중국이 지역패권국으로 등장하는 것을 견제하고자 한다.

이와 같이 오르갠스키의 세력전이이론에서 두 가지로 분류된 만족한 중견국과 불만족한 중견국은 동맹전이이론에서 세 가지로, 즉 불만족한 중견국과 중추적 중견국, 그리고 일반적 중견국으로 분류된다. 이들 중 동맹전이이론에서 패권국이나 잠재적 도전국의 동맹 파트너로서 기여할 수 있는 국가는 불만족한 중견국과 중추적 중견국이다.[34]

길핀의 패권안정론, 모델스키(George Modelski)의 장주기(long cycle) 이론은 상당히 결정론적이고, 그래서 비관적이다. 즉 국가 지도자들이 어떤 노력을 하든 간에 도전국이 급성장하여 결국에는 쇠퇴하는 패권국을 따라잡게 되고, 그 결과 패권전쟁을 피할 수 있는 별다른 방안이 없다는 것이다. 그러나 동맹전이이론은 적어도 강대국 간의 전쟁을 피할 수 있는 두 가지 방안을 제시한다는 측면에서 훨씬 덜 비관적이다.

비록 불만족한 강대국이 급부상한다고 하더라도 강대국과 강대국, 강대국과 중추적 중견국 간의 연합과 제휴를 통해 기존 현상유지 세력의 군사력의 우위를 유지하는 방안이 있다. 급성장하는 강대국이 구축하려는 현상타파 동맹이 실효를 거두지 못하도록 조치를 취할 수도 있다. 예를 들어 잠재적 도전국인 중국이 러시아와 군사동맹을 체결하지 못하도록 러시아를 NATO 회원국으로 초청하는 방안도 있다.[35] 만일 이러한 패권국의 세력우위 유지방안이 성공적으로 추진된다면 잠재적 도전국의 현상타파 의지를 꺾을 수도 있다. 또한 패권국이 세력의 우위를 유지하는 동안에 잠재적 도전국의 불만족도를 낮추기 위한 정책을 추진한다든지, 현상유지정책을 추구하는 중추적 중견국이 패권국과 잠재적 도전국 사이에서 가교역할을 수행하며 잠재적 도전국의 불만족도를 낮추는 데 기여한다면 기존 패권세력과 급성장하는 도전세력 간의 군사적 충돌을 미연에 방지할 수도 있다.

동맹전이이론은 국가 지도자들의 현명한 전략을 통해 패권전쟁을 피할 수도 있음을 암시한다. 이는 국가 지도자들이 어떤 정책을 추진하든 간에 결국에는 패권전쟁을 피할 수 없다는 결정론적인 패권안정론이나 장주기이론에 비해 훨씬 낙관적이다. 동맹전이이론은 전쟁을 막는 데 있어 국가 지도자들의 판단과 역할이 얼마나 중요한지를 암시한다. 그리고 패권국, 급성장하는 잠재적 도전국, 지역 강대국, 중추적 중견국, 불만족한 중견국 간의 동맹의 형성과 와해의 중요성도 지적한다.

5. 동아시아 세력전이 시나리오

지난 30여 년간 중국은 고도의 경제성장을 지속적으로 유지해 왔다. 이러한 경제성장을 바탕으로 국제체제 내에서 중국의 정치적, 경제적 영향력은 강화되었다. 최근 들어 중국은 군사력 증강에도 주력하고 있으며, 새로운 지역경제질서 및 안보질서를 구축하려는 의지를 강하게 내비치기 시작했다. 2013년 6월 시진핑 주석은 오바마 대통령과의 정상회담에서 양국이 신형대국관계를 정립할 것을 요구했고, 2014년 상해에서 '아시아 교류 및 신뢰구축 회의'(CICA)를 개최하면서 역외 국가를 배제한 아시아 지역 국가들 간의 새로운 지역안보협력체의 설립을 주장했다. 2013년 말 시진핑 주석은 일대일로(一帶一路) 정책을 촉구하며 지역 국가들이 동참할 것을 제안했다. 2014년 보아오(Boao) 포럼에서 리커창(李克强) 중국 총리는 중국이 아시아인프라투자은행(AIIB)의 설립을 주도할 것을 예고하며 아시아 국가들이 적극적으로 동참할 것을 권했다. 이러한 새로운 지역안보질서 및 경제질서를 구축하려는 중국의 이니셔티브는 기존의 지역경제질서를 새로이 수정하려는 의도로 보여진다.[36]

리커창 총리는 당시 『파이낸셜 타임즈』와의 인터뷰에서 중국의 AIIB 설립 의도는 기존의 자유주의 국제경제질서에 대한 도전이 아니라 기존의 경제질서에 대한 보완적인 성격을 가지고 있다고 언급했다.[37] 최근 중국이 기존의 국제경제기구에서 중국의 위상에 걸맞은 대우를 요구하며 기구의 개혁을 주장해 왔지만, 이러한 중국의 행태를 근거로 중국이 현상타파국가라고 단정짓기는 어렵다. 사실 중국이야말로 지난 30여 년간 자유주의 국제경제질서로부터 가장 많은 혜택을 받은 국가 중 하나이다.

아이켄베리(John Ikenberry)는 중국이 아시아지역에서의 영향력을 강화해 나가고자 하는 것은 사실이지만 미국 주도의 기존 질서에 도전하지는 않는다고 주장한다. UN안보리 상임이사국 및 G20 회원국의 일원이며, 세계무역기구(WTO), 국제통화기금(IMF), 세계은행(World Bank) 등에 적극적으로 동참하며 글로벌 거버넌스(global governance)에 일조하는 국가라고 지적한다. 게다가 중국은 국가 주권과 불간섭(nonintervention)의 웨스트팔리아 원칙, 핵확산금지조약(NPT), 포괄적 핵실험금지조약(CTBT)을 지지하며 핵선제불사용(no first use) 원칙을 고수하는 현상유지국가의 행태를 보인다고 지적한다.[38]

최근 중국이 남중국해 및 동중국해 주변에서 공세적 외교를 펼치는 것은 사실이다. 2010년 9월 센카쿠열도/조어도 근처에서 조업 중이던 중국어선과 일본해경의 순시선이 충돌했고 일본해경은 중국어선을 나포하고 선장 및 선원을 모두 체포한 사건이 있었다. 이에 중국정부는 첨단 산업에 필수 광물인 희토류 수출금지 등 경제제재 조치를 포함한 강경한 입장을 취했고, 이에 일본은 선장 등을 모두 석방하지 않을 수 없었다. 2011년 5월에는 중국순시선이 베트남 석유 탐사선의 케이블을 절단하여 양국 간 긴장이 최고조에 달한 적도 있었다. 2012년 4월부터는 남중국해에서 필리핀과 중국 간에 분쟁이 격화되기도 했다. 중국은 남중국해에서 인공섬을 건설하여 활주로를 만들고 군용기까지 이·착륙이 가능하게 했다. 그뿐 아니라 레이더기지 등 군사시설을 건설하고 있다. 2013년 12월에는 동중국해 상공에 방공식별구역을 선포하여 외국 항공기의 항공진입에 대해 사전통보를 의무화했다. 미국과 ASEAN 등 주변국들은 이 지역에서의 중국의 영유권주장을 수용할 수 없음을 명백히 하고 항행의 자유를 주장하고 있지만 중국의 입장은 강경하다. 시진핑 정부는 이 지역에서 주권을 지키는 것은 중국의 핵심이익임을 선언했다.

미국뿐 아니라 지역국가들이 우려하는 점은 남중국해 및 동중국해에서 공세적 입장을 취하고 있는 중국이 향후 수정주의적 현상타파국가로 변할지도 모른다는 것이다. 향후 중국의 입장 정리에 따라, 그리고 미국의 대 아시아정책, 즉 지금과 같이 국제주의 또는 개입정책을 추구할 것인지 아니면 고립주의정책으로 선회할 것인지에 따라 현상유지, 평화적 세력전이, 미·중 간 세력전이위기 등 동맹전이이론에 근거한 다양한 시나리오(scenario)를 고려해 볼 수 있다.[39] 만일 향후 20~30년 동안 중국의 국력이 미국을 따라잡지 못할 경우, 지역경제질서 및 안보질서는 기본적으로 현상유지될 것으로 전망된다. 설혹 중국이 미국의 국력을 따라잡는 상황이 발생한다고 하더라도 중국이 기존의 국제경제질서를 유지하려는 의지가 있을 경우 미·중 간의 남중국해 및 동중국해 등지에서의 안보질서의 '일부분 조정'(minor adjustment)을 통해 큰 틀에서 현상유지를 해 나가는 평화적 세력전이 시나리오를 전망해 볼 수 있다.

〈표 1-1〉 중국의 부상과 동아시아 세력전이 시나리오

			미국	
			아시아재균형정책	고립주의정책
중국	추격성공	현상유지정책	평화적 세력전이	평화적 세력전이
		현상타파정책	미·중 세력전이 위기	중·일 분쟁
	추격실패	현상유지정책	현상유지	-
		현상타파정책	현상유지	-

〈표 1-1〉은 중국이 향후 20~30년 내에 미국을 추격하는 데 성공하는지 실패하는지에 따라, 그리고 중국이 향후 기존 질서에 대해 만족한 국가로서 현상유지를 추구하는지 불만족국가로서 현상타파정책을 추구하는지에 따라 네 가지 가능성을 제시한다. 그 반면 미국은 20~30년 이후에도 현재와 마찬가지로 아시아재균형정책을 추

진할 것인지 아니면 고립주의로 선회하여 아시아지역에서 해외주둔 미군을 모두 철수시킬 것인지에 따라 두 가지 가능성을 제시한다.

〈표 1-1〉에서 중국의 네 가지 가능성과 미국의 두 가지 가능성을 바탕으로 여덟 가지 시나리오를 고려해 볼 수 있다. 중국이 미국을 추격하는 데 실패할 경우에도 불구하고 미국이 아시아지역에서 고립주의정책으로 선회할 가능성은 아주 낮다. 그래서 그중 두 가지 시나리오는 발생할 가능성이 아주 낮은 것으로 간주한다.

나머지 여섯 가지 시나리오 중 중추적 중견국이 가교역할을 하는 데 우호적인 환경을 제공해 주는 시나리오는 세 가지가 있다. 먼저 중국이 미국을 추격하는 데 성공하지만 현상유지정책을 고수하는 경우와 미국이 아시아재균형정책을 계속 추구하는 경우에 발생할 수 있는 평화적 세력전이 시나리오를 고려해 보자. 이 시나리오에서 중추적 중견국은 중국의 기존 질서에 대한 낮은 불만족도를 지속적으로 유지할 수 있도록 미·중 사이에서 가교역할을 수행할 수 있다. 그러나 이런 시나리오가 실제로 발생할 가능성은 그리 높지 않다. 만일 중국이 미국을 추격하는 데 성공한다면 중국은 현상타파국가가 될 가능성이 더 높다. 이런 경우에도 미국은 아시아재균형정책을 계속 추진할 가능성이 높지만 고립주의로 선회할 가능성도 없지는 않다. 즉 미·중 세력전이위기 시나리오가 현실화될 가능성이 높지만 중·일분쟁 시나리오가 발생할 가능성도 배제할 수 없다. 이러한 무력충돌 가능성이 높은 두 가지 시나리오에서는 중추적 중견국의 가교역할은 효력을 발휘할 가능성이 아주 낮다.

미·중 세력전이위기 시나리오에서조차 미국과 중국이 바로 충돌할 가능성은 낮다. 중국이 일본과 동중국해에서 군사적으로 충돌하게 될 가능성이 높으며, 이러한 중·일 간의 전쟁이 미국의 참전으로 인해 미·중 간의 전쟁으로 확전될 가능성이 높다. 대만해협에서 중국과 대만이 무력 충돌하게 될 가능성도 있으며, 미국이 중국과 대만

간의 무력분쟁에 개입할 경우 확전이 될 수도 있다. 만일 미국이 일본이나 대만에 대한 군사적 지원을 포기하고 중국과의 전쟁을 회피할 경우 중·일, 중·대만 간의 갈등은 중국의 승리로 종결됨을 의미한다. 결국 미국은 이 지역에서 철수하게 되고 중국에게 지역패권을 넘겨주는 상황이 되고 말 것이다. 한국이든 일본, 대만이든 간에 이러한 시나리오가 현실화될 가능성을 염두에 두지 않을 수 없다.

중국이 미국을 따라잡는 데 실패한 경우 중국은 기존 질서에 만족한 국가로 남아 있을 수도 있을 것이고 점차 더 불만족한 국가로 변할 수도 있을 것이다. 이러한 두 가지 상황은 현재의 중국의 모습과 유사하다. 미국을 아직 추월하지 못한 중국이 기존의 국제경제질서를 대부분 수용하는 태도를 취하는 동시에 남중국해 등지에서 공세적 입장을 취하는 이중적 태도로 인해 향후 중국의 입장을 추측하기가 쉽지가 않다. 이러한 경우 미국은 고립주의정책으로 선회할 가능성이 거의 없고 아시아재균형정책을 추구할 가능성이 아주 높다. 즉 현재의 상황과 비슷한 현상유지 시나리오가 재현될 가능성이 아주 높다. 이러한 현상유지 시나리오에서 중추적 중견국은 가교역할을 수행하기에 더 유리하다. 미국을 추격하는 데 실패한 중국이 현상유지정책을 추구할 경우, 중국이 계속 현상유지국가로 남아 있도록 중국의 기존 질서에 대한 낮은 불만족도를 그대로 유지하게 하는 데 중추적 중견국이 한몫을 해낼 수 있다. 또한 중국이 미국을 추월하는 데 실패한 상황에서 기존 지역질서에 대한 불만족도가 높은 경우, 중국의 불만족도를 완화하는 데 도움을 줄 수 있도록 미·중 사이에서 가교역할을 담당할 수 있다. 그래서 현상유지 시나리오가 그대로 현실이 될 수 있도록 하는 데 기여할 수 있다.

만일 미·중 간 세력전이위기 시나리오나 중·일분쟁 시나리오가 현실화될 경우 중추적 중견국은 가교역할을 원활하게 추구할 수 없는 상황에 놓이게 된다. 미·중 간 세력전이위기 상황에서 중추적 중건국은 기존의 동맹체제를 고수할 수밖에 없다. 중·일분쟁 상황이 발생할 경우 중추적 중건국은 지역 내 새로운 질서구축의 선봉에 서게 될 가능성이 아주 높다. 미국이 고립주의로 선회하면서 아시아 지역에서 해외주둔미군을 철수할 경우 미국과의 동맹관계는 아무런 의미가 없어지기 때문이다.

중국이 미국을 추격하는 데 성공하였지만 기존의 질서를 타파할 의도가 없는 상황에서 미국이 고립주의로 선회한다는 것은 미국이 중국에게 역내 패권을 평화적으로 이양하는 것을 의미한다. 이러한 평화적 세력전이 상황에서 역시 중추적 중건국의 기존 패권국과의 동맹관계는 무의미해진다. 이런 경우 역시 중추적 중건국은 역내 새로이 등장한 패권국에 편승할 가능성이 아주 높다.

이러한 여섯 가지 시나리오 중 중추적 중건국이 선호하는 시나리오는 바로 자국이 가교역할을 수행하기에 유리한 세 가지 시나리오이다. 중추적 중건국은 어떤 상황에서도 패권국이 고립주의로 선회하는 것을 원치 않는다. 중추적 중건국은 잠재적 현상타파국가인 중국이 미국을 추격하는 데 성공하는 것도 원치 않는다. 혹시나 20~30년 후에 중국이 미국을 추월할지도 모르는 상황에 대비해서 중국의 불만족도를 낮추는 데 기여하는 가교역할을 20~30년 전부터 추구해야 할 필요가 있다.

동맹전이이론은 국제체제 및 지역체제의 안정을 위한 중추적 중건국의 역할을 제시한다. 중국과 미국의 지역패권경쟁의 과열을 미연에 방지하기 위해서 동맹을 통한 기존 패권국의 세력우위 유지, 그리고 중국의 불만족도 완화라는 두 가지 방안을 제시하고, 이러한 방안을 이행하는 데 중추적 중건국의 역할이 필수적임을 지적한다.

중국, 러시아, 일본과 미국의 영향권 사이 지정학적 요충지에 위치한 대한민국은 세계에서 7번째로 '20·50 클럽'의 회원국이 된 일인당 국민총소득(GNI) 2만 달러 이상의 경제력과 5천만 명 이상의 인구를 보유한 국가이며, 세계 10대 군사력을 보유한 아시아지역의 대표적 중추적 중견국이다.[40] 호주는 원유, 천연가스, 철, 석탄 등 주요 지하자원뿐 아니라 우라늄, 희토류 등 전략적 가치가 높은 지하자원을 수출하는 세계 15대 경제규모를 지닌 전통적인 중견국이다. 호·미 군사동맹을 바탕으로 테러방지와 평화유지를 위한 미국 주도의 군사작전에는 거의 모두 빠지지 않고 동참하는 중추적 중견국이다. 최근에는 호주 북부 다윈(Darwin) 지역에 미군이 주둔하는 군사기지를 설치한 미국과의 결속력이 강한 국가이다. 인도네시아 역시 2억 4천만에 달하는 인구수와 아시아 5대 경제규모를 지닌 국가로 ASEAN을 주도하는 중추적 중견국이다.

한국, 호주, 인도네시아 등과 같이 유사한 국제정치상황에 처해 있는 아시아지역의 중추적 중견국은 미·중 간의 경쟁구도를 완화하는 역할을 담당해야 한다. 이들은 모두 중국의 급부상으로 인해 안보위협을 느낀다. 그러나 자국의 경제적 국익을 위해서 중국과의 경제통상관계를 심화할 수밖에 없는 처지에 있는 국가들이다. 역내 중추적 중견국들은 상호 간에 공조체제를 구축하여 어떠한 잠재적 도전국도 자유무역질서 및 기존의 지역안보질서를 침해하지 못하도록 미국중심의 동맹세력과 협력을 모색해야 한다. 즉 미국중심의 동맹세력이 잠재적 도전세력에 비해 군사력의 우위를 유지하는 데 기여할 수 있어야 한다.

두 번째로, 중추적 중견국은 미국과 중국 사이에서 가교역할을 수행하며 급성장하는 중국의 현재 질서에 대한 불만족도를 낮추는 방안도 동시에 모색할 필요가 있다. 기존 질서에 타격을 주지 않는 범위 내에서 중국의 국제적 지위와 입장을 반영해주는 데 중추적 중견국들이 한 목소리를 낼 필요가 있다. 중국의 불만족도를 낮추는 역할과 기존 질서에 기득권을 가진 미국과 같은 강대국을 설득하는 역할을 동시에 담당할 수 있다.

중국이 최근에 추진했던 아시아인프라투자은행(AIIB) 설립에 중추적 중견국들이 발기인으로 처음부터 적극적으로 참여하는 행위는 역내 새로운 경제질서를 구축하기 원하는 중국의 입장에 동참하는 모습으로 비춰져서 중국의 체면을 살려주고 기존 경제질서에 대한 중국의 불만족도를 조금이라도 낮추는 데 이바지할 수 있다. 그와 동시에 중국 주도의 AIIB가 기존의 국제제도와 상충되지 않도록 하는 데도 일조하여 궁극적으로 이 지역에서 미·중 간의 충돌가능성을 낮추는 가교역할을 하는 행위이기도 하다.

주 /

1 Walter Russell Mead, "The Return of Geopolitics: The Revenge of the Revisionist Powers," *Foreign Affairs*, vol.93, issue.3, 2014, pp.69-79.

2 Graham Allison, "Thucydides Trap: Are the U.S. and China Headed for War?" *The Atlantic*, September 25, 2015.

3 A.F.K. Organski, *World Politics* (New York: A. Knopf, 1958), chapter 12.

4 A.F.K. Organski and Jacek Kugler, *The War Ledger* (Chicago: University of Chicago Press, 1980).

5 Robert Gilpin, *War and Changes in World Politics* (Cambridge: Cambridge University Press, 1981); Paul Kennedy, *The Rise and Fall of the Great Powers* (New York: Random House, 1984); 그때쯤 모델스키(George Modelski)도 오르갠스키, 길핀과 유사한 점이 많은 장주기이론(long cycle thoery)을 소개한다. George Modelski, "The Long Cycle Theory of Global Politics and the Nation-State," *Comparative Studies in Society and History*, vol.20, no.2, 1978, pp. 215-235; 세력전이이론, 패권안정론, 장주기이론에 관해서, 김우상, 『신한국책략 III』(서울: 세창출판사, 2012), 제5장.

6 디치코·레비(Jonathan DiCicco and Jack Levy)는 라카토스의 과학적 연구프로그램(research programme) 발전과 관련된 대표적인 예로 세력전이 연구프로그램의 체계적이고 지속적인 발전을 지적한다. Jonathan DiCicco and Jack Levy, "Power Shifts and Problem Shifts: The Evolution of the Power Transition Research Program," *Journal of Conflict Resolution*, vol.43, no.6, 1999, pp.675-704; Woosang Kim and Scott Gates, "Power Transition Theory and the Rise of China," *International Area Studies Review*, vol.18, no.3, 2015, pp.219-226.

7 Henk Howeling and Jan Sicamma, "Power Transitions as a Cause of War," *Journal of Conflict Resolution*, vol.32, no.1, 1988, pp.87-102; Woosang Kim, "Power, Alliances, and Major Wars, 1816-1975," Ph.D. Dissertation, University

of Rochester, 1988; Woosang Kim, "Power, Alliance, and Major Wars, 1816-1975," *Journal of Conflict Resolution*, vol.33, no.2, 1989, pp.255-273.

8　Woosang Kim, "Alliance Transitions and Great Power War," *American Journal of Political Science*, vol.35, no.4, 1991, pp.833-850; Woosang Kim, "Power Transitions and Great Power War from Westphalia to Waterloo," *World Politics*, vol.45, no.1, 1992, pp.153-172; Woosang Kim, "Power Parity, Alliance, and War from 1648 to 1975," in Jacek Kugler and Douglas Lemke, eds. *Parity and War: Evaluations and Extensions of the War Ledger* (Ann Arbor: University of Michigan Press, 1996), Woosang Kim, "Power Parity, Alliance, Dissatisfaction, and Wars in East Asia, 1860-1993," *Journal of Conflict Resolution*, vol.46, no.5, 2002, pp.654-671.

9　DiCicco and Levy 1999, pp.219-226; Imre Lakatos, "Falsification and the methodology of scientific research programmes," in Imre Lakatos and Alan Musgrave, eds. *Criticism and the Growth of Knowledge* (New York: Cambridge University Press, 1970), pp.91-196; 김우상, 『신한국책략 II』(서울: 나남출판, 2007), pp.236-237.

10　Douglas Lemke, *Regions of War and Peace* (Cambridge: Cambridge University Press, 2002).

11　DiCicco and Levy, pp.219-226; Lakatos, pp.91-196; 김우상(2007), pp.236-237.

12　A.F.K. Organski, *World Politics*, 2nd ed. (New York: Alfred A. Knopf, 1968), pp.327-329.

13　김우상(2012), pp.151-157.

14　Bernard Brodie, *The Absolute Weapons* (New York: Harcourt Brace and Company, 1946); Bernard Brodie, *Strategy in the Missile Age* (Princeton: Princeton University Press, 1959); Kenneth Waltz, "The Emerging World Structure of International Politics," *International Security*, vol.18, no.2, 1993, pp.44-79.

15 Organski, chapter 12; Jacek Kugler and Frank Zarage, "The Long-Term Stability of Deterrence," *International Interactions*, vol.15, no.3, 1990, pp.255-278; Kyungkook Kang and Jacek Kugler, "Assessment of Deterrence and Missile Defense in East Asia: A Power Transition Perspective," *International Area Studies Review*, vol.18, no.3, 2015, pp.280-296.

16 Kim and Gates, pp.219-226.

17 Ron Tammen et al., *Power Transitions: Strategies for the 21st Century* (New York: Chatham House, 2000); Steve Chan, "Exploring Puzzles in Power-Transition Theory: Implications for Sino-American Relations," *Security Studies*, vol.13, no.3, 2004, pp.103-141; John Ikenberry, "The Illusion of Geopolitics: The Enduring Power of the Liberal Order," *Foreign Affairs*, vol.93, no.3, 2014, pp.80-90; Renee Jeffery, "Evaluating the 'China Threat': Power Transition Theory, the Successor-State Image, and the Dangers of Historical Analogies," *Australian Journal of International Affairs,* vol.63, no.2, 2009, pp.309-324; Yves Lim, "How (Dis)satisfied is China? A Power Transition Theory Perspective," *Journal of Contemporary China,* vol.24, no.92, 2015, pp.280-297; Robert Ross and Feng Zhu, eds. *China's Ascent: Power, Security and the Future of International Politics* (Ithaca: Cornell University Press, 2008); Kentaro Sakuwa, "A Note on Dangerous Dyad: China's Rise and Sino-Japanese Rivalry," *International Relations of the Asia-Pacific*, vol.9, no.3, 2009, pp.497-528; Woosang Kim, "Rising China, Pivotal Middle Power South Korea, and Alliance Transition Theory," *International Area Studies Review*, vol.18, no.3, 2015a, pp.251-265; Shih-yueh Yang, "Power Transition, Balance of Power, and the Rise of China: A Theoretical Reflection about Rising Great Powers," *The China Review*, vol.13, no.2, 2013, pp.35-66; Woosang Kim, "The Rise of China and Power Transition Scenarios in East Asia," *Korean Journal of Defense Analysis*, vol.27, no.3, 2015b, pp.313-329; Sang-Hwan Lee, "Global and regional orders in the 21st Century in terms of Multi-layered Power Transition Theory: The Cases of US-China and China-Japan Relations," *International Area Studies Review*, vol.18, no.3, 2015, pp.266-279; 이상환, "세계질서와 동북아 지역질서의 안정

성에 대한 전망,"『정치·정보연구』제18권 1호, 2015, pp.1-23; 강택구, "동아시아 지역 내 강대국간 경쟁과 세력전이,"『국제정치논총』제48집 2호, 2008, pp.7-31; 우병국, "동아시아에서의 미·중간 세력전이가 양안관계에 미치는 영향,"『국제정치논총』제49집 1호, 2009, pp.117-142; 정재호 편,『평화적 세력전이의 국제정치』(서울: 서울대출판문화원, 2016).

18 김우상(2012), 제2부 제5장.

19 Hans Morgenthau, *Politics Among Nations* (new York: Alfred A. Knopf, 1973); Henry Kissinger, *On China* (New York: Penguin Books, 2011); Kenneth Waltz, *Theory of International Politics* (Reading: Addison-Wesley Publishing Company, 1979).

20 Organski, chapter 12.

21 Organski, chapter 12.

22 Organski and Kugler, chapter 1.

23 월츠(Kenneth Waltz) 역시 국가는 경제성장과 같은 내적 성장과 동맹과 같은 외적 수단을 통해 국력을 증대할 수 있다고 주장한다. Waltz.

24 W. Kim(1991); W. Kim(1992).

25 오르갠스키·쿠글러는 경험적 연구에서 세력전이 기간을 20년으로 간주한다. 이와 같이 20년이란 기간은 양쪽 세력의 지도자들이 서로의 국력과 의도를 여유있게 파악하는 데 충분한 기간이다. Organski and Kugler, chapter 1.

26 W. Kim(1992); W. Kim(1996); W. Kim(2002).

27 동맹전이이론은 동맹세력 간의 세력전이 과정에서 발생할 수 있는 도전국의 선제공격과 패권국의 예방전쟁 가능성에 대해서도 설명한다. Woosang Kim and James Morrow, "When Power Shifts Leads to War?" *American Journal of Political Science*, vol.36, no.4, 1992, pp.896-922.

28 김우상(2012), pp.187-189.

29 Woosang Kim, "Korea as a Middle Power in the Northeast Asian Security Environment," in John Ikenberry and Chung-in Moon, eds. *The United States and Northeast Asia: Debates, Issues, and New Order* (New York: Rowman & Littlefield Publishers, 2008), pp.123-141.

30 W. Kim(2015a).

31 중추적 중견국과 불만족한 중견국 등 중견국의 유형에 관한 상세한 설명은 제2부 제3장 참조.

32 Organski.

33 W. Kim(2008).

34 W. Kim(2015a).

35 부시(George W. Bush) 정부 때 러시아를 NATO 회원국으로 초청할 기회가 있었지만 실행되지 않았다. 현재로서는 불가능한 시나리오라고 생각될 수도 있지만 푸틴이 물러난 이후 새로운 세대가 주도하는 러시아를 NATO로 끌어들이는 전략은 아직 유효하다.

36 W. Kim(2015a).

37 Barber et al., Interview: Li Kequiang on China's challenges. *Financial Times*, April 15, 2015.

38 Ikenberry, pp.80-90.

39 다양한 시나리오는 W. Kim(2015a), W. Kim (2015b) 참조.

40 20 · 50 클럽, 한경 경제용어사전, 네이버 지식백과, 2015.10.26. 참조; 글로벌화력(Global Firepower, GFP)가 발표하는 군사력 지표(power index)에서 한국은 126개국 중 군사력 순위가 11위로 발표됨. 한국은 2014년에 9위, 2015년에는 7위를 한 바 있음. 뉴시스, 2016.4.13.

제2장

중견국 개념의 발전

제2부 제1장에서는 중견국을 세 가지 유형, 즉 중추적 중견국, 불만족한 중견국, 그리고 일반적 중견국으로 나누었다. 동맹전이이론을 바탕으로 기존의 패권국과 급성장하는 잠재적 도전국 간의 경쟁구도 속에서 중추적 중견국의 지역안정을 위한 건설적인 역할에 관해서도 설명하였다. "국제정치는 강대국의 정치"라고 주장하는 강대국출신 국제정치학자들과는 달리, 필자는 국제정치에서 중견국의 역할, 특히 중추적 중견국의 역할은 반드시 재조명되어야 한다고 주장한다. 여기서는 역사적으로 중견국(middle power)이라는 개념이 어떻게 발전되어 왔는지 소개하기로 한다.

1. 아퀴나스, 바르톨루스, 보테로, 마블리

대부분의 중견국과 관련된 기존 연구문헌은 국제사회에서 중견국의 개념이 형성되기 시작한 것을 약 700년 전이라고 소개한다. 홀브라드(Carsten Holbraad)는 약 700년 전부터 20세기까지의 중견국 개념과 관련이 있는 연구를 잘 정리해 놓았다. 여기서는 먼저 홀브라드의 연구를 상세히 소개하여 중견국이라는 개념의 탄생과 관련된 역사를 조망하고자 한다.[1]

홀브라드는 와이트(Martin Wight)의 저술을 인용하여 700여 년 전부터 16세기 말까지의 아퀴나스(Thomas Aquinas), 바르톨루스(Bartolus), 보테로(Giovanni Botero)의 아이디어를 소개한다. 아퀴나스는 국가(state)라는 개념을 세 가지로 나누어 설명한다. 즉 도시(city)와 도시보다는 큰 영토로 이루어진 지방(province), 그리고 왕국(kingdom)으로 구별한다. 아퀴나스가 중견국 개념에 관해 명확히 정의한 바는 없지만 이러한 세 가지 분류를 통해 향후 중견국에 관한 연구를 위한 길을 열어준 것으로 평가한다. 바르톨루스 역시 국가를 세 가지 유형으로 분류한다. 도시국가(city-state)는 모든 시민이 참여하는 직접민주주의체제의 국가를 의미하고, 주요(major)국가는 직접민주주의를 하기에는 영토가 너무 넓어서 귀족정치(aristocracy)에 의해 다스려지는 것이 가장 바람직한 국가라고 하였으며, 베네치아, 피렌체 등을 그 대표적인 예로 지적한다. 최대(maxima)국가는 영토가 너무 넓어서 오직 군주제(monarchy)만이 영토의 통합을 유지한 채 잘 다스릴 수 있는 국가라고 하였으며, 그 예로 로마제국을 든다. 이처럼 바르톨루스는 각 국가의 국제적 역할과는 무관하게 영토의 크기와 헌법의 형태에 따라 국가의 유형을 분류한다.[2]

역사적으로 중견국이라는 단어를 제일 먼저 쓴 사람에 대해서는 더 연구해 볼 필요가 있겠지만, 레이븐힐(John Ravenhill)은 밀라노 대주교를 지낸 보테로가 가장 먼저 사용한 것으로 추정한다. 그러나 보테로는 현재 우리가 중견국이라는 의미로 사용하는 '미들파워'(middle power)라는 단어를 가장 먼저 쓴 학자는 아니다. 홀브라드는 미들파워라는 단어를 가장 먼저 쓴 사람은 제1차 세계대전 직후 베르사이유 평화회의에 참가한 독일대표단 일원인 슈무츠(Smuts) 장군이었다고 지적한다. 슈무즈 장군은 국가의 분류를 강대국(great power), 약소국(minor state), 그리고 중견국(middle power) 세 가지로 나누어서 베르사이유 평화회의 당시 집행위원회에 참가할 국가를 결정하는 방안을 제시한 바 있다.[3]

아퀴나스로부터 상당한 영향을 받은 보테로는 1589년에『국가 이성』에서 군주의 권력은 어떤 형태로든 신하들의 동의에 근거해야 하며, 군주는 주민의 사랑과 존경을 받기 위해 끊임없이 노력해야 한다고 주장한다.[4] 이러한 보테로의 주장은 마키아벨리(Machiavelli)의『군주론』에서의 주장과는 아주 대조적이다. 여기서 보테로는 국가를 절대적 크기가 아닌 이웃 나라와의 상대적 국력의 차원에서 약소국(small state), 중견국(medium state), 강대국(large state)으로 분류한다. 그는 강대국은 주변국에 비해 훨씬 우월한 국력을 보유한 국가인 데 반해, 중견국은 다른 국가의 도움 없이도 자국의 생존을 지킬 수 있는 군사력과 권위를 가진 국가라고 정의한다. 약소국은 스스로 생존할 수 없기 때문에 보호와 도움을 필요로 하는 국가라고 설명한다.

특히 보테로가 약소국이나 강대국에 비해 중견국의 장점에 관해 언급한 것이 눈에 띈다. 즉 중견국은 군사력이 그다지 약하지 않기 때문에 침략을 받을 가능성이 낮고, 특출하지 않기 때문에 주변의 시기와 질투를 받을 이유도 없으며, 군사력과 경제력이 적당하고 영토적 야망이 그다지 없기 때문에 다른 나라를 침공할 가능성도 거의 없다. 그러다 보니 중견국이야말로 가장 오래 지속될 가능성이 높은 국가의 형태라고 설명한다. 보테로는 그리스의 옛 도시국가인 스파르타(Sparta), 아프리카북부 고대도시국가 카르타고(Carthage), 이태리도시국가 베네치아(Venice) 등 중견국들이 주변 강대국들보다 훨씬 오랫동안 군림했다고 지적한다.

보테로의 중견국 개념과 장점 등에 관한 주장은 18세기 중반에 와

서야 비로소 다시 발전된다. 마블리(Abbé de Mably)는 1757년에 『협상의 원칙』을 통해서 강대국과 중견국의 관계, 중견국의 기능과 역할에 관한 일반화를 19세기 이전에 처음 시도한 학자로 평가된다.[5] 마블리는 국가를 일등국가(power of the first order), 이등국가(second order), 삼등국가(third order)의 세 가지로 분류하고, 각각의 국가가 체제 내에서 어떻게 행동해야 할 것인지에 관해서 처방을 내린다.

마블리는 중견국의 역할이나 행위는 당시 존재하는 강대국 간의 관계에 달려 있다고 설명한다. 두 강대국이 서로 전쟁을 하고 있을 때 양국은 모두 주변국의 도움을 필요로 하고, 특히 중견국이 자국을 지원해 참전하기를 원한다. 강대국은 전쟁의 승리를 위해 중견국을 활용한다고 생각하겠지만, 중견국 역시 자국의 입지를 강화할 기회로 활용하는 것이라고 주장한다.

마블리는 두 가지 형태의 중견국을 제시한다. 첫 번째 중견국의 형태로 거의 강대국과 맞먹는 수준의 중견국, 즉, 강대국 사이에서 중재하고 평화를 조장하는 영향력을 행사할 수 있는 수준의 능력을 보유한 국가를 든다. 이러한 중견국은 강대국들이 유럽 국제정치에서 지도적인 역할을 수행할 수 없을 때 강대국을 대신해서 유럽 정치를 이끌 수 있는 능력이 있는 국가이다. 두 번째 중견국의 형태로 자국의 국익을 추구하고 야심을 드러낼 수 있을 정도의 국력을 가진 국가, 그래서 강대국들이 기존 질서를 유지하는 데 합심할 동기를 제공하여 유럽정치에서 분쟁과 긴장을 완화하는 역할을 담당할 수 있는 국가를 제시한다. 19세기 이전에 이미 마블리는 중견국의 기능이 유럽체제의 기존 질서와 평화를 유지하고 조정하는 것이라고 지적한다.

2. 클라우제비츠, 린드너, 가게른

19세기에 들어와서 중견국과 관련된 연구를 한 학자로는 클라우제비츠(Karl von Clausewitz), 린드너(Friedrich Ludwig Lindner), 가게른(Hans Christoph von Gagern)이 눈에 띈다.[6] 물론 이들 이전에 우리에게 친숙한 철학자 루소(J.J. Rousseau) 역시 『사회계약론』과 『에밀』에서 국가를 세 가지로 분류하지만, 중견국에 관해서는 설명이 거의 없다. 강대국과 군주제, 중견국과 귀족정치에 대해 불신하고, 이들에 비해 약소국의 좋은 점을 지적하고 민주주의를 선호했던 루소는 강대국은 좋은 정부형태를 유지하기가 어렵고, 약소국은 독립을 유지하기가 어렵다고 언급할 뿐 중견국에 관한 특별한 언급은 없다.

19세기 초 라이프치히(Leipzig) 대학의 정치학자였던 푈리츠(Karl Heinrich Ludwig Pölitz)는 인구수에 따라 국가를 네 가지로 분류한다. 그는 영토의 크기도 중요하지만 실질적으로 인구수가 정치적 중요성을 결정하는 지표라고 주장하며, 천만 명 이상 국가, 사백만 명 이상 국가, 백만 명 이상 국가, 그 이하 국가로 나눈다.

이들에 비해 클라우제비츠는 1831년에 중견국과 관련된 개념을 상당히 구체적으로 제시한다. 폴란드의 사례를 들면서 중견국은 지리적으로는 강대국 사이에 위치해야 하고, 정치적으로는 주변국, 이웃국가에 우호적이고 믿음직스러워야 하며, 전략적으로는 주변 강대국으로부터 자국을 스스로 지킬 수 있는 정도의 국력을 보유해야 한다고 주장한다. 이와 같이 클라우제비츠는 한 국가의 지리적, 정치적, 전략적 중요성을 중견국의 주요조건으로 제시하고, 강대국이 영토확장을 통해서 영향력을 증대하려고 할 때 이를 막는 요새(barrier) 국가의 역할을 일부분 할 수 있으면 중견국으로 간주된다고 주장한다.

린드너 역시 중견국이 강대국 사이에 위치할 경우 중견국의 기능을 한층 더 잘 발휘할 수 있다고 주장한다. 중견국은 세력균형을 유지하는 데 특별한 이해관계가 있어서 강대국이 경쟁국으로부터 공격을 당할 때 중견국은 공격당하는 편에 서서 세력균형을 유지하려고 하고, 강대국 사이에서 지리적으로, 전략적으로 강대국을 서로 떼어 놓는 역할을 담당한다고 설명한다.

가게른은 중견국의 역할을 더 구체적으로 기능적 차원에서 강조한다. 가게른은 1815년에 시작된 비엔나 회의(Congress of Vienna) 당시 스페인, 네덜란드 등이 강대국의 대우를 받아야 한다고 주장한 인물 중 하나였다. 군사적, 정치적, 역사적, 도덕적 차원 등 모든 면에서 스페인은 대동맹(Grand Alliance)의 일원으로 강대국 대우를 받아야 마땅하며, 오랜 해양세력의 전통과 국제법에 대한 공헌, 프랑스의 세력확장 가능성을 막는 요새와 장벽 역할을 담당하는 지정학적 위치에 있는 네덜란드 역시 강대국의 대우를 받아야 한다고 역설했다. 가게른은 이들 국가들이 유럽의 평화와 질서를 유지하는 데 강대국에 실질적인 도움이 되는 특별한 자질을 갖춘 국가임을 강조한다.

이와 같이 거의 같은 시기에 클라우제비츠, 린드너, 가게른의 공헌은 유럽 정치에서 세력균형을 유지하고 평화와 질서를 제공하는 데 공헌할 수 있는 중견국의 도덕적 역할, 강대국의 세력팽창을 견제할 수 있는 중견국의 요새국가역할을 제시한 데 있다.

3. 국가 등급 매기기

홀브라드에 의하면 19세기에 들어서면서 국가의 등급을 매기는 것이 유럽 외교의 주요사안으로 등장했다. 나폴레옹 전쟁 직후 승리한 대동맹 일원인 강대국 오스트리아, 프러시아, 러시아, 영국이 비엔나 회의를 실질적으로 주도했다. 대동맹과의 전쟁에 패한 프랑스,

나폴레옹과의 전쟁에서 패한 스페인, 그리고 포르투갈과 스웨덴이 8개국 위원회(committee of the eight)에 공식적으로 참여했지만, 실질적인 결정은 대동맹을 주도한 4대 강대국에 의해 이루어졌다. 3년 후 엑스-라-샤펠 회의(Congress of Aix-la-Chapelle)에서는 프랑스가 다시 강대국 대열에 합류하여 5대 강대국이 주요사안을 결정하였고, 스페인, 포르투갈, 스웨덴이 회의에서 배제되었다. 일시적으로 강대국 대우를 받았던 스페인, 포르투갈, 스웨덴, 그 외 네덜란드 등은 비엔나 회의에서 강대국이 독주하는 것에 대해 강한 불만을 표출하였고, 이러한 과정에서 강대국과 강대국 바로 밑의 등급국가인 중견국에 대한 관심이 생겨나기 시작했다.

1815년, 1919년, 1945년은 공통점을 가지고 있는 해이다. 즉 체제 내 거의 모든 국가들이 참전했던 대전쟁이 종결된 해이다. 유럽대륙 전체를 전쟁의 소용돌이로 빠지게 했던 나폴레옹 전쟁을 종결하고 전쟁 이전의 상태로 돌아가기 위해 소집된 비엔나 회의, 제1차 세계대전을 종결하기 위한 파리의 베르사이유 평화회의, 제2차 세계대전을 종식시키기 위한 샌프란시스코 회의가 각각 개최된 해이다.

제1차 세계대전과 제2차 세계대전 직후에도 나폴레옹전쟁 직후처럼 국가의 등급을 매기는 일이 우선적으로 진행되었다. 평화회의에 참가할 국가와 각 국가마다 몇 명의 대표단의 참석을 허용할 것인지를 강대국들이 주로 결정하였다. 전쟁 직후 평화회의에 참가할 수 있는 국가 리스트와 리스트에 포함된 각국의 대표단 수를 결정하는 과정에서 참전 기여도, 국가의 크기, 국력 등이 주요 고려 대상이 되었다.

1919년 파리 강화회의에는 5대 강대국을 포함한 32개국이 참여했다. 미국, 영국, 프랑스, 이태리, 일본은 각각 5명의 대표단을 참가시켰다. 벨기에, 브라질, 세르비아는 각각 3명, 중국, 인도, 체코, 폴란드, 그리스, 포르투갈, 루마니아는 각각 2명, 그 외에 1명이 참가한 몇몇 국가도 있었다. 패전국 독일, 오스트리아-헝가리, 불가리아, 터키는 제외되었고, 당시 정국이 불안정했던 러시아는 불참했다. 벨기에, 브라질 등 소위 중견국을 자처했던 국가들이 대표단 수의 차별에 대해 강력한 불만을 표출했을 때 당시 클레망소(George Clemenceau) 프랑스 총리는 강대국들이 평화회의를 소집했고 그래서 회의에 참가할 국가를 결정하는 것은 당연한 것이라고 반박했다. 항상 그러했듯이 전쟁 종결 직후 개최되는 평화회의 때 강대국들의 단결력은 막강했기 때문에 강대국이 아닌 그 어떤 국가도 강대국들의 단합된 영향력을 극복하지 못했다.[7]

나폴레옹 전쟁 직후 1815년에 개최된 비엔나 회의에서는 전승강대국인 영국, 오스트리아, 러시아, 프러시아가 회의를 주도했다. 패전국 프랑스와 스페인, 포르투갈, 스웨덴도 참석했지만 강대국의 지위를 누리지는 못했다. 3년 뒤 개최된 엑스-라-샤펠 회의에서는 오직 5대 강대국만 참석할 수 있었는데 여기에는 프랑스도 다시 포함되었다. 이러한 강대국회의에 참석이 허용된 국가만이 체제 내에서 강대국의 지위를 인정받게 되는 것이었다.

제1차 세계대전 이후에는 영국, 프랑스, 러시아, 독일, 이태리, 일본이 강대국의 지위를 누렸다. 제2차 세계대전 이후에는 미국, 영국, 프랑스, 러시아, 중국이 국제연합(UN)의 안전보장이사회(Security Council) 상임이사국으로서 거부권을 행사할 수 있는 강대국의 지위를 누렸다.[8] 강대국들은 평화회의를 주도하며, 체제 내에서 강대국과 약소국 등 국가의 등급을 매기는 소위 국제적 승인(recognition) 절차로 평화회의를 활용하기도 했다.

이러한 국가등급의 결정행위는 오직 강대국들의 지위만 확고히 하는 계기가 되었고, 약소국보다는 훨씬 국력이 강하고 전쟁의 승리에 공헌했다고 스스로 자처하는 중견국에게는 항상 불만스러운 것이었다. 전쟁 직후 막강한 단결력을 자랑하는 강대국들의 입장에서는 약소국과 중견국을 구별하는 것은 별 의미가 없었던 것이다.

4. 전통적 중견국 캐나다, 호주

제2차 세계대전 직후에는 캐나다, 호주(Australia), 브라질, 멕시코, 폴란드, 네덜란드, 벨기에 등이 중견국의 목소리를 내었으며, 특히 캐나다와 호주가 중견국의 권리를 강력하게 주장했다. UN을 설립하는 과정에서 킹(Mackenzie King) 캐나다 총리는 특정사안에 관해 공헌할 수 있는 기능적(functional) 기준으로 참가국을 결정해야 함을 역설하였다. 특히 UN 안전보장이사회 비상임이사국을 결정하는 기준으로 강대국들과 함께 세계평화와 체제안정을 위해 공헌하고 UN 에서 책임을 수행한 정도에 따라야 함을 강조하였다. 또한 UN 안전보장이사회의 결정에 의해 군대를 파병할 것을 요청받는 국가들은 안전보장이사회의 결정과정에도 참여할 수 있어야 함을 주장하였다. 그리고 경제적으로 강대국에 버금가는 캐나다와 같은 중견국의 UN 경제사회이사회의 참여도가 더 높아야 함도 역설하였다. 이러한 캐나다의 주장은 중견국이야말로 국제사회 전체의 이익을 위해 자국의 외교력과 군사력을 사용하는 믿을 만한 국가이며 강대국보다는 덜 이기적이고 약소국보다는 더 책임의식이 있는 국가라는 소위 '중견국의 도덕적 우위' 논리에 근거하고 있었다.[9]

당시 캐나다 외교관 롱(Hume Wrong)은 전쟁당시 동맹세력의 일원으로서의 공헌도에 따라 전후 강대국 주도의 국제정치 과정에 참여할 수 있는 정도를 정하는 일종의 기능적 원칙을 주장하였으며, 이를 근거로 킹 총리는 국제문제를 해결하기 위한 정책결정과정에 중견국의 영향력을 무시할 수 없기 때문에 체제 내에서 중견국의 지위를 공식적으로 승인받아야 마땅하다는 "중견국신분"(middlepowerhood)을 주장하기도 했다.[10]

글래이즈브룩(George De T. Glazebrook)은 전후 국제정치 과정에서 강대국의 과도한 주도에 대한 반발로 몇몇 중견국이 연합하는 경향이 있음을 지적했다. 캐나다 외교관 리델(R.G. Riddell)은 중견국을 영토의 크기, 자원, 책임을 감수할 수 있는 능력과 의지, 영향력과 안정성에 있어서 강대국과 거의 비슷한 수준의 국가라고 정의했다. 그러나 리델은 중견국은 자국을 방어할 수 있는 국력이 강대국에 비해 약한데도 불구하고 더 많은 자원과 국제적 지위를 추구하다가 자칫 자국의 안보를 심각한 위험에 빠트릴 수도 있음을 경고하기도 했다. 그런 의미에서 중견국은 약소국 이웃보다 더 취약하고, 강대국 이웃으로부터 자국의 생존을 보호할 능력도 떨어지기 때문에 중견국에게 가장 좋은 보장책은 바로 국제기구임을 역설하기도 했다.[11]

태평양(Pacific)지역 강국으로 자처하는 호주로서는 제2차 세계대전 직후의 평화회의 과정에서 태평양지역문제와 관련된 협의를 위한 회의에도 참여하지 못한 데 대해 불만이 대단했다. 당시 포드(Francis Forde) 호주 부총리는 세계 평화와 체제 안정을 위해 국력, 지리적 위치의 중요성과 더불어 군사력과 전쟁에 참가할 의지를 강조했다. 에밧(H.V. Evatt) 외교부장관은 약소국 참전국도 상당한 군사적 기여를 했기 때문에 평화협상테이블에서 강대국들과 동등한 권한을 부여받아야 함을 역설하고, 국제기구에서의 외교적 대표성은 지리적 영향력에 따르는 지역대표제원칙을 강조했다. 특히 호주는 1947년 강대국의 이해관계에 반하는 남태평양위원회(South Pacific Commission)의 설립을 주도하기도 했다.[12]

그러나 이러한 캐나다와 호주의 입장, 특히 자국의 군사력과 참전의지, 참전공로에 대한 주장은 중남미 등 다른 지역의 중견국들의 지지를 얻지 못했다. 중견국들에게는 공동의 이해관계가 걸려 있는 뚜렷한 주요사안이 없다 보니 서로 지속적으로 협력하기가 쉽지 않았고, 서로를 중견국으로 인정하는 것도 쉽지가 않았다. 게다가 중견국들은 강대국과 약소국들로부터 양쪽에서 공격을 받을 수밖에 없었다.

1815년, 1919년, 1945년 전후로 막강한 단결력을 자랑하는 강대국들은 몇몇 중견국들의 끊임없는 노력에도 불구하고 중견국이라는 분류를 국제적으로 승인해 주거나 제도적 차원에서 그 지위를 확보하도록 인정해 주는 데 반대했다. 강대국들과 마찬가지로 약소국들 역시 중견국과 약소국을 구별하여 국가등급을 매기는 것을 지지할 하등의 이유가 없었다. 약소국의 입장에서는 강대국, 중견국, 약소국이라는 세 가지 분류보다는 차라리 극소수의 강대국 이외의 모든 국가는 약소국이라는 이분법적 분류를 당연히 선호했다.

1940년대 에밧 호주 외교부장관 시기, 1940년 말부터 1950년 말경까지 피어슨(Lester Pearson) 캐나다 외교부장관 시기 동안에 호주와 캐나다는 중견국이라는 특별한 지위를 국제사회에서 인정받기 위해 강력히 주장하였지만 별로 성공적이지 못했다. 어쨌든 캐나다와 호주 정부는 그 때부터 체제 내에서 중견국의 역할을 스스로 담당하기 시작했다. 그와 더불어 양국출신 학자들의 중견국에 대한 학문적 관심도 생겨나기 시작했다.[13]

5. 1960년대 이후 중견국 개념

중견국에 관한 당대의 관심은 1960년대부터 고조되었다. UN에서 중견국이라는 특별한 지위가 인정되지는 않았지만, 중견국의 독자적 분류를 위한 믿을 만한 지표를 찾는 노력은 지속되었다. 특히 냉전시기 중에 '쿠바 미사일 위기'(Cuban Missile Crisis)의 해소로 인한 미국과 소련 간의 데탕트 분위기가 조성되었을 때, 그리고 드골(de Gaulle) 프랑스 대통령 주도 하에 프랑스가 북대서양조약기구(NATO)로부터 독립을 선언했을 때, 또한 공산 진영의 양대 산맥인 소련과 중국이 상호 간에 국경분쟁에 휘말렸을 때, 체제 내에서 중견국들의 역할이 증대되고 외교적 지평이 넓어진 것이 사실이었다.[14]

이러한 분위기를 타고 1960년대부터 1970년대 동안에 중견국 분류와 관련하여 몇몇 강대국 출신 학자들도 관심을 표명하기는 했지만, 캐나다나 호주 출신 학자들처럼 그렇게 열정적이지는 않았다. 1970년에 캔토리·슈피겔(Louis Cantori and Steven Spiegel)은 국가를 일류국가(primary), 이류국가(secondary), 중견국(middle), 약소국(minor)으로 분류하고, 일류국가에 미국과 소련을, 이류국가에 영국, 프랑스, 서독, 일본, 중국을 포함시킨다. 중견국은 자국이 속해 있는 지역체제 이외에는 속국이나 식민지에서만 아주 제한적인 역할밖에 맡을 수 없는 그런 국력을 보유한 국가라고 정의한다. 특정 지역국가로서 속국이나 식민지, 지역체제 내의 국제정치에 전혀 영향력이 없는 미세국가(micro-state) 등을 제외한 국가들 중 이류국가보다 국력이 약한 국가를 중견국으로 지칭한다. 캔토리·슈피겔에 의하면, 동아시아지역에서는 중국과 일본이 이류국가이고, 한국, 북한, 대만이 중견국 카테고리에 포함된다. 1970년대 중반에 하스(Michael Haas)는 국제체제 전반에 걸친 이해관계를 표출하는지에 따라 강대국(major), 중견국(middle), 약소국(minor)으로 구분한다. 중견국과 약소국은 오직 지역체제 내에서 일어나는 일에만 관심을 가지며, 중견국은 지역 내에서 두드러진 영향력을 가진 국가로서 종종 강대국들의 동맹파트너가 되기도 하지만, 그렇다고 해서 지역체제를 대표하는 지역강대국은 아니라고 지적한다. 1960년대 중반에 버튼(John Burton)은 핵산업 및 핵무기제조능력의 보유 유무에 따라 중견국을 정의한 바 있고, 1960년대 말 스나이더(William Sneider)는 1970년대에서 1980년대 사이 5년에서 15년에 걸쳐 200억 달러 정도를 투자하여 핵능력을 개발할 수 있는 국가를 중견국으로 간주하기도 한다.[15]

그 당시 강대국 출신 학자 중 중견국의 개념에 대해 상대적으로 상세히 설명한 학자는 오르갠스키(Kenneth Organski)라고 할 수 있다. 오르갠스키는 1958년에 출간한 『세계정치』에서 국제체제를 피라미드 모형의 위계체제로 간주하고, 피라미드의 제일 위에 지배국(dominant power), 바로 그 밑에 강대국(major power), 그 다음에 중견국(middle power), 피라미드의 제일 밑에 약소국과 식민지들이 존재한다고 설명한다.[16]

지배국가는 체제 내 타국에 대한 영향력을 행사할 수 있는 능력이 막강할 뿐 아니라 기존 국제체제 내에서 가장 큰 이득을 얻는 국가이다. 지배국은 기존 체제의 확립을 주도하였기 때문에 기존 질서에 가장 만족한 국가이다.

그 다음으로 강한 국력을 보유한 국가가 바로 강대국이다. 강대국은 기존 질서로부터 지배국보다는 상대적으로 작은 이득을 얻지만 나름대로 상당한 이득을 추구할 수 있다. 게다가 지배국이 기존 질서를 안전하게 유지 및 관리하기 위해서는 몇몇 강대국의 지원을 필요로 하기 때문에 기존 질서에 만족하는 강대국은 지배국과 더불어 체제안정을 주도하며 기득권을 누리게 된다. 물론 강대국 중에는 기존 질서에 불만을 가진 국가도 있다. 불만족한 강대국은 기존 질서를 유지하는 것보다 현상타파를 통해서 더 많은 국익을 챙길 수 있을 것으로 판단하는 국가이며, 체제 내 지배국에 대한 도전세력으로 성장할 가능성이 있다.

지배국과 강대국 다음으로 오르갠스키는 중견국과 약소국을 구분하여 설명한다. 국력 차원에서 약소국과는 다르게, 중견국들은 대부분 기존 질서에 만족하는 국가들로서 지배국 주도의 기존 질서에 순응하는 국가들이다. 일부 중견국들은 기존 질서가 이미 확립된 후 최근에야 중견국 반열에 오른 국가들로서 현상타파를 추구하는 강대국 도전세력과 동맹을 맺는 것이 더 유리하다고 판단하는 불만족 국가일수도 있다. 중견국은 단독으로는 체제 안정을 해칠 수 있는 능력은 보유하고 있지 않지만, 불만족한 강대국 도전세력과 연합하여 집단적으로는 기존 질서를 위협할 수는 있는 정도의 국력을 보유한 국가이다. 즉 강대국처럼 국제체제에서 정치적, 군사적 이해관계를 추구할 수 있는 군사투사력을 가지고 있지는 않지만, 지역차원의 이해관계를 위해 동원할 수 있는 국력을 보유하고 있거나 지정학적으로 중요한 위치에 있는 국가이다. 이와 같이 오르갠스키는 자신의 세력전이이론적 틀 속에서 중견국에 대해서 상당히 구체적으로 정의한다.

1990년대로 들어서면서 몇몇 중견국들은 국제정치에서 더욱 적극적으로 행동하고 특정 글로벌이슈들에서 주도권의 행사를 시도해 왔다. 1950년대 및 1960년대에는 국제체제 내 주요사안이 국가안보와 군사문제와 같은 상위정치(high politics)와 관련된 이슈 중심이었고, 중견국은 초강대국의 '제1 동행자'로서 국제체제의 규범과 질서를 옹호하는 역할을 담당해 왔다. 그 반면 1980년대 및 1990년대에는 경제, 환경, 인권, 질병 등과 같은 하위정치(low politics) 이슈들이 부각되었고, 이러한 주요이슈의 변화는 국가이익에 대한 인식의 변화를 초래했다. 강대국들도 새로이 부각하는 국제적 이슈들을 논의하고 해결방안을 모색하는 과정에서 강대국이 아닌 중견국과 약소국들의 협력의 필요성을 느끼기 시작했다. 특히 중견국에 있어서 경제 주권은 전통적 주권만큼 중요한 것이 되었다. 이런 상황에서 국내정치와 외교정책은 서로 맞물리게 되었고, 호주와 캐나다를 포함한 많은 중견국들은 섬유산업, 농산물 수출 등을 통한 경제적 이익 추구에 민감해졌다.[17]

이러한 시기에 당시 에반스(Gareth Evans) 호주 외교부장관은 중견국의 본질 및 역할과 관련하여 학문적 연구를 활성화시키기에 충분한 주장을 펼쳤다. 1991년 에반스는 『호주의 외교관계』를 그랜트(Bruce Grant)와 공저로 출간하면서 호주의 중견국 외교의 특징을 구체적으로 제시했다.[18] 호주 노동당의 전통과 역사를 바탕으로 중견국 외교의 개념을 탈냉전 이후 호주외교정책의 핵심개념으로 만드는 작업을 한 것이다. 에반스는 중견국 외교의 특징적 외교 수단은 '뜻을 같이하는'(like-minded) 국가들 간의 연합형성이며, 자국이 보유한 한정된 자원을 모든 분야에 다 투자하기 보다는 특화된 분야에 집중적으로 투입해서 소기의 성과를 내는 "특화외교"(niche diplomacy)를 추진해야 한다고 역설했다.

에반스는 1980년대 말부터 1990년대 초 당시 진행 중이던 우루과이 라운드(Urguay Round) 회의에서 케언즈 그룹(Cairns Group)이라는 연합을 형성하여 농산물 수출관련 문제로 강대국들에 대해 농산물 수출 자유화를 강력히 주장하는 데 호주의 주도적인 역할을 직접 진두지휘했다. 그 무렵 호크(Bob Hawke) 총리가 아시아·태평양 경제공동체(APEC)의 설립을 주도할 때에도 에반스 장관이 적극 관여했다. 호주의 중견국 외교의 절정기를 만들어 낸 에반스 장관의 중견국과 관련된 개념의 정의는 그 이후 많은 호주학자들로 하여금 중견국 관련 연구를 활성화하는 계기를 마련했다.[19]

에반스 호주 외교부장관 이후, 캐나다에서는 당시 엑스워시(Lloyd Axworthy) 외교부장관이 캐나다의 중견국 외교를 주창하기 시작했다. 1947년부터 1957년까지 피어슨(Lester Pearson) 장관 시기 이후, 1996년부터 2000년까지 엑스워시가 주도하는 캐나다 외교가 국제무대에서 다시 두각을 나타내기 시작했다. 엑스워시는 냉전종식이 국제정치의 본질을 근본적으로 바꾸었기 때문에 이제 캐나다의 안보목표는 국가안보가 아니라 인간안보(human security)에 초점을 맞추어야 한다고 역설했다. 또한 군사력은 국제정치에서 그 효용성이 줄어들고 있으며, 그 대신 소프트 파워(soft power)의 중요성이 증가하고 있음을 강조했다. 게다가 인터넷시대에 공공외교(public diplomacy)의 중요성도 급증하고 있음을 지적했다. 이러한 변화 속에서 새로운 규범을 만들어서 국제질서를 재조정하는 과정에서 캐나다는 소형무기, 아동 권리, 인권, 평화구축과 평화유지 등의 이슈에 우선적으로 집중해야 함을 역설했다. 이를 위해서 캐나다는 NGO를 포함하여 다른 나라들과 자발적 연합(coalition of the willing)을 주도해야 함을 강조했다. 그는 캐나다 역시 특정이슈에 있어서 "주도하지 않을 수 없다"(bound to lead)고 역설하며, 평화구축 및 평화유지활동, 대인지뢰금지 이슈 등에서 캐나다가 리더십을 발휘하는 데 일조했다.

이러한 엑스워시의 외교적 노력에 대해 몇몇 학자들은 캐나다가 평화구축과 평화유지 활동, 대인지뢰금지, 인권, 아동학대보호 등의 이슈에서 주도적인 역할을 성공적으로 수행하기 위해서는 이 분야에서 신뢰를 쌓아야 하고, 무엇보다 정부가 필요한 곳에 예산을 더 많이 배정해야 한다고 비판했다. 이러한 예산의 뒷받침이 없을 경우 '엑스워시 독트린'은 단지 "설교외교"(pulpit diplomacy)에 지나지 않을 것이라고 꼬집었다. 어쨌든 간에 이러한 캐나다 정부의 외교적 노력과 더불어 1990년대 말부터 캐나다에서도 많은 국제정치학자들이 중견국 외교에 관심을 표명하기 시작했다.[20]

호주, 캐나다출신 학자들 이외에도 상당수의 학자들이 중견국과 관련된 연구를 진행해 왔다. 특히 눈에 띄는 학자들은 스칸디나비아 국가, 남아프리카 공화국, 터키, 싱가포르 출신의 학자들이다. 필자 역시 오래전부터 대한민국의 중견국 외교역량 강화의 필요성을 역설해 왔다. 1998년에 출간한 『신한국책략』에서 대한민국의 '중추적 동반자' 역할과 이를 위한 역량강화를 강조했다. 당시 주장한 중추적 동반자는 앞에서 언급한 중추적 중견국과 일맥상통한다. 2008년부터는 주 호주 특명전권대사로 부임한 이래 한·호 중견국 협력외교에 전념했다. 호주전역의 대학 및 연구소에서 수차례에 걸쳐 21세기 한국의 중견국 외교, 한국과 호주의 중견국 외교 협력 등의 주제로 강연을 하면서 대한민국의 중견국 외교와 관련된 필자의 생각을 피력하기도 했고, 연방의회의 외교·국방위원회에서 중견국 외교에 대한 한국정부의 입장을 브리핑하기도 했다. 2012년 초에는 『신한 국책략 III: 대한민국 중견국 외교』를 출간하였으며, 2012년 3월부터 는 한국국제교류재단(Korea Foundation)을 이끌며 한국의 소프트 파 워와 공공외교 역량강화 사업 등을 추진했다.[21] 이 무렵 국내 학계에 서도 상당수의 학자들이 중견국 외교에 관심을 가지고 연구활동을 시작했다. 현재 우리나라 학자들의 중견국 외교와 관련된 연구의 기 여도는 급속도로 높아지고 있다.

사실 어떤 국가든 간에 국제사회에서 우월한 지위를 누리기를 원 하는 것은 자명한 이치다. 그러나 강대국의 반열에 포함되는 국가들 은 20세기까지는 시대를 막론하고 그 숫자가 대략 5개국 정도였다. 16세기 종교개혁 이전의 이태리국가체제에서도 강대국은 로마, 베 네치아, 밀라노, 나폴리, 피렌체 5개 국가였다. 18세기, 19세기의 대 부분의 시기도 5대 강대국이 유럽정치를 주도했다. 1815년 비엔나 회의 이후에 강대국은 영국, 오스트리아, 러시아, 프러시아, 프랑스 였다. 제1차 세계대전 이후와 마찬가지로 제2차 세계대전 이후에도 5대 강대국이 주도했다. UN이 설립된 이후에는 UN 안전보장이사회 상임이사국으로 거부권을 행사하는 5개국이 명실상부한 강대국으 로 인정받았다.

이분법적으로 볼 때 강대국 이외의 국가들은 모두 약소국들이라 고 할 수 있다. 그러나 많은 약소국들이 국제체제에서 그보다 나은 지위를 얻거나 대우를 받기를 원했다. 위에서 살펴본 바와 같이 대 개 중견국임을 자처하는 국가들의 지식인, 정치인, 학자들이 스스로 자국이 중견국임을 주장하거나 역설하는 경우가 흔하다. 그러나 국 제체제에는 나름대로 공식적인 승인 절차가 있다. 이러한 승인 절차 를 거쳐야만 명실상부하게 강대국이나 중견국의 지위를 확보했다고 할 수 있을 것이다.[22]

주 /

1 본 장에서는 홀브라드(Carsten Holbraad)의 내용을 발췌하여 재정리하면서 중
  견국 개념의 탄생과 연관이 있는 역사를 소개한다. Carsten Holbraad, *Middle
  Powers in International Politics* (New York: St. Martin's Press, 1984), pp.10-
  44.

2 Holbraad, pp.10-11; Martin Wight, *Power Politics* (eds.) Hedley Bull and
  Carsten Holbraad (Penguin and Leicester University Press, 1978), pp.295-301,
  Holbraad, p.10에서 재인용.

3 John Ravenhill, "Cycles of Middle Power Activism: Constraint and Choice in
  Australian and Canadian Foreign Policies," *Australian Journal of International
  Affairs*, vol.52, no.3, 1998, pp.309-327; Holbraad, pp.48-49.

4 Holbraad, p.12; http://en.wikipedia.org/wiki/Giovanni_Botero

5 Holbraad, pp.13-16.

6 Holbraad, pp.16-43.

7 Holbraad, pp.45-49.

8 소련(Soviet Union)이 상임이사국이었다가 1991년 12월 소련(소비에트 연방)의
  붕괴후 러시아가 그 지위를 얻었고, 중국의 경우 국민당 주도의 중화민국(대만)
  이 1971년 10월 25일 UN 결의안 2758호에 의해 UN에서 퇴출되기 전까지 상임
  이사국이었다가 그 이후 중화인민공화국, 즉 중국이 그 지위를 계승했다.

9 Holbraad, pp.56-59.

10 Adam Chapnick, "The Middle Power," *Canadian Foreign Policy*, vol.7, no.2,
   1999, pp.73-82; Denis Stairs, "Of Medium Powers and Middling Roles," in
   Ken Booth, ed. *Statecraft and Security* (Cambridge: Cambridge University
   Press, 1988), pp.270-286.

11 Holbraad, pp.68-69.

12 Carl Ungerer, "The 'Middle Power' Concept in Australian Foreign Policy," *Australian Journal of Politics and History*, vol.53, no.4, 2007, pp.540-541.

13 Ungerer, pp.541-542.

14 Holbraad, pp.70-71.

15 Holbraad, pp.73-74; Louis J. Cantori and Steven L. Spiegel, *The International Politics of Regions: A Comparative Approach* (Englewood Cliffs: Prentice-Hall, 1970).

16 A.F.K. Organski, *World Politics* (New York: Alfred A. Knopf, 1958), pp.364-370; Woosang Kim, "Korea as a Middle Power in the Northeast Asian Security Environment," in John Ikenberry and Chung-in Moon, eds. *The United States and Northeast Asia: Old Issues, New Thinking* (Lanham: Rowman & Littlefield Publishers, 2008), pp.126-127; David A. Cooper, "Challenging Contemporary Notions of Middle Power Influence: Implications of the Proliferation Security Initiative for Middle Power Theory," *Foreign Policy Analysis*, vol.7, 2011, p.319.

17 Cooper et al., pp.19-22.

18 Gareth Evans and Bruce Grant, *Australia's Foreign Relations in the World of the 1990s* (Melbourne: Melbourne University Press, 1991).

19 Ungerer, pp.547-548; Cooper et al., pp.25-26.

20 Fen Osler Hampson and Dean F. Oliver, "Pulpit Diplomacy: A Critical Assessment of the Axworthy Doctrine," *International Journal*, vol.53, no.3, 1998, pp.380-388; Adam Chapnick, "The Middle Power," *Canadian Foreign Policy*, vol.7, no.2, 1999, pp.73-82.

21 Cooper, pp.319-320; 김우상, 『신한국책략』(서울: 나남출판, 1998); W. Kim

(2007); 김우상, 『신한국책략III: 대한민국 중견국 외교』(서울: 세창출판사, 2012); Woosang Kim, "Korea's Middle Power Foreign Policy in the 21st Century," a manuscript lectured at the Australian National University, 2008. 9.30; Woosang Kim, "Korea's Middle Power Diplomacy and the Korea-U.S. Alliance," a manuscript lectured at Harvard University, 2012.11.15; 2013년 4월 19일에는 한국국제정치학회와 한국국제교류재단 공동주최로 국제학술회의, "21세기 국제정치에서 중견국의 역할"을 개최하여 히곳(Richard Higgot)을 포함한 저명한 중견국 관련 국제정치학자들과 한국학자들 간에 한국의 중견국 외교와 관련된 주제를 심도 있게 논의한 바 있다.

22 Holbraad, pp.177-179.

중견국 외교론

제3장

700여 년 전부터 최근까지 유럽의 학자, 정치가, 외교관들이 중견국의 개념 및 역할과 관련해서 몇 가지 공통적으로 지적한 바가 있다. 예를 들면 18세기 중반 마블리(Abbé de Mably)는 중견국의 역할로 유럽체제의 기존 질서와 평화를 유지하고 조장하는 것을 지적했다. 19세기 초반 클라우제비츠(Karl von Clausewitz)는 지리적, 전략적 요인으로 강대국들 사이에 위치하고 이웃 강대국으로부터 자국을 스스로 지킬 수 있는 정도의 국력을 보유하는 것을 중견국의 자격으로 언급했다. 린드너(Friedrich Ludwig Lindner) 역시 강대국들의 사이에 위치하여 지리적으로, 전략적으로 경쟁관계에 있는 강대국들의 세력균형을 유지하는 데 도움이 되는 역할을 제시했다. 가게른(Hans Christoph von Gagern)은 마블리와 마찬가지로 중견국의 역할을 기능적 차원에서 구체적으로 설명했다. 즉 중견국은 유럽의 평화와 안정을 유지하는 데 강대국에 도움이 되는 특별한 기능을 수행할 수 있는 국가로 간주했다. 이는 20세기 중반 캐나다 외교관 룽(Hume Wrong)이 중견국의 기능적 역할로 전쟁 당시 동맹세력의 일원으로 참전한 공헌도를 강조한 것과 일맥상통한다.

또한 캐나다 외교관 리델(R.G. Riddell)이 영토 및 자원의 크기, 책임을 감수할 수 있는 능력과 의지, 영향력 등을 중견국의 조건으로 제시했고, 캐나다 출신 학자 글래이즈브룩(George De T. Glazebrook)은 중견국의 특징으로 연합형성을 지적했다. 호주의 정치인 포드(Francis Forde), 에밧(H.V. Evatt) 역시 체제의 평화와 안정을 위해 군사력 및 지리적 위치의 중요성과 참전의지를 강조했다.

위의 논의들을 정리해보면 먼저 중견국의 개념을 정의하는 데 있어서 전통적으로 국가의 크기와 국력, 지리적 위치로 인한 영향력과 관련된 요소들의 중요성, 그리고 중견국의 기능적 역할로서 체제 내 평화와 안정의 유지를 위해 특정한 역할을 담당할 수 있는 능력과 의지의 중요성을 엿볼 수 있다.

기존의 중견국과 관련된 연구문헌은 제2차 세계대전 종결을 전후하여 대표적인 국제기구인 국제연합(United Nations: UN)을 설립하는 과정에서 캐나다, 호주와 같은 국가들이 강대국들의 '제1 동행자'(first follower) 역할을 담당하며 강대국에 버금가는 대우와 지위를 요구한 것에 관해 언급한다. 캐나다와 호주는 비록 강대국의 지위는 아니더라도 약소국과는 차별적인 특별한 중견국의 지위를 국제법이나 국제기구를 통해서 인정받기를 원했다. 그러나 당시에 중견국에 관해 정치인, 외교관, 학자들 사이에서 합의되거나 정립된 개념도 없었고, 그러다 보니 중견국들 간에도 서로 합의된 중견국 리스트조차 없었다. 이러한 현실을 대변하듯 최근까지도 중견국에 관한 연구들은 주로 자신의 출신 국가를 중견국이라고 주장하는 학자들에 의해 주로 주도되어 왔다고 해도 과언이 아니다. 즉 대부분의 중견국과 관련된 연구를 하는 학자들은 호주나 캐나다 출신이었다.[1]

1. 홀브라드의 중견국 외교

1980년대 들어서 중견국의 개념에 관한 가장 심도 있는 선행 연구를 한 학자는 아마도 홀브라드(Carsten Holbraad)일 것이다. 캐나다 출신 학자인 홀브라드는 1984년 『중견국 국제정치』에서 국력의 수준에 따른 중견국 개념, 그리고 국제체제 구조의 변화와 중견국의 특징적 행태에 관해 설명한다.[2] 물론 그는 당대의 국제법이 중견국에 어떤 특별한 지위도 부여하지 않았기 때문에 중견국이라는 개념을 정의하거나 중견국에 특별한 정체성을 부여하기가 쉽지 않다고 설명한다. 그는 중간 크기의 국가들이 제각기 여러 측면에서 이질적인 국가들의 집합이라서 이러한 국가들의 행태에 관해 공통점을 찾거나 일반화하기란 쉽지가 않고, 그래서 중견국과 관련된 개념이 정립되기도 쉽지 않다고 지적한다.

그럼에도 불구하고 홀브라드는 자신의 연구에서 국제적 위계체제에서 국력의 위치에 따른 중견국 개념을 정립하여 국력의 크기를 바탕으로 국가의 등급을 매기는 과정에서 중견국의 리스트를 도출해 낸다. 그는 국민총생산(Gross National Product, GNP)과 인구수로 국력을 측정하여 1975년 기준으로 일본, 서독(West Germany), 중국, 프랑스, 영국, 캐나다, 이태리, 브라질, 스페인, 폴란드, 인도, 호주, 멕시코, 이란, 아르헨티나, 남아프리카공화국, 인도네시아, 나이지리아를 중견국 리스트에 포함시킨다.

홀브라드는 국제체제가 세계대전 직후인지, 패권체제, 양극체제, 다극체제인지에 따라, 또는 냉전체제인지 긴장완화 시기인지에 따라 중견국의 행태도 변하는 경향이 있다고 주장한다. 즉 양극체제에서 초강대국 간의 관계가 애매할 때 중견국의 역할이 더 커진다는 것이다. 두 초강대국이 첨예하게 대립하고 있는 상태일 때나 적극적으로 협력하는 상태일 경우, 중견국은 제1의 동행자로서 한쪽 초강대국의 동맹 역할을 수행하거나 초강대국의 대리인이 될 가능성이 높고, 그래서 중견국의 독자적 역할은 기대하기 어렵다고 지적한다. 이에 반해 냉전체제 하에서 데탕트 분위기가 조성되는 경쟁과 협력의 애매한 상황에서는 중견국의 역할 범위가 넓어진다고 주장한다.

양극체제와 마찬가지로 다극체제에서도 강대국 간 분쟁과 협력이 뒤섞여 있을 때 중견국의 역할이 증대될 가능성이 높다고 설명한다. 중견국은 강대국들 사이에서 세력균형 역할을 담당하며 양쪽 세력으로부터 이득을 취하는 것이 이론적으로 가능해 보이지만 실질적으로는 그런 경우가 드물다고 지적한다. 홀브라드는 1815년, 1919년, 1945년으로 대표되는 세계대전 직후 강대국들의 상호협력이 가장 돈독했던 시기에 중견국이 가장 불리했던 반면, 강대국들 간의 적당한 수준의 경쟁과 제한적인 협력이 공존했던 시기에 중견국이 외교적 역할을 수행할 공간이 가장 넓었다고 주장한다.

2. 쿠퍼 · 히곳 · 노설의 중견국 외교

쿠퍼 · 히곳 · 노설(Andrew Cooper, Richard Higgott, and Kim Nossal)은 중견국 개념을 네 가지 접근으로 분류해서 체계적으로 잘 설명한다. 먼저, 홀브라드의 방법처럼 국제적 위계체제에서의 위치에 따라 중견국을 정의한다. 즉 영토의 크기, 인구수, 경제력, 군사력 등 계량화된 지표를 사용할 수 있는 것을 바탕으로 강대국과 비교하는 접근 방법이다. 두 번째로, 지리적으로 강대국들 사이에 위치할 경우 중견국으로 정의하는 방법을 제시한다. 세 번째로, 국제체제의 평화와 안정을 유지하는 데 기여하고, 다양한 글로벌 이슈에서 인도주의적, 도덕적 역할을 수행하는 국가들을 규범적 차원에서 중견국으로 정의한다. 그러나 쿠퍼 · 히곳 · 노설은 중견국 개념을 정의하는 데 있어서 위의 세 가지 접근보다 네 번째의 행태적 접근을 강조한다. 이들은 국가의 규범적 입장보다 국제정치 참여 행태에 더욱 관심을 둔다. 국제적 문제를 해결하는 데 있어서 다자주의적 해결을 추구하고, 국제분쟁을 타협적으로 해결하려고 하고, '선량한 국제시민'(good international citizenship)의 역할을 담당하는 경향이 있는 국가를 중견국으로 분류한다.[3]

도덕적이고 선량한 행위, 선량한 국제시민이라는 믿음은 쉽게 왜곡될 수 있는 애매모호한 개념이다. 캐나다, 호주 등과 같이 스스로 중견국을 자처하며 선량한 국제시민의 역할을 담당해 온 국가들이 항상 완벽하게 국제사회를 위해 선량하고 책임 있는 행위만을 해 왔다고 자부하기는 쉽지 않다. 또한 어떤 중견국이든 국익에 도움이 되고 국내정치적 지지를 얻을 수 있다고 판단되는 이슈를 논의하는 다자체제에는 적극적으로 관여하기가 수월하다. 그렇지 않고 국내정치적 압력이나 반발이 있는 이슈에 있어서는 다자체제에서의 공동번영을 위한 중견국 리더십 역할을 짊어지기가 쉽지 않을 것이다. 그래서 중견국의 역할이란 정해져 있는 보편적인 것이 아니라 국제사회의 변화에 따라 지속적으로 재고된다고 콕스(Robert Cox)와 같은 구성주의자는 설명한다. 많은 학자들이 전통적으로 중견국은 체제 내 질서를 유지하는 역할을 담당한다고 했지만, 콕스는 중견국을 변화하는 국제질서 속에서 자국의 국익을 추구하는 데 유리한 환경을 조성하려고 노력하는 국가라고 설명한다.[4]

채프닉(Adam Chapnick)은 위계적, 기능적, 행태적 모델 세 가지를 제시한다.[5] 먼저, 위계적 모델로, 홀브라드, 쿠퍼·히곳·노설과 마찬가지로 인구수, 계량화된 경제력으로서의 GNP 등을 활용하여 강대국과의 상대적 국력차원에서 중견국을 정의한다. 두 번째 기능적 모델에 의하면, 중견국은 국제정치의 특정사안에 대해 영향력을 행사할 수 있는 기술적 능력을 갖춘 국가를 의미한다. 중견국의 이러한 개념 정의와 비교해, 강대국은 어떤 사안에 대해서도 막강한 영향력을 행사할 수 있는 국가인 반면, 약소국은 어떤 이슈에 있어서도 실질적인 영향력을 행사할 수 없는 국가들이다. 위에서 설명한 쿠퍼·히콧·노설의 지리적 접근과 규범적 접근은 채프닉의 기능적 모델로 설명이 가능하다. 다시 말해 강대국들 사이에 지리적으로 위치하여 강대국들 간의 세력균형을 유지하는 데 도움을 주는 중견국의 기능적 역할에 초점을 맞출 경우 지리적 위치도 기능적 모델에 포함될 수 있을 것이다. 또한 국제평화와 안정을 유지하는 데 일조하는 중견국의 기능적 역할에 초점을 맞출 경우, 기존 국제질서와 국제법을 존중하는 규범적 접근도 기능적 모델로 설명이 가능하다. 세 번째로 채프닉이 제시하는 행태적 모델은 쿠퍼·히콧·노설의 행태적 접근과 같다. 즉, 다자주의에 적극 참여하고, 국제분쟁의 타협적 해결을 추구하고, 선량한 국제시민의 행태를 보이는 특징을 지적한다.

쿠퍼·히콧·노설은 특히 중견국의 행태적 분류를 강조한다. 이들은 중견국이 특정이슈에서 주도권을 쥐고 리더십을 발휘하기 위해서 설득력, 연합형성, 간접적 접근방법과 같은 외교술과 영(Oran Young)이 제시한 기업가적 재능(entrepreneurial flair)과 기술적 능력(technical competence)을 필요로 한다고 지적한다. 이러한 기업가적 재능과 기술적 능력은 특화된 이슈에서 서로 공감대를 형성하여 협력을 유도하는 데 활용될 뿐 아니라 중견국의 세 가지 단계별 역할을 용이하게 하는 데 필요한 재능과 역량이라고 설명한다.[6]

첫째, 특화된 이슈에서 주도적인 역할을 하기 위해 지적(intellectual), 정치적 역량을 제공하고 '뜻을 같이하는'(like-minded) 국가들을 이끌어 나가는 촉매(catalyst)역할을 잘 해낼 수 있는 재능과 능력을 갖추어야 한다는 것이다. 특정이슈에 관한 광범위한 관심을 유발하기 위해 국제회의, 다자간 포럼, 특별 이벤트 등을 기획하고 주관하는 행위, 고위관료의 세계 주요언론매체에 기고행위 및 타국의 고위관료들과의 접촉 및 소통행위 등이 촉매역할에 포함된다.

둘째 단계로, 특화된 이슈에서 구체적 의제를 정하고 연합형성을 더욱 공고히 하는 촉진자(facilitator)역할을 잘할 수 있는 재능과 능력을 필요로 한다는 것이다. 이러한 촉진자역할에는 공식적인 다자회의를 기획, 준비, 주관할 뿐 아니라 회의 결과로 공동성명의 초안을 작성하고, 다음 번 모임에 대한 구상과 제안을 도맡아 하는 행위도 포함된다.

셋째 단계로, 다자기구를 설립하거나 국제레짐을 만들고 관련 사무국을 운영하는 데 적극 관여하는 관리인(manager)역할을 잘 할 수 있는 역량도 필요하다는 것이다. 이 외에도 다자체제의 관리인으로서 분쟁의 소지가 있는 문제들을 평화적으로 해결하기 위해 신뢰구축방안을 개발하고, 셔틀외교(shuttle diplomacy), 비공식 포럼 등을 주도하며, 비정치적이고 실질적인 방안을 제안하는 역할도 잘할 수 있어야 한다는 것이다.

쿠퍼·히곳·노설은 중견국이 특화된 이슈분야에서 주도권을 쥘 수 있기 위해서는 관료사회의 기술적 전문성이 필요함을 역설한다. 중견국이 가장 효율적인 기업가적, 기술적 외교를 펼치기 위해서는 현실을 그때그때 반영한 관료사회의 재정비를 끊임없이 추진해야 한다고 주장한다. 벨기에, 덴마크, 핀란드, 네덜란드, 노르웨이, 스웨덴과 같은 유럽의 국가들은 19세기에 이미 현실에 맞는 융합된 외교부의 필요성을 절감하고 통상부와 외교부 간의 융합을 추진한 바 있는데, 캐나다, 호주와 같은 중견국은 20세기 후반에 와서야 관료주의의 재정비를 시도했다고 지적한다. 호주의 경우 무역정책과 관련된 국제적 협상의 중요성이 부각됨에 따라 통상부의 다자무역협상 관련 업무를 외교부에 이관하고, 고위공무원급에서 부처 간의 협조를 강화하고, 외교통상 관련 대학원을 개설하는 등 관료주의 재정비를 통해 특화외교를 적극 추진하기 위해 노력한 바 있다고 설명한다.[7]

3. 레이븐힐의 중견국 외교

　레이븐힐(John Ravenhill)은 쿠퍼·히곳·노설의 행태적 접근과 제2장에서 설명한 에반스(Gareth Evans)의 특화외교(niche diplomacy) 개념 등을 바탕으로 중견국 지위에 관한 정의(definition)를 5개의 C자로 시작하는 단어로 요약한다.[8] 즉, 역량(capacity), 집중(concentration), 창의력(creativity), 연합형성(coalition-building), 신뢰(credibility)로 요약한다.

　여기서 역량은 군사력보다는 외교력에 더 무게를 둔다. 해외공관의 수, 외교관의 소통 및 정보수집능력 등을 포함하는 외교부의 특성, 인력 및 예산규모, 그리고 외교관의 자질과 열정 등을 의미한다. 둘째, 집중은 국제체제 내 대다수의 이슈들에 대해 동시다발적으로 다 동원할 수는 없지만, 적어도 특정이슈에 집중적으로 동원할 수 있는 외교력이 강대국의 수준에 달하는 정도를 의미한다. 그래서 에반스 호주 외교장관이 주창한 특화외교를 추진할 수 있는 것을 의미한다.

　셋째, 창의력은 풍부한 협상력, 협상의 기술을 바탕으로 중재자역할을 수행할 수 있는 지적(intellectual), 기업가적(entrepreneurial) 리더십을 발휘할 수 있는 능력을 의미한다. 즉 중견국의 촉매, 촉진자, 관리자역할을 주도적으로 맡을 수 있는 재능과 능력을 말한다. 중견국은 강대국에 비해 상대적으로 경제적, 군사적으로 약할 수밖에 없기 때문에 권위에 의해서가 아니라 풍부한 아이디어와 발 빠른 외교력을 통해서 국제협상을 이끌고 특화된 외교분야에서 주도할 수 있어야 한다는 의미이다.

　넷째, 연합형성이란 특정 이슈에 대해 뜻을 같이하는 국가들을 설득해서 연합형성을 이끌어 내거나 연합의 일원으로 참여할 수 있는 능력이 있어야 함을 의미한다. 중견국은 뜻을 같이하는 국가들과의 연합형성을 통해서 충분한 힘을 가지게 되기 때문이다.

다섯째, 신뢰란 중견국이 강대국에 비해 상대적으로 국력이 약하고 취약한 점이 많이 있기 때문에 불필요하게 주변국을 위협하지 않고 도리어 신뢰를 얻을 수 있음을 의미한다. 그래서 중견국은 강대국이 쉽사리 맡을 수 없는 중재자역할이나 지적 리더십역할을 건설적으로 해낼 수 있다. 또한 중견국이 국제체제 내에서 건설적인 역할을 담당할 수 있기 위해서 중견국이 주도하는 행위는 국제체제에서뿐 아니라 국내정치에서도 일관성을 유지해야 한다. 그래서 국내정치에서 지지를 받는 특정이슈에 대한 중견국의 주도가 국제사회에 의해서 신뢰를 바탕으로 수용될 수 있는 것을 의미한다.

레이븐힐은 중견국이 외교력을 발휘할 수 있는 상황(context)은 미국과 구소련, 미국과 중국 등 세계 최강국 간의 긴장이 완화되는 시기, 또는 미국의 패권이 쇠퇴하는 시기뿐 아니라 국제사회의 번영과 평화를 위해 새로운 의제가 필요한 시기 또는 국내 이익집단이나 NGO들의 국제사회의 새로운 이슈에 대한 관심이 고조되는 시기가 최적상황이라고 설명한다. 또한 중견국의 외교스타일은 대통령, 총리와 같은 국가지도자나 외교부장관과 같은 외교부 수장의 개인적 또는 정치적 이해관계, 믿음, 야망, 열정과 수완 등에 근거한 선택(choice)과도 직결되어 있음을 지적한다. 약소국이 보유하지 못한 중견국의 국력은 특정이슈 분야에서 적극적으로 중견국 외교를 펼칠 수 있는 기회를 제공하지만, 언제, 어떤 이슈분야에서 중견국이 리더십을 발휘할 것인지는 결국 그 국가의 선택에 달려 있다고 역설한다.

이러한 레이븐힐의 주장은 패권체제, 양극체제, 다극체제 등 국제체제의 힘의 배분(distribution of power)이라고 하는 구조적 변수가 중견국의 행태 또는 외교스타일에 영향을 미친다는 홀브라드와 같은 신현실주의적 주장뿐 아니라 국가 또는 국가 지도자의 이해관계와 선택이 국제정치의 결과에 영향을 미친다는 현실주의 시각도 내포하고 있다. 체제 내 강대국들의 힘만으로 해결할 수 없는 새로운 글로벌이슈들의 등장과 더불어 NGO와 같은 국가가 아닌 행위자들의 국제적 영향력이 커진다는 신자유주의적 시각도 다분히 내포하고 있다.

레이븐힐의 중견국 개념의 또 하나의 특색은 쿠퍼·히곳·노설이나 채프닉의 위계적 접근과는 상당히 거리가 멀다는 것이다. 5개의 C중 첫 번째인 역량(capacity)에서 그는 중견국의 물리적 국력을 지적하는 것이 아니라 특화된 외교분야에 집중할 수 있는 외교력을 강조한다. 이는 중견국 개념의 핵심이라고 지적한 5개의 C, 즉, 역량, 집중, 창의력, 연합형성, 신뢰 모두가 다분히 기능적, 행태적인 접근과 관련되어 있음을 의미한다.[9]

4. 조르단의 전통적 중견국 vs 신흥중견국

신흥중견국으로 간주되는 남아프리카공화국 출신 학자인 조르단(Eduard Jordaan)은 냉전 종식 이후 중견국 외교에 있어서 국제경제이슈의 부각을 지적하면서 더 명확한 중견국 개념을 도출하기 위해서 중견국의 국제주의(middle power internationalism) 성향을 설명하고, "신흥중견국"(emerging middle power)과 "전통적 중견국"의 외교행태에 있어서 유사점 및 차이점을 지적한다.[10]

쿠퍼·히곳·노설은 신자유주의 시각을 근거로 다자주의를 강조하며 각자 국익을 추구하는 중견국들이 서로 연합을 형성하여 체제 안정을 도모하고 분쟁을 평화적으로 해결하는 데 주도적인 역할을 하여 선량한 국제시민의 역량을 과시한다고 설명한다. 홀브라드는 현실주의적 시각에서 중견국의 국력수준을 강조하며 국제체제의 구조에 따른 중견국의 영향력의 변화에 관해서 설명한다. 이에 반해 조르단은 선량한 국제시민으로서의 중견국 외교의 특징은 지리적 근접성과 직접적 국익차원을 넘어선 범위를 포함하고 있다고 지적한다. 중견국은 전형적으로 자국이 위치한 지역차원의 문제가 아닌 국제적 이슈, 당장 국익에 도움이 되기는커녕 비용만 창출할지도 모르는 몇몇 글로벌이슈에 특화하여 관여하는 외교적 행태를 보인다는 것이다. 이러한 중견국의 국제주의 성향으로 인해 중견국은 선량한 국제시민으로 인정받는다는 것이다.[11]

조르단에 의하면 중견국은 이러한 국제주의 성향을 표방하는 반면, 체제 내에 패권국이 존재하든 존재하지 않든 간에 기존 질서에서 기득권을 어느 정도 확보하고 있기 때문에 체제가 불안정한 시기일수록 기존 질서를 더 안정적으로 유지하기 위해 적극적으로 동참하는 체제'안정자'(stabilizer)이기도 하다. 또한 전통적 중견국은 글로벌 정치경제질서에서, 신흥중견국은 지역정치경제체제에서 기득권을 어느 정도 보유한 세력이기 때문에 국제경제질서가 불안정한 시기일수록 경제적 이익을 보호하기 위해 체제 내 부(富)의 불균형과 정치적 불평등을 감수하고 이러한 불균형과 불평등이 자연스럽게 보편적인 것으로 보이게 하여 체제를 '정당화하는 행위자'(legitimizer)이기도 하다.[12]

조르단은 전통적 중견국과 신흥중견국의 정체성과 외교적 행태의 차이점이 중견국의 국제주의 성향에 어떤 영향을 미치는지에 관심을 집중한다. 조르단의 주장에 따르면 전통적 중견국은 안정적인 사회민주주의 국가인 데 반해, 신흥중견국은 최근에 민주주의제도를 채택했기 때문에 아직 국내정치에 있어 비민주적인 요소를 쉽게 찾을 수 있고, 인권침해 문제나 사회적 분열과 갈등이 상존하는 국가이다. 전통적 중견국이 냉전당시에 이미 중견국 반열에 오른 국가라면, 신흥중견국은 냉전이 종식되고 경제발전, 빈곤문제 등이 국제적 이슈로 등장할 때 국제주의 외교행태를 보이기 시작한 국가이다. 전통적 중견국은 국제경제의 중심에 위치한 노르웨이, 스웨덴, 네덜란드, 덴마크 등과 같은 인류평등주의에 기반한 산업사회를 지지하는 사회민주주의 복지국가와 캐나다, 호주와 같은 자유민주주의 복지국가 중 부(富)의 불균형이 낮은 국가이다. 이에 반해 신흥중견국은 아르헨티나, 브라질, 나이지리아, 남아프리카공화국, 말레이시아, 터키 등 부의 불균형이 극심한 수준이며, 국제경제의 반주변부(semi-periphery)에 위치한 국가이다. 전통적 중견국은 주변국과 비교해서 국력이 월등히 강한 국가가 아닌 데 비해, 신흥중견국은 이웃 국가들에 비해 국력이 상대적으로 막강한 지역강국이다. 게다가 전통적 중견국은 지역통합에 미온적인 데 반해, 신흥중견국은 지역통합에 적극적으로 앞장서는 국가이다.[13]

행태적으로 볼 때 전통적 중견국인 스칸디나비아 복지국가는 국내 정치적으로 사회민주당이 강력한 세력을 형성하고 있어서 호주, 캐나다와 같은 자유민주주의 국가보다는 공적개발원조(official development assistance: ODA)를 포함한 대외경제지원에 더욱 적극적이다. 이러한 경제적 지원으로 인해 선량한 국제시민 이미지를 강화할 뿐 아니라, 기존 국제경제질서를 유지하는 데 도움이 되는 순기능적 역할도 담당한다. 빈곤국가들의 기존 국제경제질서에 대한 반감을 ODA와 같은 경제지원을 통해 조금이나마 누그러뜨리는 역할을 담당하고, 이는 결과적으로 패권국 미국이 기존 질서를 유지하는 데 도움을 주는 행위가 된다. 이에 반해 신흥중견국은 물질적 자원이 충분하지 못하기 때문에 경제지원보다는 중재자역할에 더 치중하는 경향이 있다. 남아프리카공화국의 만델라(Nelson Mandela)는 팔레스타인분쟁, 북아일랜드분쟁, 자이레전쟁 등을 중재하는 역할을 자처했다.[14]

기존 국제경제질서의 반주변부에 위치한 신흥중견국은 국제경제질서나 구조에 대한 개혁적 세력이지만, 주변부의 약소국에 비해서는 기존 질서에서 비교우위를 점하고 있기 때문에 근본적 개혁주의 성향을 띠지는 않는다. 더욱이 신흥중견국의 엘리트 계층은 기존 질서에서 경제적 이득을 누리고 있기 때문에 기존 경제질서에 대한 대대적인 개혁을 요구할 입장이 아니다. 신흥중견국은 자국이 위치한 지역 내 이슈에 더 많은 관심을 갖고 지역통합과정에서 리더십을 발휘하는 경향이 있다. 지역 내에 영향력을 행사할 수 있는 국력을 바탕으로 지역차원의 다자체제에 적극 참여함으로써 패권국의 대리인이 아님을 보여 주고 다른 지역의 분쟁문제에 중립적인 중재자역할을 담당해 낸다. 물론 지역 내 단결력을 강화하기 위해 패권국에 때때로 도전적인 자세를 취하기도 한다. 그러나 신흥중견국의 이러한 지역리더, 중재자역할은 패권국의 국제체제차원의 질서유지에 순기능을 하기 때문에 패권국과 지역강국인 신흥중견국은 이해관계가 서로 상충될 가능성이 거의 없다. 신흥중견국은 중립적인 지역강국, 중재자의 이미지를 통해 국제적 위상을 높이는 계기를 마련한다. 조르단은 만일 신흥중견국이 패권적 질서에 어긋나는 행위를 할 경우 이러한 국가는 신흥중견국 리스트에 포함될 수 없다고 지적한다.[15]

국력차원에서 중견국의 범주에 포함되는 국가들이 모두 기능적으로나 규범적으로 국제질서의 안정과 유지에 도움이 되는 역할, 국제분쟁을 중립적 입장에서 평화적으로 해결하는 중재자역할 등 선량한 국제시민의 책임과 의무를 자발적으로 수행하는 것은 아니다. 중견국 수준의 국력을 보유한 채, 기존 국제질서에 대해 다분히 불만족스러워 하는 국가도 있다. 조르단(Eduard Jordaan)은 이란과 같은 국가는 미국의 패권적 질서에 도전하는 행태를 보이기 때문에 신흥중견국 리스트에 포함될 수 없다고 지적한다.[16] 그러나 그렇다고 해서 이란을 중견국 범주에 포함시키지 않는 것도 문제다. 국가를 강대국, 중견국, 약소국으로 분류할 경우 이란을 중견국의 범주에 포함시키지 않는다고 해서 강대국이나 약소국으로 분류할 수는 없다. 쿠퍼(Andrew Cooper)는 냉전당시 인도, 브라질, 인도네시아와 같은 중견국은 비동맹국가들의 모임을 주도하며 당시 체제 내 규칙과 제도로부터 거리를 두기도 했다고 지적한다. 당시 이들 중견국은 미국이 주도하던 기존 질서에 충분히 만족하며 체제의 안정을 도모하던 국가는 아니었다.[17] 오르갠스키(Kenneth Organski)는 체제 내 국가들을 국력의 수준에 따라 등급을 매겨서 지배국, 강대국, 중견국, 약소국으로 분류했을 뿐 아니라, 각 국가의 체제 내 이해관계와 외교적 행태에 따라 만족한 국가군(群)과 불만족한 국가군으로 양분하기도 했다. 여기서 오르갠스키의 만족·불만족 개념을 도입하면 이란은 지배국가에 의해 주도적으로 정립된 기존 국제질서에 대해 불만을 가진 현상타파국가 즉, 불만족한 중견국의 범주에 포함될 수 있다.[18]

5. 중추적 중견국 외교

위에서 쿠퍼·히곳·노설, 채프닉, 레이븐힐, 조르단 등의 중견국 개념과 관련된 논의들을 살펴보았다. 이러한 학자들의 중견국에 관한 체계적인 개념의 정립을 위한 노력은 중견국을 강대국이나 약소국과 구별하는 데 공헌하는 바가 크다. 물론 이러한 중견국 개념의 이론적 정의를 위한 시도가 완벽한 것은 아니다.

먼저 쿠퍼·히곳·노설의 네 가지 접근과 채프닉의 세 가지 모델을 살펴보자. 이들은 이론적으로 한두 가지 약점을 내포하고 있다. 첫 번째 약점으로, 각각의 접근이나 모델들이 서로 상호 배타적(mutually exclusive)이지 못하다. 예들 들어 규범적 접근과 행태적 접근을 구별하기가 쉽지 않다. 중견국이 국제평화와 안정에 공헌을 하고 인도주의적이고 도덕적인 이슈와 관련된 분야에 기여하기 위해서는 뜻을 같이하는 국가들의 다자체제에 동참하는 경우가 대부분이다. 그러다 보니 규범적 접근과 행태적 접근을 분리해서 고려하기가 쉽지 않다. 또한 채프닉의 기능적 모델은 쿠퍼·히곳·노설의 지리적 접근과 규범적 접근을 포괄적으로 설명한다. 평화유지활동에 적극 참여해 온 캐나다는 쿠퍼·히곳·노설의 규범적 접근과 행태적 접근, 채프닉의 기능적 모델과 행태적 모델을 다 만족시키는 중견국이다. 쿠퍼·히곳·노설의 네 가지 접근과 채프닉의 세 가지 모델은 상호 배타적이지 않은 문제가 있다.

두 번째 약점으로는, 규범적, 행태적 접근이나 기능적 모델로는 중견국과 약소국을 뚜렷하게 구분하기가 어렵다는 것이다. 일정 기간 동안 탄탄한 경제력과 정치력을 바탕으로 특화된 이슈에서 상당한 영향력을 행사하던 국가가 경제적 침체와 정치력의 상실로 인해 더 이상 중견국의 기능적 역할을 적극적으로 수행할 여력이 없게 될 수도 있다. 이렇게 중견국의 기능을 상실한 국가라고 하더라도 만일 특정 규범적 이슈에 계속 관심을 표명하고 관련 다자체제에 계속 참여할 경우 이러한 국가를 중견국 리스트에서 제외하기란 쉽지 않을 것이다. 이는 약소국이 선호하는 개념, 또는 다르게 표현하면 중견국과 약소국의 차이를 부정하는 개념일 수도 있다. 어떤 약소국이든 국제평화나 규범적 이슈와 관련된 다자체제에 참여할 수만 있게 되면 다자모임에서 책임을 분담하든 무임승차하든 간에 스스로 중견국으로 자처할 수 있는 근거를 제공해주는 개념이 될 수도 있다. 이러한 중견국의 개념정의는 자타가 공인하는 중견국에게는 사실상 별로 도움이 되지 않는다.[19]

레이븐힐의 중견국 개념은 국가의 물리적 능력, 즉 국력을 바탕으로 분류하는 위계적 접근과는 거리가 멀다. 레이븐힐은 특정 국가의 국력에 관계없이 그 국가의 기능적, 행태적인 특징에 따라 중견국 요건을 부여한다. 이러한 접근 역시 중견국과 약소국을 구별하는 것을 어렵게 한다. 조르단의 중견국 개념 역시 모든 유형의 가능한 중견국을 총망라하지 못하는 문제점이 있다. 이란과 같이 물리적 능력으로는 중견국 범주에 속하지만 당대 패권국인 미국의 질서에 도전하는 행태 때문에 조르단의 신흥중견국 범주에 포함될 수 없고, 그렇다고 해서 사회민주주의국가인 전통적 중견국 범주에도 포함되지 않는다.

중견국 개념과 관련된 다양한 논의들을 나름대로 재정리하여 상호 배타적인 문제, 가능한 중견국을 총망라하지 못하는 문제를 나름대로 해결하고자 한다. 먼저, 중견국 개념의 재정립을 위해 필자는 '물리적 접근'과 '외교스타일 접근'을 제시한다.

물리적 접근은 쿠퍼・히곳・노설의 위계적 접근과 채프닉의 위계적 모델과 기능적 모델을 통합한 것이다. 즉 특정 국가의 국력수준이 지역체제 내에서 나름대로 영향력을 행사할 만한 수준에 있는지에 따라 중견국으로 분류하는 접근이다. 인구수, 경제력, 군사력, 영토의 크기 등의 수준이 강대국 또는 같은 지역의 다른 중견국과 상대적으로 어느 정도인지에 따라 중견국의 물리적 요건을 충족시키는지를 구분하는 방법이다. 물리적 접근에서는 국력의 수준 이외에도 지정학적인 위치를 고려한다. 특정국가가 강대국 사이에 위치하며 같은 지역 내 다른 중견국과 비슷한 수준의 국력, 특히 군사력과 경제력을 보유한 경우, 지정학적 요충지에 있으며 군사력은 약하지만 상당한 경제력을 보유한 경우, 지정학적으로 요충지에 있으며 경제력은 약하지만 상당한 군사력을 보유한 경우, 중견국의 물리적 요건, 즉 필요조건을 충족시키는 것으로 간주한다.

두 번째, 외교스타일 접근은 위에서 여러 학자들이 언급한 기능적, 규범적, 행태적 접근을 통합한 것이다. 즉 국제체제의 평화와 안정을 유지하는 데 적극 동참하는 제1 동행자로서의 기능적 역할, 다양한 글로벌이슈 중 특히 인도주의적, 도덕적인 것과 관련된 이슈에 중점적으로 관여하는 규범적 역할, 주요 국제문제의 해결을 위해 다자주의를 선호하고, 국제적, 지역적 분쟁 또는 갈등을 타협적이고 평화적으로 해결하는 방안을 모색하고, 체제 내에서 선량한 국제시민의 역할을 담당하려는 외교스타일을 행동으로 보여주는 국가를 중견국으로 분류하는 접근이다. 이러한 외교스타일 요소들을 중견국 범주를 위한 충분조건을 충족시키는 요소로 간주한다.

중견국의 유형을 나누기 위한 필요조건인 물리적 접근과 충분조건인 외교스타일 접근을 활용하여 중견국을 두 가지로 일단 분류할 수 있다. 첫째, 특정국가가 중견국의 필요조건과 충분조건을 모두 충족시키는 경우 이 국가를 '중추적 중견국'(pivotal middle power)이라고 정의한다. 특정국가가 상당한 수준의 국력을 보유하거나 지정학적으로 강대국 사이에 위치하여 중견국의 필요조건을 충족시키고, 그와 동시에 도덕적, 행태적 차원에서 중견국 외교스타일을 추구하여 충분조건도 충족시킬 경우 그 국가를 중추적 중견국이라고 정의한다.

둘째, 특정국가가 충분조건만 충족시킬 경우 이러한 국가를 '일반적(ordinary) 중견국'으로 정의한다. 물리적 국력의 측면이나 지정학적인 측면에서 중견국의 필요조건을 충족시키지는 못하더라도 외교스타일 측면에서 충분조건을 충족시키는 국가를 모두 일반적 중견국으로 정의한다. 이러한 정의에 의하면 웬만한 약소국이라고 할지라도 규범적, 행태적 차원에서 중견국 외교스타일을 고집할 경우 일반적 중견국의 범주에 포함될 수 있다.

필요조건과 충분조건을 활용한 중견국 개념의 장점은 자타가 인정하는 명실상부한 중견국은 중추적 중견국의 범주에 포함되고, 물리적 능력면에서 중추적 중견국보다 약한 국가일지라도 중견국의 외교스타일을 추구하며 중견국을 자처하는 국가들은 일반적 중견국 범주에 포함되기 때문에 적어도 중추적 중견국을 일반적 중견국이나 약소국과 뚜렷이 구별할 수 있다는 점이다.

다음으로 필요조건만 충족시키고 충분조건은 충족시키지 못하는 국가들을 분류하기 위해서 기존 국제질서에 대한 만족도(level of satisfaction) 개념을 도입한다. 중견국의 물리적 조건을 충족시키는 특정국가가 국제체제 내의 법과 규범 등을 무시하고 기존 국제질서의 안정과 평화에 도전하는 행태를 보일 경우 이러한 국가를 '불만족한(dissatisfied) 중견국'으로 정의한다. 이에 반해 필요조건을 충족시키든 충족시키지 못하든 간에 충분조건을 충족시킬 경우 그 국가는 '만족한(satisfied) 중견국'이다. 중추적 중견국과 일반적 중견국 모두 기존 국제질서의 현상유지를 원하는 국가이고 이들은 만족한 중견국이다.

이 책에서 처음 시도하는 이러한 개념 정의에 의하면, 중견국은 결국 세 가지로 분류된다. 즉, 중추적 중견국, 일반적 중견국, 그리고 불만족한 중견국으로 나뉘어진다. 여기서 중추적 중견국과 일반적 중견국이 모두 만족한 중견국이기 때문에 따로 만족한 중견국 카테고리를 만들 필요는 없다. 따라서 중견국을 네 가지가 아니라 세 가지로 분류하여 정의하고자 한다. 〈표 3-1〉은 이러한 세 가지 중견국의 분류를 정리한 것이다.[20]

〈표 3-1〉 필요 · 충분 조건 충족 / 불충족에 따른 중견국 분류

	필요조건 불충족	필요조건 충족
충분조건 불충족	-	불만족한 중견국
충분조건 충족	일반적 중견국	중추적 중견국

〈표 3-1〉에서 불만족한 중견국의 대표적인 예는 북한이다. 북한은 역내 안보질서에 충격을 줄 만한 대량살상무기를 포함한 군사력을 보유하고 있으며, 지정학적으로 중요한 위치에 있어서 중견국의 필요조건을 충족시킨다. 그러나 외교스타일 차원에서는 아시아 · 태평양 지역질서의 평화와 안정에 가장 위협이 되는 입장을 취하며 기존의 인도주의적, 규범적 질서에 위배되는 행위를 자행하기 때문에

중견국의 충분조건을 충족시키지 못한다.

둘째, 일반적 중견국으로는 북유럽의 강소국들을 들 수 있을 것이다. 총인구수나 군사력 측면에서는 중추적 중견국과 비교할 수 없을 정도로 빈약한 국가이지만 탄탄한 경제력을 바탕으로 인도주의적, 규범적 외교스타일을 발휘하고 다자체제에 적극적으로 참여하며 글로벌 사회의 평화와 번영에 일조하는 국가들로 스웨덴, 노르웨이, 덴마크 등을 들 수 있을 것이다.

대한민국은 대표적인 중추적 중견국이다. 한국은 세계에서 7개국만이 가입한 '20 · 50 클럽', 즉 일인당 국민총소득(GNI) 2만 달러 이상이면서 총인구가 5천만 명이 넘는 국가들 중 하나이고, 군사력 측면에서도 세계 10대 강국에 포함되는 국가로서 중견국의 필요조건을 충족시킨다. 게다가 UN평화유지활동에 적극적이고 기후변화, 녹색성장, 지속가능한 발전, 테러리즘과 대량살상무기 확산방지 등 다양한 인간안보이슈에 적극적으로 관심을 표명하며, 이와 관련된 다자체제에서 리더십을 발휘하는 국가로서 중견국의 충분조건도 충족시킨다. 그래서 한국은 대표적인 중추적 중견국이다. 이러한 필자의 중견국 분류에 의하면, 전 세계에 20여 개의 중추적 중견국이 있다.[21]

중견국은 국제체제 및 지역체제의 안정과 번영에 이바지하고 다양한 글로벌 인간안보분야에서 도덕적, 윤리적, 인도주의적, 헌신적 역할을 담당하는 데 적극적인 국가들이다. 국제적 분쟁을 평화적이고 타협적으로, 그리고 다자체제를 통해서 원만하게 해결하기를 원하는 국가들이고 분쟁의 중재자역할을 자임하는 국가들이다. 중견국이야말로 국제평화와 번영을 위해 선량한 국제시민의 역할을 수행하는 국가이다. 중견국에게는 기존 국제질서 및 지역질서의 안정적인 유지가 자국의 국가이익과 직결된다. 그래서 중견국은 기존 질서의 안정적 유지에 가장 관심이 많으며 나름대로 기여하기 위해서 노력한다. 그런 의미에서 중견국은 기존 질서를 주도하는 패권국의 제1 동행자이며 패권국과 동맹관계 또는 우호적 관계에 있는 국가이다.

특히 중추적 중견국은 기존 질서를 주도하는 패권국의 국력, 군사력, 정치력, 외교력이 잠재적 도전세력, 즉 현상타파세력의 국력이나 정치력보다 우위를 지속적으로 유지하는 데 기여할 수 있는 물리적 능력이나 지정학적 요충지를 확보하고 있다. 그래서 기존 질서를 유지하고자 하는 패권국이나 현상타파에 관심이 있는 잠재적 도전국 모두 자국이 추구하는 목적에 기여할 능력이 있는 중추적 중견국과 우호적인 관계를 유지하기를 원하는 경향이 있다. 이렇게 강대국 사이에 놓인 중추적 중견국 역시 기존 지역질서의 안정을 위해 강대국의 충돌가능성을 낮추는 데 기여하는 중재자역할을 자처하는 경향이 있다.

중추적 중견국은 현상유지를 위해 제1 동행자의 역할을 담당하지만, 때로는 국제질서, 규범, 가치 등에 있어서 패권국이나 강대국이 관심이 없거나 이해관계가 상충되어 추구하지 않거나 추구하기 어려운 분야에서 새로운 질서, 규범, 가치 등의 정립을 위한 촉매역할과 촉진자역할을 담당하기도 한다. 일반적 중견국과는 달리, 중추적 중견국으로부터 제1 동행자의 역할을 뛰어넘는 창의적이고 진취적인 역할을 기대해 볼 수도 있다. 그러는 과정에서 패권국이나 강대국과 마찰을 빚을 수도 있기 때문에 중추적 중견국은 뜻을 같이하는 중견국 연합을 주도하며 이들과 협력하는 것이 필수적이다.

강대국 사이에서 지역질서의 안정을 추구하는 역할, 국제규칙과 국제규범을 수정 및 보완하거나 새로이 구축하는 데 주도적인 역할 등을 담당하는 과정에서 중추적 중견국은 체제 내 불만족한 국가들의 불만을 조금이라도 해소할 수 있도록 가교역할을 담당하기도 한다. 이러한 행위는 패권세력과 잠재적 도전세력의 충돌가능성을 미연에 낮추어서 현상유지를 지속적으로 할 수 있는 외교적 환경을 조성하고, 지역중건국과 약소국 사이에서 다자체제를 통한 국제적 분쟁의 평화적 타협이 수월하도록 하는 환경을 조성하는 것이다.

한국, 호주, 인도네시아, 필리핀, 태국 등은 아시아·태평양지역에 있는 중추적 중견국들이다. 만일 급부상하는 중국이 잠재적 도전국으로 성장하여 현상타파를 시도할 것으로 예상한다면 중국은 이들에게는 심각한 위협을 주는 국가로 간주될 것이다. 특히 미국과 중국이 이 지역에서 무력충돌이라도 하게 될 경우 중견국이 입게 될 피해는 치명적일 것이다. 한반도나 남중국해는 미·중 간 무력충돌의 격전지가 될 수도 있다. 게다가 중국과 같은 지역에 있는 중추적 중견국들은 모두 중국과 경제적으로 아주 높은 상호의존적 관계에 있다. 그래서 경제적 국익을 위해서라도 중국과의 무역관계뿐 아니라 외교전반에 걸쳐 안정적인 관계를 유지해 나가기를 바란다. 이와 같이 중추적 중견국에게는 패권국과 잠재적 도전국 사이에서 중재자역할을 자임하는 것은 자국의 국익과 직결된 문제이다.

중추적 중견국이 이러한 중재자역할, 가교역할을 잘 수행하기 위해서는 무엇보다도 기존 질서의 현상유지를 주도하는 패권국과의 신뢰가 두터워야 한다. 자국이 추진하는 가교역할의 핵심은 바로 현상유지에 있다는 것을 패권국이 확신할 수 있게 해야 한다. 현상유지는 패권국에 유리할 뿐 아니라 자국의 국익과도 직결되기 때문에 중추적 중견국이 이러한 역할을 담당하려고 한다는 것을 패권국이 믿을 수 있도록 해야 한다. 이를 위해서 중추적 중견국과 패권국은 지속적인 소통을 통해서 신뢰관계를 더욱 강화해 나가야 한다.

이와 동시에 중추적 중견국은 역내 잠재적 도전국의 불만이 더 커지지 않도록 잠재적 도전국의 입장을 이해하기 위해 노력하고 기존 질서에 심각한 충격이 가지 않는 한도 내에서 잠재적 도전국의 불만을 해소하는 데 도움이 되는 역할을 자발적으로 떠맡을 수도 있다.

이러한 역할은 잠재적 도전국에게 도움이 될 뿐 아니라 패권국에게 도 도움이 된다. 잠재적 도전국의 기존 질서에 대한 불만이 조금이라도 해소된다면 잠재적 도전국과 패권국의 무력충돌가능성도 조금이나마 완화될 수 있기 때문이다.

주 /

1 Andrew F. Cooper, Richard A, Higgott, and Kim R. Nossal, *Relocating Middle Powers: Australia and Canada in a Changing World Order* (Vancouver: UBC Press, 1993), p.3; Andrew F. Cooper, "Niche Diplomacy: A Conceptual Overview," in Andrew F. Cooper, ed. *Niche Diplomacy: Middle Powers after the Cold War* (London: Macmillan Press Ltd., 1997); John Ravenhill, "Cycles of Middle Power Activism: Constraint and Choice in Australian and Canadian Foreign Policies," *Australian Journal of International Affairs*, vol.52, no.3, 1998, pp.309-327; Carsten Holbraad, *Middle Powers in International Politics* (New York: St. Martin's Press, 1984), pp.1-4; David A. Cooper, "Challenging Contemporary Notions of Middle Power Influence: Implications of the Proliferation Security Initiative for 'Middle Power Theory'," *Foreign Policy Analysis,* vol.7, 2011, pp.317-336.

2 Holbraad, ch.3-ch.7.

3 Cooper et al., pp.16-19.

4 A. Cooper, pp.6-9; Robert Cox, "Middlepowermanship, Japan and the Future World Order," *International Journal*, vol.44, no.4, 1989, p.826.

5 Adam Chapnick, "The Middle Power," *Canadian Foreign Policy*, vol.7, no.2, 1999, pp.73-82.

6 Cooper et al., pp.23-25.

7 Cooper et al., ch.2.

8 Ravenhill, pp.309-327.

9 Ravenhill, pp.309-327; 비슨(Mark Beeson) 역시 양극체제가 종식되고 다극체제로 변하는 체제 변환의 시기에 중견국의 시대가 도래하며, 중견국의 외교스타일

은 지도자의 의지, 야망 등과 직결된다고 주장한다. Mark Beeson, "Can Australia Save the World? The Limits and Possibilities of Middle Power Diplomacy," *Australian Journal of International Affairs*, vol.65, no.5, 2011, pp.563-577.

10 Eduard Jordaan, "The Concept of a Middle Power in International Relations: Distinguishing between Emerging and traditional Middle Powers," *Politikon*, vol.30, no.2, 2003, pp.165-181.

11 Jordaan, pp.165-166.

12 Jordaan, pp.167-169.

13 Jordaan, pp.171-173.

14 Jordaan, pp.173-179.

15 Jordaan, pp.173-179.

16 Jordaan, p.167; Stairs, pp.275-276.

17 A. Cooper, pp.14-15.

18 Organski, p.369.

19 Chapnick, p.75.

20 약소국 역시 불만족한 약소국과 만족한 약소국으로 분류될 수 있겠지만, 여기서는 그러한 구별이 별로 의미가 없다. 특정 약소국이 기존 질서에 대해 불만족한 상태이기 때문에 중견국 외교스타일의 행태를 추구하지 않는 경우도 있겠지만, 단지 규범적, 행태적 외교스타일을 추구할 만한 물리적 능력이 되지 않거나 국내 정치경제적 문제 등으로 인해 글로벌이슈들에 관심이 없기 때문에 만족한 약소국임에도 불구하고 중견국 외교스타일에 관심을 표명할 수 없는 경우도 있을 것이다.

21 중추적 중견국 리스트는 제2부 제4장의 〈표 4-7〉에 열거되어 있다.

제4장

중견국 리스트

본 장에서는 앞 장에서 설명한 중견국 및 중견국 외교의 개념을 바탕으로 중견국 리스트(list)를 만들어 보고자 한다. 중견국 개념과 관련된 거의 모든 연구문헌은 대다수의 학자들이 동의할 만한 중견국 리스트를 만드는 것은 거의 불가능하다고 지적한다. 하지만 강대국 리스트와 관련된 연구는 이러한 중견국 리스트를 만드는 과정에서 겪을 수 있는 문제점을 해결할 실마리를 제공해 줄 수 있을지도 모른다. 본 장에서는 먼저 강대국에 관한 개념은 어떻게 정립되어 있으며, 그러한 강대국 개념에 따라 당대 학계에서 공유하는 강대국 리스트에는 어떤 국가들이 포함되어 있는지를 먼저 자세히 연구해 보고자 한다.

1. 강대국 리스트

기존의 대부분의 강대국과 관련된 경험적 연구는 강대국의 국력을 측정하는 지표로 '전쟁의 상관관계'(Correlates of War: COW) 프로젝트가 개발한 '국력종합지수'(national capability index)를 사용한다. COW 프로젝트는 나폴레옹전쟁 이후 비엔나 회의가 시작된 1815년 부터 최근까지의 각 국가의 국력을 측정하는 지표를 만들기 위해 각 국가별 총인구수와 도시 인구수, 석탄소비량과 철강생산량, 군대병 력 규모와 군사비 모두 6개 항목의 국가별 보유비율을 산술평균으로 산출한 값을 계산해 낸다.[1] COW 프로젝트가 주도한 시기별로 국제 체제에 포함된 국가, 강대국 리스트, 그리고 각 국가의 COW 국력종 합지수는 국제정치이론에 관한 경험적 연구를 용이하게 하는 가장 권위 있는 데이터(data)로 활용된다. 이러한 연구를 통하여 당시 강 대국의 개념과 기능, 강대국 리스트 등을 정리해 보기로 한다.

　강대국의 개념을 정의하는 대부분의 학자들은 군사력에 초점을 맞춘다. 강대국은 체제 전체를 전쟁의 소용돌이로 몰아넣는 그런 대 전쟁을 일으킬 수 있는 군사력이 있어야 한다든지, 체제 내 다른 모 든 국가들이 연합하여 공격하더라도 자국을 지켜낼 수 있는 국력을 갖추어야 한다든지, 또는 다른 강대국연합세력 이외 그 어떤 상대에 게도 전쟁에서 완전히 패배하지 않는 군사력을 지녀야 한다는 주장 을 펼친다. 강대국은 안보를 확고히 할 수 있는 상대적으로 충분한 국력을 보유해야 하며, 국익을 위해 군사력을 영토 밖으로 멀리 투 사할 수 있는 능력도 보유해야 한다는 주장이다. 군사력차원에서, 모델스키(George Modelski)는 국제체제 내 모든 국가의 군사력 중 최 소한 5% 이상을 보유해야 강대국으로 간주될 수 있다고 설명한다. 모델스키·톰슨(George Modelski and William Thompson)은 특히 해군 력을 강조하며, 체제 내 모든 국가가 보유한 전 세계를 항해할 수 있 는 해군력 총합계의 10%를 최소한 보유해야 하며, 대양에서 실질적 인 해군력을 과시하는 국가이어야만 강대국 반열에 들 수 있다고 주 장한다. 이에 반해 레비(Jack Levy)는 육군력의 중요성을 훨씬 강조한 다. 그러다 보니 1648년부터 1815년까지의 기간 동안에 모델스키·

톰슨이 제시하는 강대국 리스트와 레비의 강대국 리스트에는 상당한 차이가 있다.[2]

레비는 특정국가가 국제무역 및 재정분야에서 핵심적인 역할을 수행한다고 해서 강대국으로 분류될 수는 없다고 주장한다.[3] 18세기에 네덜란드는 주요통상국가였지만 강대국은 아니었다고 설명한다. 또한 16세기 포르투갈과 같은 식민지를 보유한 국가도 다섯 가지 강대국요소를 만족시키지 못하기 때문에 강대국으로 인정할 수 없다고 주장한다.

레비는 다음과 같은 다섯 가지 강대국요소를 지적한다. 먼저, 강력한 군사력을 보유해야 한다. 그래서 자국의 안보를 확고히 할 수 있을 뿐 아니라 군사력을 영토 밖으로 투사하여 타국을 공격할 수 있어야 한다. 또한 무력을 사용하거나 위협하여 체제 내에서 영향력을 행사할 수 있어야 한다. 요새로 무장되어 있어 자국의 안보를 확고히 할 수는 있지만 타국을 무력으로 위협할 능력이 없는 국가는 강대국이라고 할 수 없다. 둘째, 강대국의 이해관계는 지역차원이 아니라 대륙차원 또는 국제체제 전체에 있어야 한다. 강대국은 대륙 내 또는 체제 내 세력균형을 유지하는 데 관심을 표명하고 체제질서 유지를 중요한 국익으로 간주한다. 셋째, 강대국은 자국의 국익을 지키기 위해 무력사용을 마다하지 않고, 체제 내 다른 국가들에 비해 동맹체제에 더 많이 참여하고 전쟁에도 더 자주 참전하는 행태를 보인다. 넷째, 강대국은 서로 강대국임을 인식하고 동등한 입장에서 협상을 하거나 동맹을 체결한다. 마지막으로, 강대국은 평화회의, 조약, 국제회의, 또는 국제기구의 회원자격 등을 통해 공식적으로 인정을 받는 것이 중요하다고 지적한다.

〈표 4-1〉은 1648년부터 1815년까지 모델스키·톰슨이 제시하는 강대국 리스트이다.[4] 〈표 4-2〉는 레비의 강대국 정의에 바탕을 둔 리스트이다.[5] 대부분의 학자들이 근대국가 체제의 근원을 1648년에

두는 데 반해, 레비는 1495년부터 근대국가 체제가 출범했다고 주장하기 때문에 그의 강대국 리스트는 모두 1495년부터 시작한다.

〈표 4-1〉 모델스키 · 톰슨의 강대국 리스트, 1648-1815년

국 가	강대국 시기
프랑스	1648-1815
영국	1648-1815
스페인	1648-1808
네덜란드	1648-1810
러시아	1714-1815

출처: 모델스키 · 톰슨(1988)

〈표 4-2〉 레비의 강대국 리스트, 1648-1815년

국가	강대국 시기
프랑스	1648-1815
오스트리아 합스부르크	1648-1815
스페인	1648-1808
오스만 제국	1648-1699
네덜란드	1648-1713
스웨덴	1648-1721
러시아	1721-1815
프러시아	1740-1815

출처: 레비(1983)

〈표 4-2〉에서는 레비의 강대국 리스트를 1648년부터 1815년까지 정리한 것이다. 〈표 4-1〉과 〈표 4-2〉에서 레비는 오스트리아 합스부르크(Austria Hapsburg), 스웨덴, 오스만 제국, 프러시아를 강대국 리스트에 포함시켰지만, 모델스키·톰슨은 이들 국가들이 체제 내 전체 해군력의 10%에 달하는 능력을 보유하지 않았기 때문에 이들을 리스트에 포함시키지 않았다. 사실 레비의 강대국 정의는 다분히 유럽 중심적인 데 비해, 모델스키·톰슨의 강대국 정의는 레비보다 훨씬 광범위하게 국제체제 전체를 포함하고 있다.

1816년부터 최근까지의 강대국 리스트를 검토하기 위해서 COW 프로젝트를 오랫동안 진두지휘한 싱어(J. David Singer)가 주도한 연구를 살펴보자. 스몰·싱어(Melvin Small and J. David Singer)는 『무력수단의 사용』에서 1816년부터 1980년까지의 국제체제의 회원자격, 강대국 리스트, 체제 내 국가들 간의 전쟁 및 내전과 관련된 개념 정의와 자료 등을 제시한다. 물론 이들의 연구는 COW 프로젝트의 핵심으로서 전쟁연구를 위한 가장 권위있는 자료로 인정되고 있다.[6]

먼저 스몰·싱어가 제시한 국제체제의 일원이 되는 자격, 즉 독립국가로 인정받을 수 있는 요건을 검토해보자. 1816년부터 제1차 세계대전까지의 기간 동안에 두 가지 요건을 제시한다. 첫째, 국제체제에서 나름대로 적극적인 역할을 할 수 있을 만한 인구수와 자원의 보유 유무를 지적한다. 인구수, 영토의 크기, 단결력, 자족능력(self-sufficiency), 군사력 등을 바탕으로 체제 내에서 독립된 행위자로서 기본적인 영향력을 행사하는지를 판단의 근거로 제시한다. 다만 이러한 요건을 쉽게 계량화하기 위해 인구수에 초점을 맞춰서 50만 명이상의 인구를 보유해야 국제체제 내 독립적 일원으로 간주한다. 군사력도 기본적으로 인구수에 근거하고 있다는 논리이다.[7]

둘째, 주권 또는 독립성을 행사하는 데 법적, 군사적, 경제적, 정치적 제약조건의 유무를 든다. 특정행위자가 여기서 언급한 어떠한 제약도 받지 않고 있음을 용이하게 측정하기 위해 체제 내 거의 모든 국가들로부터 외교적 승인을 받았는지를 검토한다. 제1차 세계대전까지는 유럽 체제가 지배적이었기 때문에 당시 강대국이었던 영국과 프랑스가 대사(ambassador) 또는 대사를 대리하는 공사 또는 참사관급의 외교관(chargé d'affaires)을 파견하여 자국의 대사관(embassy) 또는 재외공관을 개설했는지 여부를 조사한다. 즉, 스몰·싱어는 50만 명 이상의 인구를 보유하고 프랑스 또는 영국의 대사관이나 재외공관이 개설되어 있는 국가를 당시 국제 체제의 정식 일원으로 간주한다. 제1차 세계대전 이후부터 1980년까지는 첫 번째 요건인 인구수 50만 명과 두 번째 요건의 측정방법을 바꾸어서, 당시 가장 권위있는 국제기구인 국제연맹(League of Nations) 또는 UN의 회원국 유무 요건을 만족시키든지, 아니면 당시 강대국 중 2개국과 공식외교관계를 수립하여 대사관 또는 재외공관이 설치되어 있는지에 따라 국제 체제의 정식 일원임을 결정한다.[8]

스몰·싱어는 이러한 방법으로 확보한 독립국가 리스트로부터 1816년부터 1980년까지 강대국 리스트를 제시한다. 1816년부터 제2차 세계대전까지는 대부분의 학자들이 제시하는 리스트를 수용했고, 제2차 세계대전 이후부터는 비록 초강대국 미국, 소련과 강대국 영국, 프랑스, 중국의 국력의 격차가 컸지만 모두 UN 안전보장이사회 상임이사국이고 핵무기를 보유하고 있기 때문에 강대국 리스트에 소위 빅 파이브(Big Five)만 포함시켰다. 〈표 4-3〉은 이들의 1816년부터 1980년까지의 강대국 리스트이다. 여기서 이태리는 통일 직후 1860년부터, 일본은 1895년 청일전쟁에서 승리한 이후부터 강대국으로 인정받았다. 미국은 1898년 스페인과의 전쟁에서 승리한 이후부터, 중국은 공산당이 국민당정부를 본토에서 몰아낸 1949년 이후부터 강대국 리스트에 포함되었다.[9]

〈표 4-3〉 스몰 · 싱어의 강대국 리스트, 1816-1980년

국가	강대국 시기
오스트리아-헝가리	1816-1918
프러시아/독일	1816-1870/1871-1918, 1925-1945
러시아/소련	1816-1917/1922-1980
프랑스	1816-1940, 1945-1980
영국	1816-1980
이태리	1860-1943
일본	1895-1945
미국	1898-1980
중국	1949-1980

출처: 스몰 · 싱어 (1982)

스몰 · 싱어의 강대국 리스트에 의하면 19세기 말과 20세기 중반에 5개국 이상의 강대국이 포함된 시기도 있기는 하지만 시대를 막론하고 대략 5대 강대국이 존재했다. 위와 같은 강대국의 개념정의 및 강대국 리스트와 관련된 권위 있는 학자들의 노력은 중견국의 개념정의, 특히 중견국 리스트를 보다 객관적으로 도출해내는 데 중요한 접근방법을 제시한다.

2. 중견국 리스트

대부분의 기존 중견국 관련 연구는 중견국 개념의 모호함과 중견국 리스트의 비일관성과 유동성에 관해 지적한다. 홀브라드, 우드(Bernard Wood) 등은 가장 객관적인 방법으로 중견국 리스트를 만들

기 위해 체제 내 전체국가에 일률적으로 적용이 가능한 GNP를 활용하여 각각 자신의 중견국 리스트를 제시한다. 그러나 이들은 국가의 크기, 경제력 등 국력을 근거로 위계적 접근방법에 의해 만들어진 중견국 리스트에서 중견국들의 공통적인 행태를 예측할 수 없다고 지적한다.

이에 반해 쿠퍼·히곳·노설이나 레이븐힐이 외교스타일을 강조하듯이 볼턴·내쉬(Matthew Bolton and Thomas Nash)도 국력은 약하더라도 외교스타일에 따라 중견국으로 간주될 수 있음을 역설한다. 그들은 핵무기를 보유하지 않은 중소 규모의 부유한 국가들 중 소프트 파워(soft power)에 주로 의존하여 새로운 규범을 설정하고 중재 역할을 담당하며 다자주의를 선호하고 해외원조에 적극적인 국가들이 중견국으로 간주되어야 한다고 지적한다.[10] 프랫(Cranford Pratt) 역시 선진산업국가의 정부와 국민은 고통과 궁핍을 겪으며 비참한 생활을 하는 제3세계 국가 주민들에 대한 윤리적 책임이 있다는 것을 수용하는 "인도적 국제주의"(humane internationalism)를 주창하며 중견국들이 선진국가들과 제3세계, 개발도상국가들과의 부(富)의 불평등을 완화하기 위해 국제경제 이슈에 있어서 국제적 개입을 주도해야 한다고 역설한다. 다시 말해, 중견국 정의에 있어서 행태적 접근의 중요성을 강조한다.[11]

이러한 논쟁을 두고 스테어즈(Denis Stairs)는 중견국의 역할을 한다고 해서 중견국으로 간주하는 것이 쉽지 않듯이 국력 차원에서 중견국으로 확인된 국가라고 해서 중견국 역할을 한다고 할 수 없음을 지적한다. 중견국의 개념 정의에서 위계적 접근의 핵심인 국력은 단지 필요조건이고 행태적 접근의 핵심인 역할이나 행태는 단지 충분조건이기 때문에 국력과 행태를 동시에 만족시키지 못할 경우 자타가 공인하는 중견국으로서의 필요·충분조건은 충족시키지 못한다는 의미이다.[12] 제2부 제3장에서 필자는 이러한 문제점을 해결하여 중추적 중견국, 일반적 중견국, 그리고 불만족한 중견국의 세 가지 중견국 유형을 정립했다. 특정 국가가 중견국으로서의 필요·충분 조건을 모두 충족시킬 경우 이러한 국가를 중추적 중견국으로 정의 하였고, 필요 또는 충분조건을 각각 한 가지만 충족시킬 경우 불만 족한 중견국 또는 일반적 중견국으로 정의하였다.

1) 중견국의 필요조건

이 책에서는 이러한 세 가지 중견국의 정의를 바탕으로 좀 더 일 관성이 있고 객관적인 중견국 리스트를 만들어 보고자 한다. 먼저 국제체제에서 중견국의 필요조건을 충족시키는 국가 리스트를 보다 객관적으로 만들기 위해 중견국의 물리적 접근 개념을 충족시키는 국가들을 선별해 보자. 이를 위해 특정국가가 지역체제 내에서 영향 력을 행사할 만한 국력을 보유하고 있는지 또는 지정학적인 측면에 서 강대국 사이에 위치하며 지역 내 다른 중견국들과 비슷한 수준의 국력을 보유하고 있는지를 분석해 보기로 한다.

강대국 리스트와 관련된 핵심 요건들의 경우에는 국력지표와 더 불어 국제적 승인절차를 강조한다. 모델스키·톰슨(George Modelski and William Thompson)은 강대국의 국력과 관련된 요건을 제시하고, 레비(Jack Levy)는 강대국의 국력 관련 요건과 더불어 국제적으로 공 식적 승인절차의 유무에 의한 분류를 제시한다. 스몰·싱어(Melvin Small and J. David Singer) 역시 국제체제의 일원인 독립국가로서의 자격을 결정하는 데 국력의 크기 및 외교적 승인의 유무를 주요지표 로 삼는다. 이 책에서도 국력지표와 공식적인 승인에 의한 분류를 통해 중견국의 필요조건을 객관적으로 측정하는 방법을 제시한다.

먼저 국제적 승인절차를 근거로 핵심 중견국 리스트를 만들어 보 자. 국가의 등급을 매기는 데 국제체제에서 공식적으로 인정될 만한 가장 대표적인 것으로는 UN 안전보장이사회에서 거부권을 보유한 5대 상임이사국의 지위일 것이다. 미국, 러시아, 중국, 영국, 프랑스는 1945년 UN이 창설된 이후부터 국제체제에서 강대국의 지위를 누리고 있다. 그 다음으로 국가의 등급을 매기는 데 활용될 수 있는 객관적인 예는 아마도 G8(Group of 8) 회원국의 지위일 것이다. G8의 유래를 보면 1975년 프랑스 주도로 경제 규모가 큰 미국, 프랑스, 서독, 영국, 이태리, 일본이 선진 서방 6개국 모임인 G6 정상회의를 창립했다. 다음 해인 1976년, 미국이 주최하는 G6 정상회의에 캐나다를 공식적으로 초청하여 G7 정상회의를 개최하였고, 그 이후 G7 정상회의를 정기적으로 매년 개최했다. 이어서 1997년에는 러시아를 새로이 회원국으로 초청하여 G8 정상회의 체제로 개편되었으며 G8 체제는 최근까지 지속되었다.[13] G8 정상회의 회원국 중 이태리나 캐나다는 국력이 다른 회원국에 비해 상대적으로 약하다고 할 수 있지만 G8 회원국은 모두 체제 내에서 나름대로 특별한 지위를 누리고 있다.

G8 정상회의와 마찬가지로, 1999년에 창설된 G20(Group of 20) 역시 국가의 지위를 공식적으로 인정하는 객관적인 예로 활용될 수 있다. 주요 20개국 모임인 G20은 1999년 9월 국제통화기금(IMF)의 연차 총회 당시 개최된 G8 재무장관회의에서 아시아금융위기 이후 주요 경제, 금융 및 외환 관련 문제를 논의하기 위해 G8 회원국, EU 의장국 및 11개 신흥시장국이 참여하는 G20 창설에 합의하고, 첫 번째 모임으로 같은 해 12월 베를린에서 각국 재무장관 및 중앙은행 총재가 참여하는 G20 재무장관회의를 개최했다. G20 재무장관회의는 2008년 11월 세계경제위기 직후 정상회의로 격상되어, 2008년 11월 15일 제1차 정상회의가 미국 워싱턴 D.C.에서 개최되었다. 그 이후 제2차, 제3차, 제4차 회의가 G8 회원국에서 개최되었고, 제5차 정상회의가 2010년 11월 11일부터 양일간 처음으로 강대국이 아닌 G20

회원국인 한국의 서울에서 개최되었으며, 한국 정부가 G20 정상회의 의장국의 역할을 수행하였다. 그 이후 제7차, 제9차, 제10차 회의역시 강대국이 아닌 G20 회원국인 멕시코, 호주, 터키에서 각각 개최되었다. 2016년 9월에는 제11차 G20 정상회의가 중국 항주에서개최되었다.

G20 회원국은 G8 회원국과 EU 의장국, 그리고 11개 신흥시장국인 중국, 대한민국, 인도네시아, 호주, 인도, 터키, 멕시코, 브라질, 아르헨티나, 사우디아라비아, 남아프리카공화국으로 구성되어 있다.[14] G20 정상회의에 공식적으로 초청을 받아 정식회원국이 된 위의 11개 신흥시장국은 G8 회원국이 국제체제 내에서 특별한 지위를인정받는 것처럼 체제 내 대다수 약소국들과는 차별적인 중견국의지위를 가장 객관적으로 인정받는 국제적 공식승인절차를 거친 것으로 간주될 수 있다. 이 책에서는 이들 11개 신흥시장국들 중 P5 (Permanent 5) 회원국, 즉 UN 안전보장이사회 상임이사국인 강대국중국을 제외한 10개 국가들을 중견국의 필요조건을 충족시키는 국가들로 간주한다.

그 다음으로, 위의 10개 신흥시장국들 이외에 각 지역에서 10개 신흥시장국들과 대등한 국력을 바탕으로 나름대로 영향력을 행사하거나, 지정학적으로 중요한 위치에 있으며 지역 내에서 필요조건을 충족시키는 다른 중견국들과 비슷한 수준의 국력을 보유하고 있는 국가들을 선별해 보기로 한다. 그러기 위해 먼저 10개 신흥시장국들의국력을 객관적으로 측정해 보기로 한다. 여기서 각국의 객관적 국력을 측정하기 위해서 COW 프로젝트에 근거한 COW 국력지표를 활용하기로 한다.[15] 〈표 4-4〉는 G20이 창설된 1999년도 기준으로, EU 의장국을 제외한 모든 G20 회원국의 COW 국력지표를 보여준다.

〈표 4-4〉에서 미국의 지표인 0.142888은 미국이 국제체제 내 전체 국가들의 국력의 총합계 중 14.29%를 보유하고 있다는 의미이

다. 일본과 러시아는 각각 5% 정도의 국력을 보유하고 있고, 캐나다는 1.19%의 국력을 보유하여 G8 회원국 중 가장 국력이 약하다. 11개 신흥시장국 중 중국은 15.07%, 인도는 6.67%의 국력을 보유하여 COW 국력지표상으로는 중국이 가장 강력한 국력을 지녔으며, 인도는 미국을 제외한 소위 G8 강대국들보다 더 막강한 국력을 지닌 것으로 나타난다. 그 외 아시아·태평양지역 국가로 한국은 2.55%, 인도네시아는 1.46%, 호주는 0.74%의 국력을 보유하고 있고, G20 신흥시장국 중 가장 국력이 약한 나라는 아르헨티나로 전체 국력의 0.58%를 보유하고 있다.

G20에 포함된 10개 신흥시장국 이외에 중견국의 필요조건을 만족시키는 국가들을 추가로 선정하기 위해 G20 회원국 중 COW 국력지표가 가장 낮은 아르헨티나를 기준으로 하여 각 지역별로 아르헨티나보다 COW 국력지표가 높은 국가들을 모두 선별하여 이들을 중견국의 필요조건을 만족시키는 국가 리스트에 포함시키기로 한다. 즉 아시아·태평양지역에서는 중국을 제외한 G20 회원국인 인도, 한국, 인도네시아, 호주 이외에 북한, 대만, 태국, 베트남, 필리핀, 파키스탄, 방글라데시가 아르헨티나보다 COW 국력지표가 더 높다. 유럽지역에서는 G20 회원국인 터키 이외에 우크라이나, 스페인, 폴란드, 네덜란드가 아르헨티나보다 COW 국력지표가 더 높다. 중남미지역에서는 G20 회원국인 브라질, 멕시코, 아르헨티나 이외에 COW 국력지표가 아르헨티나보다 더 높은 국가는 없다. 아프리카·중동지역에서는 G20 회원국인 남아프리카공화국, 사우디아라비아 이외에 나이지리아, 이집트, 이란이 아르헨티나보다 COW 국력지표가 더 높다.

〈표 4-4〉 P5/G8/G20 회원국 COW 국력지표

국가	회원국 P5/G8/G20	1999년도 COW 국력지표
미국	P5/G8/G20	.142888
일본	G8/G20	.052918
러시아	P5/G8/G20	.049467
독일	G8/G20	.031471
영국	P5/G8/G20	.022539
프랑스	P5/G8/G20	.022812
이태리	G8/G20	.020467
캐나다	G8/G20	.011898
중국	P5/G20	.150672
인도	G20	.066737
브라질	G20	.026020
한국	G20	.025486
터키	G20	.016696
인도네시아	G20	.014624
멕시코	G20	.013930
사우디아라비아	G20	.009861
호주	G20	.007363
남아프리카공화국	G20	.006909
아르헨티나	G20	.005776

P5: UN 안전보장이사회 상임이사국
G8: G8 정상회의 회원국
G20: G20 정상회의 회원국

마지막으로, 지정학적으로 중요한 위치에 있으며 지역 내 다른 중견국들과 비슷한 수준의 국력을 보유하고 있는 국가들을 선별해 보자. 중견국 관련 문헌 중 적잖은 수가 강대국 사이에 위치한 지리적 조건

의 중요성을 강조한다. 베넷·스탬(D. Scott Bennett and Allan Stam)의 데이터를 바탕으로 할 때, 지리적으로 강대국 사이에 있는 국가들은 아시아지역에서 한반도, 몽골, 카자흐스탄, 유럽지역에서 벨기에, 네덜란드, 덴마크, 스위스, 그리고 제2차 세계대전까지만 해도 폴란드가 그런 위치에 있었다. 핀란드, 스웨덴, 노르웨이 역시 지정학적으로 러시아와 독일, 영국의 영향권에 둘러싸인 국가임에 틀림없다.[16]

이들 중 한국, 네덜란드, 폴란드는 국력지표로 볼 때 중견국 필요조건을 이미 충족시킨 국가들이다. 나머지 국가들, 즉 몽골, 카자흐스탄, 벨기에, 덴마크, 스위스, 핀란드, 스웨덴, 노르웨이 중 그 지역에서 중견국의 필요조건을 만족시키는 국가의 80% 이상의 국력을 보유한 국가로는 벨기에가 유일하다. 벨기에는 국력 총합계 중 0.56%를 보유하고 있으며, 이는 유럽지역에서 중견국의 필요조건을 만족시키는 국가들 중 COW 국력지표가 가장 낮은 네덜란드의 국력지표인 0.006577의 80% 이상을 충족시킨다. 여기서 COW 관련 기존의 경험적 연구가 국가들 간의 국력 동등성을 이분법으로 측정할 경우 80% 기준을 활용하기 때문에 여기서도 이러한 기준을 따른다. 즉 한 국가의 국력이 상대국의 국력의 80% 이상일 경우 양국의 국력은 거의 동등하다고 간주하고, 80% 이하일 경우 양국 간의 국력이 상대적으로 차이가 나는 것으로 측정하는 방법을 택한 것이다.[17]

이와 같이 국력수준이 지역체제 내에서 나름대로 영향력을 행사할 만한 수준이거나, 지정학적으로 중요한 위치에 있으며 이웃 중견국과 거의 동등한 수준의 국력을 보유한 국가들의 리스트, 즉 중견국의 필요조건을 충족시키는 국가 리스트를 정리해 보면 〈표 4-5〉와 같다. 아시아·태평양지역에서 인도, 대한민국, 북한, 대만, 인도네시아, 태국, 베트남, 필리핀, 호주, 파키스탄, 방글라데시, 유럽지역에서 터키, 우크라이나, 스페인, 폴란드, 네덜란드, 벨기에, 중남미지역의 브라질, 멕시코, 아르헨티나, 아프리카·중동지역의 남아프리카공화국, 나이지리아, 이집트, 사우디아라비아, 이란이 포함된다.

〈표 4-5〉 지역별 중견국 필요조건 충족 국가 및 1999년도 기준 COW 국력지표

아시아 · 태평양	1999년도 COW 국력지표
대만	.011102
방글라데시	.006278
베트남	.007414
북한	.009853
인도	.066737
인도네시아	.014624
태국	.007221
파키스탄	.013104
필리핀	.005979
한국	.025485
호주	.007363
유럽	1999년도 COW 국력지표
네덜란드	.006577
벨기에	.005559
스페인	.011116
우크라이나	.014838
터키	.016696
폴란드	.007917
중남미	1999년도 COW 국력지표
멕시코	.013930
브라질	.026020
아르헨티나	.005776
아프리카 · 중동	1999년도 COW 국력지표
나이지리아	.006966
남아프리카공화국	.006909
사우디아라비아	.009861
이란	.012310
이집트	.008819

2) 중견국의 충분조건

위에서는 중견국의 필요조건을 충족시키는 국가 리스트를 객관적인 자료에 근거하여 만드는 시도를 해 보았다. 그러나 GNP를 활용하여 국가의 등급을 매기고 중견국 리스트를 만든 홀브라드나 우드가 지적하듯이, 물리적 접근방법에 의해 만들어진 중견국 리스트가 중견국만의 특징적인 행태를 예측하는 데 도움을 주지는 않는다. 그렇기 때문에 충분조건을 충족시키는 중견국 리스트를 만들 필요가 있지만, 이러한 리스트를 객관적으로 만드는 작업은 더욱 힘들다. 기존 중견국 관련 연구문헌이 지적한 것처럼, 많은 국가들이 규범적, 행태적 차원에서 중견국 외교 스타일을 추구하며 중견국이라고 스스로 자처하는 국가들이기 때문에 외교스타일에 근거한 중견국 리스트를 객관적으로 작성한다는 것은 거의 불가능하다.[18]

여기서는 이 책에 활용된 중견국 개념과 관련된 핵심적인 문헌이 규범적, 행태적 측면에서 중견국이라고 언급한 국가들을 정리하여 나열해 보고자 한다. 행태적 접근을 강조한 쿠퍼 · 히곳 · 노설은 전형적인 중견국으로 캐나다와 호주를 들고, 그 외에 네덜란드, 노르웨이, 스웨덴, 아르헨티나, 브라질, 헝가리, 인도, 인도네시아, 말레이시아, 나이지리아, 폴란드를 중견국 리스트에 포함시킨다.[19] 조르단(Eduard Jordaan)은 거의 모든 중견국 관련 연구가 공통적으로 제시하는 리스트로 호주, 캐나다, 노르웨이, 스웨덴, 아르헨티나, 브라질, 나이지리아, 말레이시아, 남아프리카공화국, 터키를 언급하고, 자신의 리스트에 네덜란드와 덴마크를 추가한다.[20] 특히 볼턴 · 내쉬는 국가의 총체적 능력보다는 경제적 수준과 외교스타일을 강조하며 오스트리아, 호주, 벨기에, 캐나다, 칠레, 멕시코, 네덜란드, 뉴질랜드, 남아프리카공화국을 중견국의 예로 든다.[21]

인도적 국제주의에 근거하여 프랫은 캐나다, 덴마크, 네덜란드,

노르웨이, 스웨덴의 국제적 궁핍문제 해결을 위한 중견국 역할의 예를 강조한다.[22] 쉐만(Maxi Schoeman)은 중견국 리스트에 캐나다, 네덜란드, 스웨덴, 뉴질랜드, 남아프리카공화국, 브라질, 인도를 포함시킨다.[23] 앤드류 쿠퍼(Andrew Cooper)가 편저한 저서에서는 몇몇 학자들이 호주, 캐나다, 말레이시아, 아르헨티나, 멕시코, 터키, 남아프리카공화국, 나이지리아의 중견국 특화외교 사례를 보여 주면서, 이들 국가 이외에도 인도, 브라질, 인도네시아, 알제리, 한국, 스웨덴, 노르웨이, 그리고 직접 언급하지는 않지만 뜻을 같이하는 유럽선진국으로 덴마크, 네덜란드, 벨기에, 핀란드 등을 암시한다.[24]

레이븐힐은 1995년 6월에 스웨덴 정부의 초청으로 중견국을 자처하는 16개국(Group of 16)이 처음으로 모임을 가진 것을 언급하며 참가한 16개국인 호주, 캐나다, 브라질, 코트디부아르, 체코, 이집트, 인도, 인도네시아, 아일랜드, 자메이카, 일본, 멕시코, 네덜란드, 남아프리카공화국, 대한민국, 스웨덴을 나열한다.[25] 데이빗 쿠퍼(David Cooper)는 미국 주도의 확산방지구상(Proliferation Security Initiative, PSI)에 적극 동참한 중견국들의 예로 폴란드, 호주, 스페인, 싱가포르, 뉴질랜드, 노르웨이, 포르투갈, 네덜란드, 터키, 아르헨티나를 지적한다.[26]

이러한 문헌에서 한 번이라도 중견국으로 언급될 경우, 여기서는 중견국의 충분조건인 외교스타일을 충족시키는 국가로 간주하기로 한다. 이러한 방법은 다분히 주관적인 문제점을 지니고 있는 한계가 있긴 하지만, 대다수의 중견국 관련연구들이 특정국가를 중견국으로 "스스로 자처하는"(self-identified) 경우가 허다하기 때문에 이 책에서는 이러한 경향을 따라 중견국 충분조건의 충족 유무를 결정하기로 한다. 이와 같이 중견국 충분조건을 충족시키는 국가의 리스트를 〈표 4-6〉에 정리해 보았다.

〈표 4-6〉 중견국 충분조건 충족 국가

그리스	나이지리아	남아프리카공화국	네덜란드
노르웨이	뉴질랜드	한국	덴마크
말레이시아	멕시코	벨기에	브라질
스웨덴	스페인	싱가포르	아르헨티나
아일랜드	알제리	오스트리아	이집트
인도	인도네시아	자메이카	체코
칠레	코트디부아르	터키	포르투갈
폴란드	핀란드	헝가리	호주

쿠퍼 · 히곳 · 노설, 조르단, 볼턴 · 내쉬, 쉐만, A. 쿠퍼, D. 쿠퍼, 레이븐힐, 프랫 8개 문헌 참조

　여기서 거의 모든 학자들에 의해 전통적 중견국으로 간주되는 캐나다는 G8 회원국이기 때문에 이 책에서는 중견국 리스트에서 제외하기로 한다. 캐나다 이외에 G8 회원국 중 UN 안전보장이사회 상임이사국(Permanent 5: P5)이 아닌 독일, 이태리, 일본 역시 강대국의 카테고리에 포함시키는 차원에서 이 책의 중견국 리스트에는 포함시키지 않기로 한다. 최근 몇몇 일본 학자들은 일본이 강대국이 아니라 한국과 마찬가지로 중국, 러시아 및 미국의 영향력 하에 둘러싸인 중견국이라고 주장하기도 한다. 이에 반해 전통적 중견국이었던 캐나다는 G8 회원국이 된 이후 중견국으로 간주되는 것을 그다지 선호하지 않는다.[27]

　물론 〈표 4-6〉에 포함된 국가들만이 중견국의 충분조건인 중견국 외교스타일을 표방하는 것은 아니다. 〈표 4-6〉의 리스트에 포함되지는 않았지만 UN 평화유지활동(Peace Keeping Operation: PKO)에 적극 참여하는 중견국의 외교스타일을 표방하는 국가들도 있다. 〈표

4-5〉에서처럼 중견국의 필요조건을 충족시키지만 〈표 4-6〉의 중견국 충분조건 리스트에 포함되지 못한 국가들, 즉 대만, 방글라데시, 베트남, 북한, 태국, 파키스탄, 필리핀, 우크라이나, 사우디아라비아, 이란 중에서 UN 평화유지 활동에 적극 참여하는 국가들로는 태국, 필리핀, 파키스탄, 방글라데시, 우크라이나를 들 수 있다. 2016년 3월 현재 UN 주도로 진행 중인 16개 지역에서의 평화유지활동 중 태국은 4개 지역에서 UN PKO에 참여하고 있으며, 파키스탄은 7개 지역에서, 방글라데시는 10개 지역에서, 우크라이나는 7개 지역에서 적극적으로 UN PKO에 참여하고 있다. 이들 국가들은 비록 〈표 4-6〉의 중견국의 충분조건을 충족시키는 국가 리스트에 포함되지 않았지만 실제로는 중견국 외교행태를 적극적으로 보이는 국가들로 중견국 충분조건을 충족시키는 것으로 간주해도 무방하다.

태국, 파키스탄, 방글라데시 및 우크라이나에 반해, 북한, 대만, 필리핀, 베트남, 멕시코, 사우디아라비아, 이란은 각각 UN PKO에 전혀 참여하지 않고 있거나 오직 한 지역 또는 두 지역에서만 참여하고 있는 국가들이다. 이들 중 대만은 UN회원국이 아니기 때문에 당연히 UN 주도의 평화유지활동에는 동참할 수 없다. 필리핀은 2014년 말까지만 하더라도 UN 평화유지활동에 적극적으로 참여하던 국가 중 하나였으며 2016년 3월 현재 대부분의 지역에서 철수했다.[28]

북한, 베트남, 멕시코, 사우디아라비아, 이란이 중견국의 필요조건은 충족시키지만 충분조건을 충족시키지 못하는 국가들인지를 구분하는 마지막 과정으로 UN에서 인권문제에 관한 회원국들의 투표행태를 비교해 보기로 한다.[29] 즉 북한, 베트남, 멕시코, 사우디아라비아, 이란이 UN에서 인권과 관련된 이슈에서 소위 패권국이라고 하는 미국의 투표 행태와 유사한지 전혀 다른지를 분석하여 만일 이들 국가의 투표행태가 미국의 투표행태와 전혀 다르다면 이들 국가는 국력 측면에서는 중견국의 필요조건을 충족시키지만 외교스타일

측면에서 중견국의 충분조건을 충족시키지 못하는 불만족한 중견국
으로 최종적으로 간주하기로 한다.

이 책에서 사용된 COW 국력지표의 기준연도인 1999년에는 12월
6일과 12월 17일에 UN에서 인권과 관련된 19번의 투표가 있었다.
19번의 전체 회원국들의 투표 중 북한과 베트남은 단 한 차례도 미
국과 같은 투표행태가 없었다. 이란의 경우 미국과 두 차례의 같은
투표행태를 보이는 데 그쳤다. 이에 반해 멕시코, 사우디아라비아는
네 차례에 걸쳐 미국과 같은 투표행태를 보였다. 이는 미국과 가장
가까운 동맹국인 한국과 같이 19번 중 6번에 걸쳐 같은 투표행태를
보이는 수준에는 미치지 못한다고 하더라고 열 번의 투표 중 두 번
정도는 미국과 같은 입장을 취했다. 이러한 분석을 바탕으로 이 책
에서는 중견국 필요조건을 충족시키지만 충분조건은 충족시키지 못
하는 불만족한 중견국으로 북한, 베트남, 이란을 선정했다.

이 책에서는 위의 〈표 4-6〉의 리스트, UN PKO에 적극적으로 참
여한 국가 리스트, UN 인권 관련 투표행태의 결과에서 중견국 외교
스타일을 유지한 국가들의 리스트 중 어떤 리스트든지 간에 한 번이
라도 포함이 되는 국가들을 중견국 충분조건을 충족시키는 국가로
간주했다. 이 책에서 재정립한 중추적 중견국, 불만족한 중견국, 그
리고 일반적 중견국의 리스트를 〈표 4-7〉에 정리해 보았다.

〈표 4-7〉 중견국 리스트

중추적 중견국 (21개국)
한국, 인도네시아, 태국, 필리핀, 호주, 인도, 파키스탄, 방글라데시, 스페인, 폴란드, 네덜란드, 벨기에, 우크라이나, 터키, 브라질, 멕시코, 아르헨티나, 남아프리카공화국, 나이지리아, 이집트, 사우디아라비아

일반적 중견국 (17개국)
뉴질랜드, 말레이시아, 싱가포르, 그리스, 노르웨이, 덴마크, 스웨덴, 아일랜드, 오스트리아, 체코, 포르투갈, 핀란드, 헝가리, 자메이카, 칠레, 알제리, 코트디부아르
불만족한 중견국 (3개국)
북한, 베트남, 이란

1 J. David Singer, Stuart A. Bremer, and John Stuckey, "Capability Distribution, Uncertainty, and Major Power War, 1820-1965," in Bruce M. Russett, ed. *Peace, War, and Numbers* (Beverly Hills: Sage, 1972); Scott D. Bennett and Allan C. Stam III, *"Eugene: A Conceptual Manual,"* *International Interactions,* vol.26, no.2, 2000, pp.179-204; COW 프로젝트는 국력종합지수뿐 아니라 동맹과 관련된 데이터까지 다양하게 제공한다. 이러한 데이터는 인터넷을 통해 아무나 쉽게 활용할 수 있다.

2 George Modelski, *World Power Concentrations: Typology, Data, Explanatory Framework* (Morristown: General Learning Press, 1974), p.2; George Modelski and William R. Thompson, *Seapower in Global Politics, 1494-1993* (Seattle: University of Washington Press, 1988), pp.97-99; William R. Thompson, *On Global War* (Columbia: University of South Carolina Press, 1988), pp.47-49; Jack S. Levy, *War in the Modern Great Power System, 1495-1975* (Lexington: University of Kentucky, 1983), pp.10-14.

3 Levy, pp.15-19.

4 Modelski and Thompson; Woosang Kim, "Power Transition and Great Power War from Westphalia to Waterloo," *World Politics*, vol.45, no.1, 1992, p.159.

5 Levy, pp.29-49.

6 Melvin Small and J. David Singer, *Resort to Arms: International and Civil Wars, 1816-1980* (Beverly Hills: Sage, 1982).

7 Small and Singer, pp.39-41.

8 Small and Singer, pp.39-41.

9 Small and Singer, pp.44-50.

10 Matthew Bolton and Thomas Nash, "The Role of Middle Power—NGO Coalitions in Global Policy: the Case of the Cluster Munitions Ban," *Global Policy*, vol.1, issue.2, 2010, pp.172-184.

11 Cranford Pratt, "Middle Power Internationalism and Global Poverty," in Cranford Pratt, ed. *Middle Power Internationalism: The South-North Dimension* (Kingston & Montreal: McGill-Queen's University Press, 1990), pp.3-24.

12 Holbraad, pp.75-91; Bernard Wood, "Toward North-South Middle Power Coalition," in Pratt, pp.17-18; Denis Stairs, "Of Medium Powers and Middling Roles," in Ken Booth, ed. *Statecraft and Security* (Cambridge: Cambridge University Press, 1998), p.274, p.282.

13 2014년 3월 26일 네덜란드 헤이그에서 열린 핵안보정상회의에서 G7 정상들은 24일 우크라이나 크림반도를 무력으로 합병한 러시아를 G8체제에서 축출한다고 공식 발표했다. http://ko.wikipedia.org/wiki/G8 ; 조선일보 2014.3.26.

14 http://ko.wikipedia.org/wiki/G20

15 COW 국력 지표는 1815년부터 최근까지의 각 국가의 국력을 국가별 총인구수와 도시 인구수, 석탄 소비량과 철강 생산량, 군대 병력규모와 군사비 모두 6개 항목의 국가별 보유비율을 산술평균으로 산출한 값을 계산하여 측정한 것이다. 이 책에서는 1816년부터 2007년까지 각국의 국력지표를 산출해 놓은 National Material Capabilities (version 4.0)를 사용하였다. http://www.correlatesofwar.org.

16 D. Scott Bennett and Allan C. Stam, III, "EUGene: Expected Utility Generation Data Management Program, version 3.204, http://www.eugenesoftware.org 참조.

17 국가들 간의 국력 동등성을 이분법으로 측정할 때, 80% 기준을 활용하는 대표적인 경험적 연구로는 A.F.K. Organski and Jacek Kugler, *The War Ledger* (Chicago: University of Chicago Press, 1980), ch.2 참조.

18 몇몇 중견국관련 연구문헌은 중견국을 스스로 자처한다는 의미로 "스스로 간주

하는"(self-identified), "스스로 선언하는"(self-proclaimed), 또는 "스스로 이름짓는"(self-styled)라는 단어를 쓴다. Andrew F. Cooper, "Niche Diplomacy: A Conceptual Overview," in Andrew F. Cooper, ed. *Niche Diplomacy: Middle Powers after the Cold War* (London: Macmillan Press Ltd., 1997), p.21; David A. Cooper, "Challenging Contemporary Notions of Middle Power Influence: Implications of the Proliferation Security Initiative for 'Middle Power Theory'," *Foreign Policy Analysis,* vol.7, 2011, p.322; Ravenhill, p.310. 김치욱은 위의 물리적 능력과 유사한 측정방법과 '외교능력'이라는 측정방법을 사용하여 중견국 리스트를 도출해 내는 시도를 한다. 외교능력을 국제기구 가입률과 외교 네트워크 수준지표를 사용하여 측정을 시도한다. 즉 특정국가의 국제기구 가입률은 해당 년도의 전체 국제정부간기구(International Governmental Organizations) 중에서 회원국으로 가입한 비율로 측정하고, 외교 네트워크 지수는 전체 국가 중 외교관계를 수립한 국가들의 비율로 측정한다. 그러나 김치욱은 국제기구 참여율이나 외교 네트워크 지수 역시 특정국가의 외교스타일을 추정하는 데 활용되기에는 부적절하다고 지적한다. 김치욱, "국제정치의 분석단위로서 중견국가: 그 개념화와 시사점,"『국제정치논총』제49집 제1호, 2009, pp.7-36; 김치욱, "국제금융제도 개혁과 중견국가: G20의 역할을 중심으로,"『한국정치학회보』제43집 제3호, 2009, pp.271-308.

19 A. Cooper et al., pp.12-32.

20 Jordaan, pp.165-166.

21 Bolton and Nash, pp.172-184.

22 Pratt, pp.3-24.

23 Maxi Schoeman, "South Africa as an Emerging Middle Power," *African Security Review*, vol.9, no.3, 2000, pp.1-12.

24 A. Cooper.

25 Ravenhill, p.310.

26 D. Cooper, pp.323-328.

27 일본이 중견국임을 주장하는 학자로는 소에야 요시히데(박철희·윤수경 역), 『일본의 미들파워 외교: 전후 일본의 선택과 구상』(서울: 오름출판사, 2006) 참조. 채터슨(David Chatterson) 주한 캐나다 대사는 연세대 특강에서 캐나다를 중견국이라기보다는 "건설적인 국가"(constructive power)라고 언급하였다. 연세대 정치외교학과 동북아 국제관계 특강, 2013.11.19.

28 2016년 3월 현재 UN 평화유지활동은 서부 사하라, 중부 아프리카 공화국, 말리, 하이티, 콩고 민주공화국, 다푸르, 골란, 사이프러스, 레바논, 아비에이, 코소보, 라이베리아, 남수단, 인도-파키스탄, 코트디부아르, 중동 등 16개 지역에서 진행되고 있다. UN 평화유지활동 홈페이지 참조. http://www.un.org/en/peacekeeping/ 2016.3.6.

29 UNBISnet에서 1999년 12월 6일, 12월 17일에 진행된 투표결과를 분석했다. 2015년 12월에 진행된 UN 인권관련 투표행태도 1999년의 결과와 비슷하다. 19번의 투표에서 북한과 이란은 단 한 차례도 미국과 같은 투표행태를 보이지 않았고, 베트남은 미국과 두 차례 같은 투표행태를 보이는 데 그쳤다. unbisnet.un.org 참조.

제5장

인간안보 이니셔티브

　중추적 중견국으로 이미 부상한 대한민국은 인간안보분야에 더욱 많은 관심을 표명하기 시작했다. 2008년 리먼 브러더스(Lehman Brothers) 파산사태로부터 시작된 세계경제위기에 대응하여 G20 정상회의에 적극 참여하며 G20 정상회의를 위기극복을 위한 가장 중요한 국제경제포럼으로 정례화하는 데 중요한 역할을 했다. 기후변화, 녹색성장, 핵확산방지, 지속가능한 발전, 해적퇴치, 평화유지 활동 등의 주요한 인간안보분야에서도 적극적으로 다자체제에 동참하고 있다. 대한민국이 향후 지역적, 국제적 리더십을 발휘하는 데 핵심적 분야가 바로 인간안보분야라고 할 수 있다. 인간안보와 관련된 이슈는 국제사회에서 중견국이 주도할 수 있는 의제(agenda) 중 가장 효과적인 것이기 때문에 중견국의 역할을 이해하고 중견국의 외교전략을 수립하는 데 인간안보에 관한 이해가 필수적이다.

　국제정치학의 대표적인 시각인 (신)현실주의는 강대국의 전통적 안보, 즉 국가안보 또는 군사안보 중심의 시각이기 때문에 중견국의 국제안보에 대한 영향력이나 국제안보차원에서 인간안보의 중요성 등에 대한 주제는 거의 등한시하다시피 했다. 국가의 삼대 요소인 국민, 영토, 주권을 외부의 위협으로부터 보호하는 것이 국가안보의 핵심이기 때문에 국가안보의 주체는 당연히 국가이고, 국가는 군사력을 바탕으로 독립을 유지하며 국민, 영토, 주권을 보호한다. 그렇기 때문에, 대부분의 국제안보 관련 연구자는 현실주의 또는 신현실주의 시각을 바탕으로 접근한다. 신현실주의자 월트(Stephan Walt)는 안보연구가 군사적 위험, 군사력 사용 및 통제 등에 관한 연구이기 때문에 환경오염, 질병, 경제위기, 인권, 아동학대 등과 같은 문제를 안보에 대한 위협으로 간주할 경우 안보연구의 범위가 다루기 힘들 정도로 넓어져서 효과적으로 연구를 진행할 수가 없을 것이라고 지적한다.[1]

그러나 탈냉전 이후 국가 간의 무력분쟁 이외에 다양한 비전통적 안보(non-traditional security) 문제가 국제사회를 위협하기 시작했다. 특히 2001년 9월 11일 알 카에다(Al Caeda)에 의해 뉴욕의 세계무역센터(World Trade Center)와 워싱턴 D.C.의 국방부 건물인 펜타곤(Pentagon)이 공격당하고 3천여 명의 사상자를 낸 엄청난 테러 사건이 발생한 이후 전통적 국가안보 문제뿐 아니라 테러리즘, 전염병, 환경오염, 난민문제, 인권침해, 기후변화, 지속가능한 발전 등과 같은 비전통적 안보문제의 중요성이 급속도로 부각하기 시작했다. 최근 몇 년 동안 인류 공동의 위협으로 등장하고 있는 메르스(MERS), 지카(Zika) 바이러스와 같은 전염병, 세계 곳곳에서 자행되는 이슬람국가(IS) 테러집단의 무고한 시민에 대한 무차별살상, 시리아 내전으로 인한 시리아 난민의 집단탈출 등은 인간안보문제가 전 세계 모든 국가들에 의해 국가안보 못지않게 철저히 대비해야 하는 안보문제임을 상기시켜 주고 있다.

부잔(Berry Buzan)은 오래전부터 비전통적 안보연구의 지평을 넓히는 데 기여했다.[2] 그는 1983년 『국민, 국가, 공포』에서 "전통적 안보복합체"(classical security complex) 이론을 제시한다. 부잔에 의하면, 국제안보는 관계에 의한 것이기 때문에 한 국가가 어떻게 타국과 관계를 맺는가에 달려 있다. 국가들 간의 안보관심사는 대부분 서로 연관되어 있어서 자국의 안보 관심사를 타국의 안보와 분리해서 고려할 수 없는 경우가 허다하다. 특정국가는 멀리 떨어져 있는 나라보다는 이웃 국가를 더 두려워할 가능성이 높기 때문에 안보연구는 지역차원에 초점이 맞추어져야 한다는 것이다. 안보연구는 특수한 상호작용(interaction)을 분석하기 위해 분야별로 연구되어야 한다고 지적하고, 군사, 정치, 경제, 사회, 환경 분야의 중요성을 언급한다.

1998년 부잔은 『안보: 연구를 위한 새로운 분석틀』을 출간하면서 '코펜하겐 안보연구 학파'(Copenhagen School of security studies)를 결성하여, 군사, 정치분야가 아닌 다른 분야에 국가 이외의 행위자를 중심으로 안보연구를 확장해 나간다. 부잔 · 웨버 · 윌드(Barry Buzan, Ole Wæver, and Jaap de Wilde)는 특정이슈가 안보화되는 과정을 구성주의 시각으로 설명한다. 그들은 "안보화"(securitization)란 어떤 특정위협이 존재하여 긴급조치와 정상적인 정치적 절차 밖의 정당화된 행동이 필요함을 알리는 것이라고 설명한다. 안보화과정은 안보화를 추진하는 행위자에 의해서 국가 또는 특정그룹의 생존을 위협하는 현상이 발생하고 있음을 연설 등을 통해서 경고하는 행위가 필수적이라고 지적한다.

1. 인간안보 개념

부잔을 중심으로 한 북유럽 학자들의 안보연구의 범위를 넓히는 노력은 인간안보개념을 발전시키는 데 기여했다. 국제연합발전계획(United Nations Development Program: UNDP)은 이러한 노력에 영향을 받아 1994년에 처음으로 인간안보개념을 깊이 있게 다룬『인간발전보고서』를 발간했다. 1994년 보고서는 안보개념의 재정립의 필요성을 지적하며, 핵위협에 대한 국가안보문제뿐 아니라 인간에 대한 다양한 안보를 보장하는 문제의 중요성을 지적한다. UNDP의 목적은 인간이 자유롭고 안전한 환경 속에서 삶을 영위할 수 있도록 보호함으로써 인간의 삶의 질을 향상하는 것이었고, 이러한 목적은 당시 부트로스-갈리(Boutros Boutros-Ghali) UN 사무총장의 통찰력, 즉 국제사회는 군사 분야를 뛰어넘어 환경오염, 가뭄, 질병 등으로부터 위협을 받게 된다는 것과 일맥상통하는 것이었다.[3]

1994년『인간발전보고서』는 인간안보가 군사력과 관련이 있는 것이 아니라 인간의 생명과 존엄에 관한 것이며, 두 가지 주요한 측면이 있다고 지적한다. 인간안보는 기아, 질병, 억압과 같은 고질적인 위협으로부터 안전하고, 가정, 일터, 사회 등에서 일상생활을 위협하는 요인들로부터 보호받는 것을 의미한다.『인간발전보고서』는 인간안보에 관한 네 가지 특징과 일곱 가지 주요 범위를 제시한다. 인간안보는 보편적이고, 예방을 통해 가장 잘 보장되며, 인간 중심적이고, 그 구성 요소들은 상호의존적이다. 인간안보의 일곱 가지 범위는 1) 경제안보 – 가난으로부터의 자유, 2) 식량안보 – 기아로부터의 자유, 3) 보건안보 – 질병으로부터 보호받을 수 있는 환경에 있거나 질병에 걸렸을 경우 병원을 쉽게 이용할 수 있는 것과 같은 질병으로부터의 자유, 4) 환경안보 – 깨끗한 물과 공기를 이용할 수 있고 환경오염이나 자원 고갈로부터 보호받는 것, 5) 개인안보 – 폭력과 범죄, 마약의 공포로부터의 자유, 6) 공동체안보 – 가정생활과 자신이 속하는 인종, 그룹 등에 대한 참여의 자유, 7) 정치안보 – 인간의 기본적 권리를 행사할 수 있는 자유를 제시한다.[4]

햄슨을 중심으로 한 몇몇 학자들은(Fen Hampson et al.)은 이러한 인간안보의 개념을 세 가지 접근으로 나누어 설명한다.[5] 첫 번째로,

인간안보에 있어서 '권리에 근거한' 접근을 제시한다. 권리에 근거한 접근은 인간에 대한 법적 보호에 관한 것으로 국제적, 지역적 차원에서 규범적이고 법적인 틀을 강화하는 동시에 각 국가의 인권관련 법과 사법제도를 발전시키는 것을 추구한다. 이는 국제제도, 국제기구가 새로운 인권규범을 발전시키고 인간안보관련 각 국가들의 수준을 높이는 데 필수적이라고 설명한다.

두 번째 시각은 '공포로부터의 자유'(freedom from fear)에 관한 것이다. 이는 인간의 생명을 폭력적 상황으로부터 보호하는 것을 의미하는 것으로, 내전에 참전하는 전투병과 민간인이 뚜렷하게 구별되어야 하고, 국제사회는 내전에 휩쓸린 민간인들을 위험으로부터 보호하기 위해 분쟁에 개입할 도덕적 의무가 있으며, 국제사회의 개입은 단지 긴급한 인도적 지원 수준을 넘어 분쟁의 원인에 관해 조치를 취하고 분쟁이 재발되는 것을 막기 위한 노력까지 경주해야 함을 지적하는 시각이다. 이러한 시각은 국제체제 내에 많은 국가의 정부가 자국의 국민을 보호하기 보다는 위협하는 행위자가 될 수 있거나, 국내 반정부조직의 무력분쟁으로부터 자국민을 보호할 능력이 없을 수 있다는 가정에 근거한다.

세 번째 접근은 '궁핍으로부터의 자유'(freedom from want) 또는 지속가능한 인간발전이라는 더욱 광범위한 시각이다. 이는 인간안보에 대한 다양한 위협에 대응하기 위해 무엇보다도 불평등과 사회적 불의(injustice)가 해소되어야 하며, 의식주, 환경, 건강 등 일상생활과 관련된 위협의 등장을 주시하여 인간 개개인의 생존과 존엄을 보장하는 것을 의미한다.

이러한 인간안보 개념은 중견국 개념과 마찬가지로 대부분 중견국 정부, 중견국 출신의 학자, 정치가들에 의해 발전되었다. 엑스워시(Lloyd Axworthy) 캐나다 외교부장관은 냉전 종식 이후부터 캐나다는 국가안보보다는 인간안보에 역점을 둔 외교정책을 펼쳐야 한다고 역설하고 평화유지와 같은 인도주의적 개입(humanitarian intervention) 문제 등에 관심을 표명했다. 캐나다 정부는 인간의 권리, 안전, 생명에 대한 위협으로부터의 자유를 강조한다. 즉, 캐나다 정부의 시각에서는 인간안보가 국가안보와 상호보완적이다. 캐나다 외교통상부는 인간안보를 증진시키는 것은 국가의 정당성과 안정성을 증진하여 국가를 더 강하게 만들지만, 국가가 인간안보를 언제나 보장해줄 수 있는 것은 아님을 지적한다. 특정국가가 주변국에 대해 공격적이 될 경우, 국내적으로는 억압적이 되거나 국력이 약해져서 효율적으로 통치할 수 없게 되고 국민들은 고통을 겪게 될 수 있다. 특정정부가 주민에 대한 대량살상을 주도하거나 주민의 인권을 잔혹하게 침해하는 경우 이러한 인도주의적으로 긴급한 상황은 무시될 수 없으며, 어떤 경우에는 그 국가의 주권을 침해하는 한이 있더라도 인도주의적 차원의 개입이 정당화될 수 있다고 주장한다.[6] 즉 캐나다 정부는 정치적 개입에서부터 군사적 행동까지 모든 수단을 임의로 사용할 수 있다는 국제사회의 의지와 능력이 인간안보의제의 필수불가결한 요소임을 지적한다.[7]

1998년 5월 캐나다 정부는 노르웨이 정부와 더불어 인간안보개념을 공포로부터의 자유 접근에 맞추어 뤼센성명(Lysøen Declaration)에 서명하여 양국 간 인간안보를 위한 행동파트너십을 체결했다. 양국은 대인지뢰, 국제형사재판소, 인권, 국제인권법, 평화정착 시 여성보호문제, 소형무기 확산문제 등과 관련된 인간안보문제를 우선적으로 논의하고 서로 협력하는 데 뜻을 모았다. 그해 9월에 뤼센성명을 근거로 캐나다와 노르웨이가 주도하여 13개국이 참여하는 다자체제인 '인간안보 네트워크'(Human Security Network)를 설립하였고, 2016년 현재 오스트리아, 캐나다, 칠레, 코스타리카, 그리스, 아일랜드, 요르단, 말리, 네덜란드, 노르웨이, 슬로베니아, 스위스, 태국 등 중견국들과 약소국들이 회원국으로 참여하고 있으며 남아프리카공

화국은 참관국(observer)으로 참여하고 있다.[8]

캐나다와 노르웨이 등이 공포로부터의 자유를 보호하기 위해 인도주의적 개입을 지지하는 반면, 일본정부는 궁핍으로부터의 자유 접근에 따라 인간안보개념을 정의하고, 보호(protection)의 문제와 개입의 문제가 연계되는 것을 수용하지 않는 입장을 취한다.[9] 일본 정부의 인간안보개념은 UNDP의 포괄적 인간안보개념과 유사하다. 2000년 일본외교청서(Japanese Diplomatic Bluebook)에 의하면, 일본은 가난, 환경의 퇴보, 마약, 초국가적 범죄, 에이즈와 같은 전염병, 난민 유출, 대인지뢰와 같은 인간의 삶과 생계, 그리고 인간의 존엄에 대한 위협에 대항하는 노력을 강화하는 관점에서 인간안보를 강조한다.[10]

네프(Jorge Nef)는 인간안보 영역에 경제안보, 정치안보, 문화안보와 더불어 나이, 성별, 인종, 종교, 사회적 지위에 대한 차별로부터의 자유를 포괄하는 사회안보를 포함시킨다. 태커(Ramesh Thakur)는 기아, 고문과 정당한 재판절차 없이 행해진 구속과 같은 국내정치적 폭력, 여성 및 소수(minority)에 대한 차별, 가정폭력, 인종분쟁, 전쟁 기간 중에 발생하는 강간 및 성노예(sex slave) 동원과 같은 문제를 포함한 성(性) 안보(gender security) 등으로부터의 자유를 인간안보 범주에 포함시킨다. 인간안보는 인간의 삶의 질에 관한 것이기 때문에 삶의 질을 저해하는 행위는 인간안보에 대한 위협이며, 자국민의 삶의 질을 증진시킬 수 있는 경제성장, 균등 배분, 정치적, 사회적 권익의 부여 등은 자국민의 인간안보에 도움이 되는 요인이라고 지적한다.[11]

개발도상국가 지도자들은 대부분 인간안보라는 개념을 수용하기를 꺼려 하는 경향이 있다. 그들에게 인간안보라는 개념은 서구 선진국의 개념으로 인권과 민주주의를 확산시키려는 의도와 관계가 있는 것으로 간주되기도 한다. 또한 인간안보가 개발도상국가의 경제 발전에 별로 도움이 되지 않는다고 이해한다.[12] 안보라는 단어는 국가이익, 영토, 주권과 직결되어 있다는 선입견을 가지고 있기 때문에 경제개발과 인간안보를 연계시키는 것이 쉽지 않을 수도 있다. 인간중심적 발전에 초점을 맞추는 인간안보가 국가 경제발전과 어떻게 연계되는지를 잘 이해하지 못할 수도 있다. 그래서 개발도상국가 지도자들은 국민의 인권과 정치적 권리보다 사회·경제적 발전을 더 중요시 여기며, 경제성장을 위해서 자국민의 기본권이나 삶의 질을 침해하는 것을 정당화하기도 한다. 그러한 이유로 인간안보보다는 비전통적 안보 개념을 선호하며, 비전통적 안보에 대한 위협 역시 국가 주도로 대응해야 한다고 주장한다. 중국을 포함한 아시아 지역의 개발도상국가들은 초국가적 조직범죄, 질병, 마약밀매, 인신매매, 환경파괴, 자연재앙 등과 같이 초국경적 문제를 해결하기 위한 역내 다자 협력이 필요한 것을 비전통적 안보로 간주하지만 이러한 문제를 궁핍으로부터의 자유라는 의미의 인간안보와는 구별하고, 인간안보라는 단어 자체를 사용하는 것을 꺼리는 경향이 있다.[13]

2. 인간안보 이니셔티브

베링저(Ronald Behringer)는 국제체제에서 최근까지 중견국이 리더십을 발휘한 인간안보와 관련된 다섯 가지 주도적 행동(initiative)을 지적한다. 첫 번째로, 평화유지 활동을 위한 이니셔티브로 1996년 12월 캐나다와 네덜란드 정부가 주도하여 '유엔 평화유지작전을 위한 신속배치군'(Stanby High Readiness Brigade for UN Operations: SHIRBRIG)을 창설한 것을 언급한다. SHIRBRIG는 당시에 덴마크에 본부가 있었으며, 15일에서 30일 이내에 4천 명에서 5천 명의 정규 군대를 최대한 6개월 동안 파병할 수 있도록 했다. 20여 개 중견국 및 약소국들이 참여하였고, 2000년과 2001년에는 UN의 에디오피아

(Ethiopia) 및 에리트리아(Eritrea) 지역에서의 활동에 파병하기도 했다. 그러나 전통적 평화유지군에 대한 수요의 감소로 인해 2009년 6월에 SHIRBRIG는 완전히 해산되었다.[14]

두 번째로, 엑스워시 캐나다 외교부장관의 주도로 대인지뢰금지를 위한 오타와 프로세스(Ottawa Process)가 추진되었다. 비정부기구인 '지뢰금지 국제캠페인'(International Campaign to Ban Landmines)은 연간 수천 명의 사상자를 초래하는 대인지뢰를 사용, 제조, 저장, 제공하는 행위를 금지할 것을 주장했고, 이에 캐나다 정부는 캐나다 NGO단체인 '캐나다 지뢰반대 행동'(Mines Action Canada)과 함께 1996년 10월에 관련 이슈를 논의하기 위해 캐나다의 수도 오타와에서 국제회의를 개최했다. 엑스워시는 그 회의에서 1997년 12월까지 대인지뢰금지조약을 체결할 수 있도록 동참하자고 제안했고, 오타와 프로세스에 참여한 '뜻을 같이하는'(like-minded) 핵심국가들은 '신속처리'(fast track) 협상을 통해서 14개월 만에 122개국이 서명한 오타와 협약(Ottawa Convention)을 탄생시켰다. 중견국의 주도로 탄생되고 1999년 3월부터 발효된 오타와 협약은 대인지뢰의 생산과 제공을 막는 데 지대한 영향을 미치고 있다.[15]

세 번째, 1994년 국제형사재판소(International Criminal Court)를 설립하는 데 뜻을 같이하는 국가들의 모임이 형성되었고, 이들은 몇몇 강대국의 반대에도 불구하고 NGO단체인 '국제형사재판소를 위한 동맹'과 협력하여 대량학살, 인류에 대한 범죄, 전쟁범죄 등과 관련된 재판을 위한 강력한 권한을 가진 국제형사재판소 설립을 주도했다. 1998년 뜻을 같이하는 중견국 모임은 로마에서 개최된 회의에서 외교력을 발휘하여 로마규정(Rome Statute)에 대한 광범위한 지지를 호소했고, 그 결과 범죄에 대한 자체조사를 주도하고 기소할 수 있는 독립성이 강한 국제형사재판소를 창립하는 규정을 통과시켰다. 로마규정은 2002년 7월부터 발효되었다.[16]

네 번째로, 소형무기(small arms and light weapons: SALW)는 탈냉전 이후 많은 국가들의 내전에서 사용되어 수백만 명의 인명피해를 입히고 있는데도 불구하고 냉전 당시의 핵무기와 같은 대량살상무기의 중요성 때문에 소형무기에 대한 제재조치를 취하는 데 성공적이지 못했다. 1993년 말리(Mali) 정부는 UN에 서부 아프리카에서 소형무기의 확산을 막아 달라는 요청을 하게 되었고, 1997년이 되어서야 UN의 한 패널이 소형무기의 불법거래 등과 관련된 전반적인 문제를 논의하기 위한 회의를 제안했다. 이에 몇몇 중견국들이 '소형무기 반대 국제행동 네트워크'(International Action Network on Small Arms) 등 NGO들과 긴밀한 협력체계를 구축하여 여러 차례 워크숍을 개최하였고, 2001년 7월에 소형무기 이슈와 관련된 UN회의에서 소형무기를 각국 정부 이외에는 거래할 수 없도록 규제할 것을 제안했다. 소형무기 거래 규제와 관련된 의제는 신속처리 협상방식이 아닌 '공감대 형성을 통한 결정'(consensus decision-making) 방식을 따랐을 뿐 아니라 개인의 소형무기 소유를 허용하고 정부 이외에도 소형무기를 거래할 수 있도록 하고 있는 미국의 입장과 정면 배치되어 결국 참가국 간에 합의를 보는 데 성공하지 못했다. 결국 소형무기의 불법적인 면을 지적하되 법적 효력은 없는 행동 프로그램(Program of Action)을 채택하는 수준에서 마무리되었다.[17]

　다섯 번째로, 1990년대 대량학살과 관련된 분쟁들은 주권원칙이 국가안보에 중요하지만 인간안보에는 심각한 해를 끼칠 수도 있음을 보여 주었다. 이에 캐나다, 호주와 같은 중견국은 국가의 자국민에 대한 책임과 관련된 주권개념, 특히 '보호책임'(responsibility to protect: R2P)과 관련된 개념을 새로이 정립하려는 운동을 주도했다. 2001년 캐나다와 호주 정부의 주도로 설립된 '개입 및 국가주권 국제위원회'(International Commission on Intervention and State Sovereignty: ICISS)는 R2P에 예방(prevention), 대응(reaction), 재건(rebuilding)의 책임을 포함하는 영향력 있는 보고서를 제출했다. 이 보고서에서 분쟁이 폭력으로 악화되는 것을 막기 위해 분쟁의 주 원인을 배제하는 예방의 책임, 정치적, 경제적, 군사적 제재를 포함한 적절한 수단을 동원하여 고통받은 주민을 보호하는 대응의 책임, 군사적 개입 이후 회복, 복구, 화해 과정을 지원하는 재건의 책임을 강조했다. 또한 인도주의적 군사 개입은 대량학살이나 대량 인종청소(ethnic cleansing)의 위급한 상황일 때만 허용되어야 하며, 최후의 수단으로 사용되어야 하고, 다국적군의 활동이 중심이 되어야 함을 주장했다.[18]

2005년 UN 세계정상회의(World Summit)에서 UN 회원국들은 ICISS 보고서 내용을 기본적으로 지지했다. 중견국들은 R2P 원칙이 국제사회에서 인정을 받도록 하기 위해 공감대 형성을 통한 결정방식에 따라 다소 완화된 R2P 개념을 확정했다. 웨스트팔리아적 주권(Westphalian sovereignty)개념은 자국영토와 국민에 대한 국내 권위구조에 대한 독립성, 즉 외부로부터의 간섭배제가 그 핵심이다. UN 헌장에서도 특정국가의 국내정치에 대한 개입을 반대하는 것을 명시한다. 이에 반해 R2P와 관련이 있는 책임으로서의 주권(sovereignty as responsibility)은 두 가지 주장에 근거한다. 먼저, 보편적 인권은 국가의 권리에 앞선다는 주장인데 이는 전통적 주권 개념인 웨스트팔리아적 주권과 상충된다. 둘째, 각 국가의 정부는 자국민의 권리를 보호할 의무가 있지만, 만일 정부가 그 의무를 이행하지 못하거나 남용할 경우 국제사회가 그 나라 국민의 권리를 보호할 권리와 의무를 가질 수 있다는 주장에 근거한다. 사실 R2P와 관련된 이슈는 각 국가의 주권과 관련이 있기 때문에 R2P 개념을 선호하는 국가가 있는 반면 반대하는 국가도 있어서 계속 논란이 되고 있다.

2009년 1월 반기문 UN 사무총장은 『R2P 이행 보고서』를 출간하여, R2P에 대한 세 가지 전략을 제시했다. 반기문 사무총장은 자국민에 대한 R2P, 국제사회의 지원에 대한 공약, 특정국가가 자국민을 보호하지 못하거나 위협할 때는 언제든지 국제사회의 개입책임을 강조했다. 2009년 9월 UN 총회는 이 보고서를 지지하는 결의안을 채택했으며, R2P에 대해 계속 심의할 것을 결의했다. 반기문 사무총 장은 R2P 전담 특별보좌관을 임명했으며, 매년 R2P 관련 보고서도 출간했다.[19]

위의 다섯 가지가 중견국이 주도한 인간안보 이니셔티브라면 UN '새천년 발전목표'(Millennium Development Goals: MDGs)는 UN 주도의 인간안보관련 이니셔티브이다. UN은 2000년에 UN 총회에서 결의 안을 채택하여 향후 15년간 인간의 삶의 질 향상을 위한 MDGs를 추 진할 것을 선언했다. 여기서 UN 헌장이 명시하는 원칙들뿐 아니라 인간안보와 관련된 이슈들에 대한 '책임의 공유'(shared responsibility) 를 주장했다. 그리고 여덟 가지 MDGs에 모두 인간안보 이슈인 가난 과 궁핍해소, 보편적 초등교육, 성 평등과 여성의 권리강화, 아동 사 망률 축소, 임산부 건강증진, 에이즈 바이러스, 말라리아 등 전염병 퇴치, 환경지속성 확보, 발전을 위한 글로벌파트너십 구축을 포함시 켰다. 2014년 새천년 발전목표 보고서(MDGs Report)는 지난 15년간 이 분야에서 인간안보가 괄목할 만한 증진을 보여 주었다고 평가하 는 반면, 국제사회가 공동으로 해결해야 할 문제들이 아직 남아 있 음을 지적한다.[20]

2016년부터 UN은 새천년 발전목표의 한계점을 보완하고 인간안 보관련 프로젝트를 계속 시행해 나가기 위해서 '지속가능한 발전목 표'(Sustainable Development Goals: SDGs)를 향후 15년간 추진하기로 했다. SDGs는 인류의 공동발전을 위해 열일곱 가지 목표를 설정했 다. MDGs의 여덟 가지 목표 이외에 맑고 위생적인 물 공급, 감당할 수 있는 깨끗한 에너지, 적절한 취업, 불평등 해소, 지속가능한 도시 와 커뮤니티, 책임 있는 소비와 생산, 기후 및 환경, 평화와 정의를 위한 국제제도 등을 새로이 추가했다. SDGs에는 기아와 빈곤 문제뿐 아니라 경제, 교육, 환경, 국제규범 등 인류의 평화공존을 위한 다양한 인간안보 관견 이슈들이 포함되었다.

3. 인간안보와 중추적 중견국

중견국은 안보 영역에서 제1 동행자 역할만을 담당한다는 몇몇 학자들의 주장에 반해, 중견국이 인간안보 이슈를 국가안보 못지않게 중요한 안보 문제로 이슈화하는 데 중요한 역할을 수행해 온 것은 사실이다. 위의 다섯 가지 사례에서 본 것처럼 어떤 경우는 인간안보 아젠다와 관련된 중견국의 이니셔티브가 성공적인 데 반해 이러한 중견국의 주도가 강대국의 국익에 위배될 경우 실패하는 경우도 있음을 알 수 있다. 베린저는 중견국의 인간안보 이니셔티브의 성공 가능성과 관련된 두 가지 가설을 주장한다. 먼저, 패권국 미국은 중견국이 주도하는 인간안보 의제(agenda)가 미국헌법에 보장된 자국민의 권익을 침해할 소지가 있을 경우 강력하게 반대할 가능성이 높으며, 이런 경우 중견국의 인간안보관련 이니셔티브는 실패할 가능성이 높다는 것이다. 둘째, 뜻을 같이하는 중견국들이 '공감대 형성을 통한 외교'가 아니라 '신속 처리외교'를 활용할 경우 중견국의 인간안보 관련 이니셔티브가 성공할 가능성이 더 높다고 주장한다.[21]

〈표 5-1〉에서처럼, 베린저는 SHIRBRIG의 경우 미국은 입장을 밝히지 않았고, R2P의 경우나 대인지뢰 금지와 관련해서는 미국이 묵인했으며, 그 결과 중견국들의 이니셔티브는 관련 의제에서 성공적이었다고 지적한다. 이에 반해 소형무기에 대한 규제와 관련해서는 미국의 반대로 인해 그다지 성공적이지 못했다고 평가한다. 국제형사재판소 설립 건에 대해서 미국은 반대 의사를 표명했지만, 국제형사재판소가 설립된 이후 현재의 역할에 대해서는 긍정적으로 평가를 내리는 것으로 본다. 결론적으로 뜻을 같이하는 중견국들은 강대

국을 포함하지 않은 채 인간안보 의제를 주도할 수도 있겠지만, 이
럴 경우 강대국의 국익에 따른 영향이나 개입으로부터 자유롭거나
성공적으로 목적을 달성하는 데 한계가 있을 수도 있다. 따라서 중
견국의 인간안보관련 의제의 목표달성의 성공여부는 특정의제를 주
도하는 중견국의 외교전략에 달려 있다.[22]

〈표 5-1〉 중견국의 인간안보 이니셔티브

이니셔티브	중견국 전략	미국 국익에 미치는 영향	미국 입장	결과
SHIRBRIG	강대국 참여 없이 주도	유엔 평화유지 개혁에서 미국 입장지지	무반응	1996년 설립, 파병 2009년 종결
대인지뢰 금지	오타와 프로세스, 신속처리 외교	한반도의 미국안보 이해관계에 영향	묵인함, 오타와협정 불참	협정 1999년 발효
ICC	소프트파워 활용, 로마회의 주도	미국 헌법적 권리, 해외주둔 미군 위협	로마협약 반대, ICC 긍정적 평가	ICC 2002년 설립
소형무기 규제	공감대 형성 외교	미국 헌법적 권리에 대한 도전	반대함	현재까지 진전없음
R2P	공감대 형성 외교	대량학살 반대하는 미국 입장 지지	묵인	2005년 세계정상회의 수정안 채택

〈출처: Behringer, *The Human Security Agenda*, p.164〉

인간안보의제는 중견국들에게 국제사회에서 인간의 보편적 권리

를 위해 외교적 리더십을 발휘할 수 있는 장을 마련해주는 것이 틀림없는 만큼, 중견국들은 이러한 기회를 잘 활용하여 글로벌 사회의 인간안보 증진을 위해 기여할 수 있어야 한다. 특히 국제체제 내 중추적 중견국의 역할의 중요성이 더 부각된다. 무엇보다도 경제위기, 기후변화, 지속가능한 발전, 난민, 평화유지 등은 중견국들의 이해관계와 직결된 이슈들이다. 강대국이 이러한 분야에서 주도적인 역할을 하기란 쉽지 않을 수도 있다. 대부분의 약소국들은 강대국이 특정분야에서 주도하려고 할 경우 위협을 느낄 수도 있다. 평화유지 활동이나 인도주의적 개입을 위해서 약소국에 파병을 할 경우 약소국은 강대국이 참여하는 파병에는 두려움을 느끼지 않을 수 없다. 이러한 분야에서는 강대국에 비해 전혀 위협적이 아닌 중추적 중견국을 중심으로 한 중견국의 주도적 역할이 기대된다.

기후변화이슈에 있어서도 선진강대국과 신흥강대국 간의 이해관계가 엇갈린다. 선진강대국은 지구온난화가 계속 진행될 경우 인류 대재앙을 불러일으킬 수 있기 때문에 이제부터라도 온실가스 배출량을 감축해야 한다고 주장한다. 그러나 세계 최대 온실가스배출국인 중국은 자국의 경제성장과 직결되는 온실가스배출량을 쉽게 낮추려고 하지 않는다. 지난 200년간의 산업화 기간 동안 미국과 유럽 강대국들이 대기를 오염시킨 주범들인데 이제 와서 그 책임을 중국과 같은 신흥경제국이 떠맡으려고 하지 않는다. 중국은 지구온난화 문제의 책임은 오랜 기간 동안 산업화를 통해 경제성장을 이룩한 미국과 유럽강대국들에 있기 때문에 이들이 주도적으로 감당해야 할 문제라고 주장한다.[23]

전 세계 핵확산을 막기 위해 핵확산금지조약(NPT), 포괄적 핵실험금지조약(CTBT) 등 국제레짐이 존재하지만 NPT는 강대국에게만 핵무기를 보유할 권리를 보장한 레짐으로서 중견국이나 약소국에게는 불리한 조약이다. 게다가 CTBT의 경우 미국, 러시아, 중국과 같이 핵무기를 보유한 강대국이 이를 비준하지 않은 국가도 있다. 중국의 남중국해 및 동중국해에서의 영유권 주장으로 인해 미국뿐 아니라 주변국 여러 나라들이 중국과 마찰을 빚고 있지만 이러한 문제를 국제적 규범에 입각하여 해결할 수 있는 방법이 없다. 영해 및 공해, 자유 항행권, 어업 및 해양자원 개발 등과 관련된 국가 간 분쟁을 평화적으로 해결하기 위한 국제법이나 국제제도가 필요한 상황에서 1982년 4월에 UN 해양법협약(UNCLOS)이 제정되었고 1994년 11월 이 협약이 발효되었지만, 미국을 포함한 선진국들이 비준을 하지 않고 있다. 2016년 7월 국제분쟁중재기구 상설중재재판소(PCA)가 필리핀이 제소한 남중국해에서의 중국의 영유권 문제에 대해 남중국해 대부분에 대한 중국의 영유권 주장을 인정하지 않은 판결을 내렸다. 그러나 중국이 이러한 판결을 수용할 리가 없다. 이번 PCA 판결의 근거가 되는 UN 해양법협약을 미국조차 비준하지 않았는데 중국이 그 판결을 인정하지 않을 것이라는 것은 쉽게 짐작이 가능하다.

중추적 중견국은 기존의 국제질서의 현상유지에 지대한 관심을 가지고 있는 국가이다. 안정적인 국제질서 속에서 예측 가능한 외교를 추구하는 것이 대다수의 중견국들의 국가이익에 유리하다. 그러나 때로는 중추적 중견국이 기존의 국제질서를 더욱 안정적으로 강화하는 차원에서 새로운 국제규범 만들기를 시도할 필요가 있다. 특히 패권국과 기존 질서에 다분히 만족하는 강대국들이 주도해서 국제사회와 함께 만든 국제적 규범들을 스스로 위반하거나 인정하지 않는 경우에는 중추적 중견국들이 나서서 강대국들의 참여를 유도해야 한다. 기존 강대국과 신흥강대국 사이에서, 강대국과 약소국 사이에서 중재자, 가교역할을 수행할 수 있는 위치에 있는 국가가 바로 중추적 중견국이다. 인간안보와 관련된 국제사회의 의제가 패권국이나 강대국의 적극적 참여 없이는 성공적으로 추진되기가 어려운 점도 있지만, 그렇다고 해서 강대국들이 인간안보 의제를 자국의 이해관계와 연계해서 좌지우지하는 경우가 발생할 때 이를 가만히 보고 있을 수만은 없다. 중추적 중견국은 새로운 국제레짐 만들기, 기존의 국제제도에 '책임 있는 이해당사자'인 강대국이 모두 참여하도록 유도하는 데 주도적인 역할을 맡아야 한다. 특정 인간안보 분야에서 국제적 거버넌스(governance)를 설립하는 데 중추적 중견국이 주축이 된 뜻을 같이하는 다자체제의 역할도 기대해야 한다.

중추적 중견국인 한국은 소프트 파워에 역점을 둔 스마트 파워를 잘 활용하여 이와 같은 중재자역할, 가교역할, 인간안보증진을 위한 다자체제에서의 리더십역할을 맡을 수 있도록 끊임없이 준비해야 한다. 물론 한국이 이러한 인간안보관련 분야에서만 '스마트 외교'를 수행해야 한다는 것은 아니다. 제1부 제3장에서 제시한 바와 같이, 미국과 중국 사이에서 하드 파워에 역점을 둔 스마트 파워를 잘 활용하는 스마트 외교도 매우 중요하다. 한국은 미국, 중국, 러시아, 일본, 4대 강대국의 영향력에 둘러싸여 있는 지정학적 요충지에 있는 국가이다. 미국과는 군사동맹을 맺고 있으며, 일본과는 한·미동맹과 미·일동맹을 통해 간접적이지만 군사적으로 연결되어 있다. 중국, 러시아와는 우호적인 관계를 유지하고 있다. 전형적 중추적 중견국인 한국은 다른 중견국이 감당할 수 없는 중요한 외교안보 역할을 동아시아 지역에서 담당하지 않을 수 없다. 미국과 중국 간의 패권경쟁이 점점 더 치열해지고 있는 시점에서 한편으로는 한·미동맹을 근간으로 지역안보질서의 현상유지를 위해서 미국의 동맹파트너역할을 수행해야 하고, 다른 한편으로는 기존 질서에 불만족한 중국의 불만족도를 낮추게 하여 미·중 간의 마찰이 무력분쟁으로 가시화되지 않도록 하는 데 일조해야 한다. 그러기 위해서는 중추적 중견국 한국 특유의 스마트 외교가 절실하다.

주

1 Stephen M. Walt, "The Renaissance of Security Studies," *International Studies Quarterly*, vol.35, no.2, 1991, pp.211-239; 김우상·조성권, 『세계화와 인간안보』(서울: 집문당, 2005), pp.79-80.

2 Ronald M. Behringer, *The Human Security Agenda: How Middle Power Leadership Defied US Hegemony* (London: Continuum, 2012), pp.9-12; Barry Buzan, *People, States and Fear: The National Security Problem in International Relations* (Brighton: Wheatsheaf, 1983); Barry Buzan, Ole Wæver and Jaap de Wilde, *Security: A New Framework for Analysis* (Boulder: Lynne Rienner, 1998), Behringer에서 재인용; 김우상·조성권, pp.79-80.

3 Behringer, p.13.

4 United Nations Development Program, *Human Development Report 1994* (New York: Oxford University Press 1994), pp.22-23; 김우상·조성권, pp.81-82.

5 Behringer, pp.13-14; Fen Osler Hampson, Jean Daudelin, John B. Hay, Holly Reid, and Todd Martin, *Madness in the Multitude: Human Security and World Disorder* (Don Mills: Oxford University Press, 2002), Behringer에서 재인용.

6 캐나다 외교통상부, "Freedom from Fear: Canada`s Foreign Policy for Human Security", (http://www.dfait-maeci.go.ca/foreignp/humansecurity/HumanSecurityBooklete.asp).

7 김우상·조성권, pp.82-83; 캐나다 정부의 정의(definition)에 따르면, 인간안보는 단지 공포로부터의 자유이다. UNDP가 포함시키는 궁핍으로부터의 자유는 인간발전에 속한다. 이와 같이, 캐나다 정부의 인간안보에 관한 정의는 다소 보수적이고 협소한 개념에 근거한다고 할 수 있다. 캐나다 외교통상부, "Freedom from Fear: Canada's Foreign Policy for Human Security", (http://www.dfait-maeci.go.ca/foreignp/humansecurity/HumanSecurityBooklete.asp).

8 Behringer, pp.21-22; Human Security Network website 참조.

9 Behringer, pp.21-22; 김우상 · 조성권, pp.81-85.

10 김우상 · 조성권, p.82; http://www.mofa.go.jp/policy/other/bluebook/2000/II-3-a.html.

11 Jorge Nef, *Human Security and Mutual Vulnerability: The Global Political Economy of Development and Underdevelopment*, 2nd ed. (Ottawa: International Development Research Centre, 1999); Ramesh Thakur, "From National to Human Security," in Stuart Harris and Andrew Mack, eds. *Asia-Pacific Security: The Economics-Poitics Nexus* (Canberra: Allen & Unwin, 1997), pp.53-54; 김우상 · 조성권, pp.83-84.

12 Bruce Bueno de Mesquita, *Principles of International Politics*, 5th ed. (Washington D.C.: CQ Press, 2014) 번역본, 김우상 · 김재한 · 황태희 외, 『세계정치론: 전쟁과 평화 그리고 세계질서』(서울: 카오스 북, 2015), 제9장.

13 Melissa Curley, "Human security's Future in Regional Cooperation and Governance?" *Australian Journal of International Affairs*, vol.66, no.5, 2012, pp.527-541; 인간안보 개념은 포괄적 안보(comprehensive security) 개념과도 비교가 된다. 인간안보와 포괄적 안보 개념의 차이에 대해서는 김우상 · 조성권, pp.86-89 참조.

14 Behringer, pp.3-4.

15 Behringer, pp.3-4.

16 Behringer, pp.4-6.

17 Behringer, pp.4-6.

18 Behringer, pp.140-161.

19 Behringer, p.6, pp.140-161; 크라즈너(Stephan Krasner)는 주권에 관한 개념을

네 가지로 구분하여 설명한다. Stephen Krasner, *Sovereignty: Organized Hypocrisy* (Princeton: Princeton University Press, 1999).

20 Alan Collins, *Contemporary Security Studies*, 4th ed. (Oxford: Oxford University Press, 2016), chapter 10.

21 Behringer, pp.163-174; Ronald M. Behringer, "Middle Power Leadership on the Human Security Agenda," *Cooperation and Conflict*, vol.40, no.3, 2005, pp.305-342.

22 Behringer(2012), pp.163-174.

23 김우상 · 김재한 · 황태희 외, 제8장 참조.

대가(大家)와의 가상적 꿈속의 대화

1988년 미국 로체스터 대학에서 박사학위를 취득하고 미국 텍사스 A&M 대학에서 교수로 임용된 이후 만 20년이 되던 해에 필자는 주 호주 특명전권대사(ambassador)라는 공직을 맡게 되었다. 그때쯤 이메일 한 통이 뉴욕에서 날아왔다. "우상, 정말 축하한다! … 자네가 한국외교의 일선에서 일하게 되어 여태껏 비상한(prodigious) 외교업적을 쌓아온 한국외교가 한 단계 더 발전할 것으로 믿는다. … 특히 게임이론을 공부하고, 전략적 사고(strategic thinking)를 바탕으로 외교목표 달성을 위해 논리(logic)와 증거(evidence)의 분석을 활용할 줄 아는 전문가로서는 아마도 처음으로 자네가 외교관련 고위공직자가 된 것 같아서 정말 기쁘다. … 하늘에 계신 라이커 교수도 이 소식에 기쁜 미소를 띠고 계실거야! …"

박사학위논문 지도교수인 부에노 데 메스키타 교수의 진심어린 축하 메시지였다. 이는 필자에게 이루 말할 수 없는 힘이 되었다. 필자가 30여 년 국제정치학자의 길을 걸어오며 평소에 존경했던 로체스터 학파의 창시자이며 박사학위논문 지도교수였던 라이커 교수가

하늘에서 축하해 주실 거라는 말에 눈물이 핑 돌았다.

1994년 미국 국제정치학회에서 세력전이이론의 창시자인 오르갠스키 교수와 나눈 대화가 생각났다. 그때 필자는 오르갠스키 교수께 텍사스를 떠나 서울에 있는 대학으로 자리를 옮기기로 결심했다고 말씀드렸다. "우상, 왜 텍사스에서 종신교수직까지 받았는데 한국으로 돌아가려고 해? 미시간 대학에 와서 나와 같이 지낼 생각은 없어?"

그때 개인적인 이유 이외에 국제정치학자로서 조국에 기여해야 하는 이유와 방법에 관한 필자의 생각을 조목조목 말씀드렸다. 오르갠스키 교수는 "아무도 자네 애국심을 막지 못할거야. 서울로 돌아가거든 꼭 자네 꿈을 이루도록 최선을 다해"라고 격려해 주시던 때가 문득 떠올랐다.

30여 년 전에 라이커 교수, 부에노 데 메스키타 교수, 오르갠스키 교수와 게임이론, 기대효용이론 등 합리적 선택이론과 세력전이이론을 공부한 이래 필자는 미 · 중 패권경쟁을 설명할 수 있는 동맹전이이론을 주장해 왔다. 20여 년 전부터는 한국의 중추적 중견국 외교론도 제기해 왔다. 동아시아지역에서는 미 · 중 패권경쟁이 치열해지고 한반도에서는 김정은정권이 핵무기 개발에 박차를 가하며 한국을 무력으로 위협하는 현 상황에서 필자는 우리나라 외교안보를 위한 좋은 아이디어를 곰곰이 생각하다가 문득 라이커 교수, 오르갠스키 교수, 부에노 데 메스키타 교수가 그리워졌다. 이분들을 꿈속에서라도 만나 보기로 작정하고 낮잠을 청했다.

[여기서부터는 세 분의 국제정치학 대가(大家)와의 가상적인 꿈속의 대화를 전개해 나가기로 한다. 낮잠 속에서 꿈을 꾸며 나누는 세 분과의 대화 내용은 모두 필자의 상상력에 의한 것임을 밝힌다.] 낮잠을 자다가 꿈속에서 오래전에 작고하신 라이커 교수를 만나서 여쭤 보았다. "교수님, 현재 동아시아지역에서 미 · 중 패권경쟁은 갈수록 치열해지고 있고,

한국은 미·중 사이에서 선택을 강요당하는 것과 유사한 상황에 놓여 있습니다. 어떤 조언을 해 주실 수 있으신지요?"

"한국은 미국과 중국 등 주변 강대국 모두에게 지정학적으로 중요한 요충지에 있는 국가지. 그래서 마음먹기에 따라서는 '중추적 행위자' 역할을 맡을 수가 있겠지. 한국이 그저 수동적으로 주변 강대국의 눈치만 보고 있으면 아마도 완충국 역할밖에는 못할 거야. 그럴 경우 주변 강대국의 샌드백(sand bag)이 되겠지. 능동적이고 창의적으로 접근해서 주변 강대국들이 모두 한국을 자국의 편으로 만들기 위해 구애하도록 만들어야 하겠지. 그래야만 한국의 중추적 행위자로서의 가치가 상승하고 한국은 국력에 걸맞은 대우를 주변 강대국으로부터 받을 수 있게 되겠지. '전략적 사고'가 절실해."

필자가 예상했던 대로 라이커 교수는 중추적 중견국 외교의 필요성을 제기했다. 다만 라이커의 '중추적 행위자'와 필자의 '중추적 중견국' 개념의 차이가 있다면 그것은 행위자의 유연성의 차이인 것 같았다. 라이커는 한국이 어떤 주변 강대국과도 우호적인 관계를 유지할 수 있도록 유연하게 대처해야 함을 강조한다. 필요하다면 한국이 중국, 러시아, 일본과도 동맹을 맺을 수 있다는 입장을 취해야 '최소 승자연합'(minimum winning coalition)의 일원이 될 가능성이 높아진다는 것이다. 이에 반해 필자는 대원칙(大原則)에 근거해서 군사안보 문제는 한·미동맹을 근간으로, 경제통상 이슈는 자유무역에 입각해서 국가이익을 추구하는 데 도움이 되는 국가라면 어느 국가와도 파트너가 되어야 함을 주장한다. 즉 자유민주주의에 입각한 평화적 통일이 한반도통일 대전략에 속하듯, 북한의 핵위협을 포함한 무력 도발위협에는 한·미동맹에 입각한 국가안보 우선주의가 한국의 대전략이 되어야 하고, 자유무역에 입각한 경제적 국익추구 우선주의가 경제외교 대전략이 되어야 한다. 어쨌든 간에 전략적 사고는 필수적이다.

잠시 다시 눈을 붙이다가 이번에는 작고하신 오르갠스키 교수를 만나게 되었다. "교수님, 교수님께서 이미 60여 년 전에 예상하신 일들이 이제 막 일어나고 있습니다. 중국이 급부상하면서 동아시아지역에서 드디어 미국과 패권경쟁에 돌입했습니다. 중국이 스스로 양국 관계를 '신형대국관계'라고 지칭합니다. 시진핑 주석은 '투키디데스의 함정'이라는 단어들까지 사용한 적도 있습니다. 중국이 남중국해에서의 영유권을 주장하고 나서서 상황은 더욱 심각해지고 있습니다."

"그런 상황이 발생할 줄 이미 알고 있었지. 중국의 국력이 미국을 따라잡게 되면 될수록 미·중간의 무력충돌 가능성은 더 높아질거야. 역사적으로 평화적 세력전이가 일어난 경우도 있었지만 아시아지역에서 미·중간의 패권경쟁은 평화적일 가능성이 희박해."

"국제질서와 지역질서를 유지하기 위한 방편은 두 가지밖에 없다고 생각해. 첫째, 중국의 국력이 미국을 추격하지 못하도록 해야 돼. 중국의 경제성장을 미국이 나서서 막을 수는 없으니 미국의 군사력을 더욱 강화해야 하겠지. 기존의 미국 동맹국들과의 관계도 더욱 강화하고 동맹국들의 방위비분담도 증대시켜야겠지."

"동맹은 다분히 이념적이어서 쉽게 맺고 끊고 할 수가 없어. 그저 기존의 동맹체제를 강화하는 수밖에 없어. 미국 홀로 국제질서를 안정적으로 유지할 수는 없어. 미국과 국익, 이념, 가치 등 많은 부분을 공유하는 동맹국들이 미국과 함께할 수 있어야 기존의 국제질서를 안정적으로 유지할 수 있어. 국제평화와 번영을 위해서 미국이 항상 모범을 보여야 되겠지."

"그리고 잠재적 도전국에 비해 핵무기의 우위를 확보하는 것도 아주 중요해. 억지이론(deterrence theory)을 주장하는 학자들의 말을 무조건 믿어서는 안 돼. 핵무기는 상호 간에 핵전쟁 억지에만 활용할 수 있고 그 외에는 실제로 사용할 수 없는 무용지물이라는 주장에

나는 동의하지 않아. 핵무기는 어떤 상황에서는 실제로 사용될 수도 있는 무기야. 핵무기 능력에서조차 확고한 우위를 확보하지 않으면 핵전쟁이 일어나지 않는다고 보장할 수 없어. 그래서 미국이 완벽한 미사일방어체제를 구축할 필요가 있어. 완벽한 미사일방어체제는 핵무기 능력의 확고한 우위를 의미하는 것이야. 미국과 같이 자유민주주의에 입각한 자비로운(benevolent) 국가가 그런 막강한 힘을 가지게 되면 평화로운 패권안정체제가 유지될 수 있을 거야."

"둘째, 잠재적 도전국이 미국 주도의 패권질서에 불만이 많으면 많을수록 전쟁의 원인이 될 수 있어. 그러니 기존의 국제질서나 지역질서에 대한 중국의 불만이 완화될 수 있는 방안도 동시에 모색할 필요가 있어. 그렇다고 해서 미국이 중국에 대해 유화정책을 써서는 안 되겠지. 미국의 강대국 동맹인 일본, 영국, 프랑스 등 강대국들이 나서서 중국의 불만을 조금이나마 해소해 주는 정책들을 추진해야 되지 않을까 생각하네. 아 그러고 보니 우상, 자네의 동맹전이이론에 의하면 한국과 같은 중견국도 중요한 역할을 할 수 있겠구먼. 내가 주장하는 세력전이이론에서는 강대국 이외에는 별 영향력이 없다고 보지만 말이야."

"그리고 내가 60여 년 전에 얘기했던 대로, 인도가 중국 다음 차례야. 다음 번 패권경쟁의 도전자는 인도가 될 수 있음을 잊지 마."

"아 그리고, 북한 김정은정권이 5차 핵실험까지 한 걸로 보아서 핵무기 능력을 이제 갖췄다고 보아야지. 이제 핵무기 능력이 없는 한국은 미국의 핵우산이 필수적이야. 반드시 미국의 핵우산으로 확장억지(extended deterrence)력을 확보할 수 있도록 해야 돼. 그렇지 않으면 김정은정권이 한국에 대해 핵공격을 하지 말라는 보장은 없어. 그렇지만 그리 걱정은 하지마. 동맹이란 쉽게 맺거나 끊게 되는 게 아니야. 특별한 일이 없는 한 한·미동맹은 아주 견고해."

오르갠스키 교수는 자신의 이론과 필자의 주장의 차이까지 지적해 주시며 동아시아 지역의 안정을 유지하기 위한 방안을 말씀하셨다. 물론 필자가 예상했던 그대로였다. 미국 주도의 동맹세력이 잠재적 도전세력보다 국력, 군사력의 우위를 유지하는 것이 핵심이다. 다만 중국의 기존 질서에 대한 잠재적 불만족도를 완화하는 미·중 사이의 가교역할은 한국, 호주, 인도네시아와 같은 아시아지역의 중추적 중견국이 맡을 수 있다는 생각을 굳히게 되었다.

특히 한국이 인도와의 관계를 강화해 나갈 필요성을 재확인했다. 인도는 한반도에서 멀리 떨어져 있어서 우리와 영토분쟁에 휘말릴 가능성이 전혀 없다. 게다가 중국과 국경을 접하고 있으며 중국과 여러 차례 국경분쟁을 겪은 나라이지만, 경제적으로는 중국과 협력하지 않을 수 없는 나라이다. 한국, 호주, 인도네시아 등과 마찬가지로 인도 역시 군사안보적으로는 중국을 견제할 필요가 있지만 경제통상 이슈에 있어서는 중국과 협력을 강화해 나가야 할 처지에 있는 국가이다. 유사한 환경에 놓여 있는 중추적 중견국들과의 '중견국외교벨트' 구축의 중요성을 재확인했다.

꿈에서 오르갠스키 교수를 만나면서 김정은정권의 핵위협을 실감했다. 핵우산과 확장억지를 위해서도 한·미동맹은 필수적이라고 생각했다. 다른 대안은 있을까? 한국이 핵무장을 시도한다? 한국이 핵확산금지조약(NPT)에서 탈퇴하고 핵무기를 만들기 시작한다면 어떻게 될까? 미국이 한·미동맹을 파기하고 한반도에서 주한미군을 철수할까? 한반도에 전술핵 재배치를 하는 방안은 어떤가? 이런저런 고민을 하다가 잠에서 깨어났다.

2016년 9월 북한 김정은정권은 5차 핵실험을 감행했다. 최근에는 대륙간탄도미사일(ICBM)뿐 아니라 잠수함발사탄도미사일(SLBM) 발사시험에도 성공했다. 이제 북핵 위협은 더 이상 비현실적인 것이 아니라는 생각이 들었다. 부에노 데 메스키타 교수를 만나서 북핵 해결방안에 관해 얘기를 듣고 싶었다. 뉴욕까지 당장 갈 수가 없어서 다시 잠을 청하기로 했다. 꿈에서라도 뵙고 얘기를 나누고 싶었다.

"교수님, 올해 11월에는 칠순 잔치를 하셔야죠. 그때는 뉴욕에 가서 칠순 생신파티에 참석할 수 있으면 좋겠습니다. 근데 김정은정권을 어떻게 하죠? 여태까지 한 것처럼 '전략적 인내', '전략적 무시' 등의 평계를 대면서 그냥 모르는 척하다 보니 북한 핵무기 능력이 이제 완성 단계에 도달한 것 같아서 큰일입니다. 한국에서는 레짐 체인지(regime change) 얘기까지 나오고 있습니다만."

"김정은정권이 이제 핵무기를 보유한 것이나 다름없네. 김정은은 어떤 일이 있어도 핵무기를 절대 포기하지 않으려고 할 거야. 그건 자신의 생명줄이나 다름없거든. 우상, 자네도 내가 쓴 『독재자의 핸드북』을 읽어 보았겠지만 그 책에서 내가 몇 가지 암시하는 바가 있지. 먼저 김정은과 같은 독재자는 '청중비용'이 거의 없기 때문에 쉽게 도발을 감행하고 쉽게 전쟁을 끝낼 수도 있지. 한국정부나 한·미동맹이 틈을 보이면 언제든지 도발을 감행할거야. 그러다가 상황이 불리해지면 언제든지 항복하고 없었던 일로 하면 그만이거든."

"민주국가에서는 절대로 일어날 수 없는 일이 독재국가에서는 빈번히 일어날 수 있는 거지. 민주국가 지도자는 국민에게 한 약속을 지켜야 하고 참전하면 전쟁에서 반드시 이기기 위해 최선을 다해야 하지만 독재자는 꼭 그럴 필요가 없다는 거지. 그게 다 '청중비용'으로 설명이 가능하지."

"과거에 독재자 김일성도 1976년 8월에 판문점 도끼만행사건을 일으켰다가 한·미동맹군이 강력하게 대응하자 결국 친서까지 써가며 '유감성명'을 우리 측에 전달하지 않았나. 김정은이 오판하지 않도록 철저히 대비해야 하고, 만일 오판을 해서 도발할 경우에는 반드시 초전박살 내는 자세로 강력히 대응해야 북한의 도발이 확전되지 않고 한·미동맹군의 승리로 마무리될 수 있어."

"둘째, 미국이 나서서 북핵 문제를 해결할 수 있는 방안이 하나 있지. 그러나 이 방안은 한국에게는 아주 불리한 것이네. 2016년 11월 미국 대선에서 도널드 트럼프가 당선되었다고 가정해 보세. 트럼프정부는 막무가내 식으로 북한 김정은정권과 불가침조약을 체결하려고 할지도 모르지. 불가침조약으로 김정은정권의 안전을 보장해 주는 대가로 북한의 핵무기를 미국이 관리하거나 동결할 수도 있다는 거지. 그렇게 되면 미국은 북핵 문제, 핵확산 문제, 대량살상무기가 테러집단으로 흘러 들어갈 수도 있는 문제 등을 모두 해결할 수 있지 않겠나? 이게 여태까지 미국정부의 대북정책보다 훨씬 더 효과적이고 가성비가 높을 것이라고 판단한다면 그리 못할 것도 없지 않겠나?"

"한국 국민 중에는 한·미동맹의 중요성을 깨닫지 못하는 이들이 있고, 한국정부도 미국과 중국 사이에서 눈치를 보는 것 같기도 하고. 차라리 미국이 북한정권과 불가침조약을 맺고 양국관계를 정상화할 수도 있지 않겠나? 심지어 북한과 동맹을 맺을 수도 있다고 하면 너무 과장이 심한가? 만일 동맹을 맺게 되면 북한의 독재자는 미국이 원하는 대로 잘 따르지 않겠나. 북한 독재자는 북한주민의 눈치를 볼 필요가 없으니 북한주민의 의중과는 상관없이 친미 독재정권을 세울 수도 있지 않겠나. 그런 친미 성향의 북한정권이 동북아시아 요충지에 있다면 이는 미국의 대 아시아 전략에 아주 도움이 될 것이라고 판단할 수도 있지 않겠나? 『독재자의 핸드북』에서 언급한 것처럼 아프리카 등지의 독재정권에 미국이 다양한 인도주의적 이유로 제공하는 현금이 얼마나 되는지 아나? 그리고 그 현금이 어떻게 사용되는지도?"

"뭐, 트럼프 미국정부와 김정은정권이 협상하는 과정 중에 만일 중국이 눈치를 채게 된다면 이런 상황을 막기 위해서 중국이 미국과 협상하여 김정은정권에 대한 핵포기 압박을 실제로 가하게 될 수도 있겠고. 그럼 문제는 더 쉽게 풀릴 수도 있겠고."

"또 한 가지 방법은 미국정부가 한국정부와 함께 김정은정권을 붕괴시키는 거지. 물론 이는 독재자 교체(leadership change) 시도가 되겠지. 레짐 체인지(regime change)가 아니라. 향후 누가 북한 독재정권을 주도하든 상관없어. 김정은만 제거되고, 그 후임 독재자가 핵무기를 포함한 대량살상무기의 보유를 포기만 하면 되는 거지. 새로 등장한 북한 독재정권이 친미정권이 된다면 더 좋겠지. 내가 한국의 여러 주요 일간지와도 인터뷰를 한 적이 있었지만, 미국정부와 한국정부가 북한정권의 실력자 중 누군가에게 김정은이 사용하는 통치자금보다 더 많은 액수의 통치자금을 정기적으로 제공할 의지만 있다면 리더십 교체는 언제든지 성공할 수 있을 거야."

"그러나 미국정부가 실제로 취할 가능성이 가장 높은 대안은 북핵시설에 대한 정밀타격(surgical air strike)이라고 생각되네. 김정은정권이 핵선제공격 능력을 확보하기 직전에 북한에 대한 예방공격(preventive strike)을 감행하는 거지. 한국정부는 한반도에 전쟁이 일어난다고 반대하겠지만 미국정부는 때가 되면 예방공격을 감행하게 될지도 몰라. 그렇다고 해서 김정은정권이 미국 본토나 남한에 보복공격을 감히 하지 못 할 거야. 그런 상황이 발생하면 한반도에서 전쟁이 일어날 가능성보다 김정은정권 교체 가능성이 더 높다고 생각되네."

부에노 데 메스키타 교수의 주장은 꿈 속에서도 선명했고 설득력이 있었다. [가상적 대화에서 부에노 데 메스키타 교수의 주장은 필자의 상상에 의한 것이며 부에노 데 메스키타 교수의 실제 입장과는 다를 수도 있음을 재차 밝힌다.] 특히 미국이 북한과 동맹을 체결하는 것도 하나의 대안이 될 수 있다는 지적이 충격적이었다. 한국 국민의 대다수는 한·미동맹을 당연하게 여긴다. 외교안보전문가로 자처하는 필자역시 한국과 미국 모두 자국의 이해관계에 의해 한·미동맹을 유지하고 있기 때문에 동맹관계는 아주 견고하다고 믿고 있다. 미국은 한반도에서 영향력을 유지하는 것이 국익에 아주 중요하기 때문에 한반도에서 쉽사리 미군을 철수하지 않을 것이라고 생각한다. 하지만 만일 미국이 북한과 동맹을 체결한다면 스토리는 완전히 달라진다. 미국은 한·미동맹을 통해서든 북·미동맹을 통해서든 한반도에서 영향력을 계속 유지할 수 있지 않은가.

물론 동맹의 신뢰, 평판 문제가 있어서 트럼프가 집권한 미국이라고 하더라도 쉽게 그렇게 황당한 정책을 추진할 가능성은 희박하다. 『중견국책략: 미·중 사이 한국의 스마트 외교』라는 이 책을 완성했건만 이 책에서 다루지 못한 문제들, 심각하게 고민해야 할 이슈들이 아직 많다. '청중비용', 리더십 교체 등과 관련된 대북정책, 북핵 위협에 대한 한국의 대비책, 한반도 통일정책, 한국의 동맹전략 등은 곧이어 출간할 『신한국책략 4.0』에서 제시하기로 하고, '에필로그'에서 빠져들었던 세 분의 국제정치학의 대가(大家)와의 가상적인 꿈속의 대화는 여기서 이만 줄이기로 한다.

‖ 참고문헌 ‖

[국문]

강택구, "동아시아 지역 내 강대국간 경쟁과 세력전이,"『국제정치논총』제48
　　집 제2호, 2008, pp.7-31.

김상배, "네트워크로 보는 중견국 외교전략,"『국제정치논총』제51집 제3호,
　　2011, pp.51-77.

김우상,『신한국책략』(서울: 나남출판, 1998).

김우상,『신한국책략 II: 동아시아 국제관계』(서울: 나남출판, 2007).

김우상『신한국책략 III: 대한민국 중견국 외교』(서울: 세창출판사, 2012).

김우상, "대한민국의 중견국 공공외교,"『정치·정보연구』제16권 1호, 2013,
　　pp.331-350.

김우상 · 김재한 · 황태희 외,『세계정치론: 전쟁과 평화 그리고 세계질서』
　　(서울: 카오스 북, 2015).

김우상 · 조성권,『세계화와 인간안보』(서울: 집문당, 2005).

김치욱, "국제정치의 분석단위로서 중견국가: 그 개념화와 시사점,"『국제정
　　치논총』제49집 제1호, 2009, pp.7-36.

김치욱, "국제금융제도 개혁과 중견국가: G20의 역할을 중심으로,"『한국정
　　치학회보』제43집 제3호, 2009, pp.271-308.

낸시 스노우 · 필립 테일러 편저(최진우 역),『21세기 공공외교 핸드북』(고
　　양: 인간사랑, 2009).

대한민국 외교부,『외교백서』(대한민국 외교부, 2010).

배종윤, "동북아시아 지역질서의 변화와 한국의 전략적 선택,"『국제정치논
　　총』제48집 제3호, 2008, pp.93-118.

소에야 요시히데(박철희 · 윤수경 역),『일본의 미들파워 외교: 전후 일본의 선택과 구상』(서울: 오름출판사, 2006).

얀 멜리센 (박종일 외 역),『신공공외교: 국제관계와 소프트 파워』(서울: 인간 사랑, 2005).

옌쉐퉁, "중한 동맹관계의 수립은 가능한가?"『성균 차이나브리프』제2권 제 3호, 2014, pp.58-64.

우병국, "동아시아에서의 미 · 중간 세력전이가 양안관계에 미치는 영향," 『국제정치논총』제49집 1호, 2009, pp.117-142.

이상환, "세계질서와 동북아 지역질서의 안정성에 대한 전망,"『정치 · 정보 연구』제18권 1호, 2015, pp.1-23.

이수형, "중추적 중견국가론과 참여정부의 균형적 실용외교,"『한국과 국제 정치』제24권 제1호, 2008, pp.217-249.

자오지청(이희옥 역),『글로벌 시대 중국의 공공외교: 중국은 어떻게 세계와 소통하는가』(서울: 나남, 2012).

정재호 편,『평화적 세력전이의 국제정치』(서울: 서울대출판문화원, 2016).

뉴시스, 2016.4.13.

매일경제, 2015.12.20.

조선일보, 2014.3.26, 2015.9.19, 2016.3.15.

중앙일보, 2016.6.10.

한경 경제용어사전, 네이버 지식백과, 2015.10.26.

한국일보, 2013.12.7, 2015.9.7.

http://ko.wikipedia.org/wiki/G8

http://ko.wikipedia.org/wiki/G20

[영문]

Allison, Graham. "Thucydides Trap: Are the U.S. and China Headed for War?" *The Atlantic*, September 25, 2015.

Beeson, Mark. "Can Australia Save the World? The Limits and Possibilities of Middle Power Diplomacy," *Australian Journal of International Affairs*, vol.65, no.5, 2011, pp.563-577.

Behringer, Ronald M. "Middle Power Leadership on the Human Security Agenda," *Cooperation and Conflict*, vol.40, no.3, 2005, pp.305-342.

Behringer, Ronald M. *The Human Security Agenda: How Middle Power Leadership Defied US Hegemony* (London: Continuum, 2012).

Bennett, Scott D. and Allan C. Stam III. "EUGene: A Conceptual Manual," *International Interactions,* vol.26, no.2, 2000, pp.179-204.

Bennett, Scott D. and Allan C. Stam, III. "EUGene: Expected Utility Generation Data Management Program, version 3.204.

Bolton, Matthew and Thomas Nash. "The Role of Middle Power-NGO Coalitions in Global Policy: the Case of the Cluster Munitions Ban," *Global Policy*, vol.1, issue.2, 2010, pp.172-184.

Brodie, Bernard. *The Absolute Weapons* (New York: Harcourt Brace and Company, 1946).

Brodie, Bernard. *Strategy in the Missile Age* (Princeton: Princeton University Press, 1959).

Bueno de Mesquita, Bruce. *Principles of International Politics*, 5th ed. (Washington D.C.: CQ Press, 2014).

Buzan, Barry, *People, States and Fear: The National Security Problem in International Relations* (Brighton: Wheatsheaf, 1983).

Buzan, Barry, Ole Wæver and Jaap de Wilde. *Security: A New Framework for Analysis* (Boulder: Lynne Rienner, 1998).

Cantori, Louis J. and Steven L. Spiegel. *The International Politics of Regions: A Comparative Approach* (Englewood Cliffs: Prentice-Hall, 1970).

Chan, Steve. "Exploring Puzzles in Power-Transition Theory: Implications for Sino-American Relations," *Security Studies*, vol.13, no.3, 2004, pp.103-141.

Chapnick, Adam. "The Middle Power," *Canadian Foreign Policy*, vol.7, no.2, 1999, pp.73-82.

Collins, Alan. *Contemporary Security Studies*, 4th ed. (Oxford: Oxford University Press, 2016).

Cooper, Andrew F. "Niche Diplomacy: A Conceptual Overview," in Andrew F. Cooper, ed. *Niche Diplomacy: Middle Powers after the Cold War* (London: Macmillan Press, 1997).

Cooper, Andrew F., Richard A, Higgott and Kim R. Nossal. *Relocating Middle Powers: Australia and Canada in a Changing World Order* (Vancouver: UBC Press, 1993).

Cooper, David A. "Challenging Contemporary Notions of Middle Power Influence: Implications of the Proliferation Security Initiative for Middle Power Theory," *Foreign Policy Analysis*, vol.7, 2011, pp.317-336.

Cox, Robert. "Middlepowermanship, Japan and the Future World Order," *International Journal*, vol.44, no.4, 1989, pp.823-862.

Croucher, Gwilym. "Australia as a Creative Middle Power, again?" *Australia Policy Online*, 2009.5.4., pp.1-5.

Curley, Melissa. "Human Security's Future in Regional Cooperation and Governance?" *Australian Journal of International Affairs*, vol.66, no.5, 2012, pp.527-541.

DiCicco, Jonathan and Jack Levy. "Power Shifts and Problem Shifts: The Evolution of the Power Transition Research Program," *Journal of Conflict Resolution*, vol.43, no.6, 1999, pp.675-704.

Evans, Gareth and Bruce Grant. *Australia's Foreign Relations in the World of the 1990s* (Melbourne: Melbourne University Press, 1991).

Gilpin, Robert. *War and Changes in World Politics* (Cambridge: Cambridge University Press, 1981).

Hampson, Fen Osler and Dean F. Oliver. "Pulpit Diplomacy: A Critical Assessment of the Axworthy Doctrine," *International Journal*, vol.53, no.3, 1998, pp.380-388.

Hampson, Fen Osler, Jean Daudelin, John B. Hay, Holly Reid, and Todd Martin. *Madness in the Multitude: Human Security and World Disorder* (Don Mills: Oxford University Press, 2002).

Holbraad, Carsten. *Middle Powers in International Politics* (New York: St. Martin's Press, 1984).

Howeling, Henk and Jan Sicamma. "Power Transitions as a Cause of War," *Journal of Conflict Resolution*, vol.32, no.1, 1988, pp.87-102.

Ikenberry, John. "The Illusion of Geopolitics: The Enduring Power of the Liberal Order," *Foreign Affairs*, vol.93, issue.3, 2014, pp.80-90.

Jeffery, Renee. "Evaluating the 'China Threat': Power Transition Theory, the Successor-State Image, and the Dangers of Historical Analogies," *Australian Journal of International Affairs*, vol.63, no.2, 2009, pp.309-324.

Jentleson, Bruce W. "Strategic Recalibration: Framework for the 21st Century National Security Strategy," *Washington Quarterly*, vol.37, no.1, 2014, pp.115-136.

Johnston, Alastair Iain. "Is China a Status Quo Power?" *International*

Security, vol.27, no.4, 2003, pp.5-56.

Jordaan, Eduard. "The Concept of a Middle Power in International Relations: Distinguishing between Emerging and Traditional Middle Powers," *Politikon*, vol.30, no.2, 2003, pp.165-181.

Kang, Kyungkook and Jacek Kugler. "Assessment of Deterrence and Missile Defense in East Asia: A Power Transition Perspective," *International Area Studies Review*, vol.18, no.3, 2015, pp.280-296.

Kennedy, Paul. *The Rise and Fall of the Great Powers* (New York: Random House, 1984).

Kim, Woosang. "Power, Alliances, and Major Wars, 1816-1975," Ph.D. Dissertation, University of Rochester, 1988.

Kim, Woosang. "Power, Alliance, and Major Wars, 1816-1975," *Journal of Conflict Resolution*, vol.33, no.2, 1989, pp.255-273.

Kim, Woosang. "Alliance Transitions and Great Power War," *American Journal of Political Science,* vol.35, no.4, 1991, pp.833-850.

Kim, Woosang. "Power Transitions and Great Power War from Westphalia to Waterloo," *World Politics*, vol.45, no.1, 1992, pp.153-172.

Kim, Woosang. "Power Parity, Alliance, and War from 1648 to 1975," in Jacek Kugler and Douglas Lemke, eds. *Parity and War: Evaluations and Extensions of the War Ledger* (Ann Arbor: University of Michigan Press, 1996).

Kim, Woosang. "Power Parity, Alliance, Dissatisfaction, and Wars in East Asia, 1860-1993," *Journal of Conflict Resolution*, vol.46, no.5, 2002, pp.654-671.

Kim, Woosang. "Korea as a Middle Power in the Northeast Asian Security Environment," in John Ikenberry and Chung-in Moon, eds. *The United States and Northeast Asia: Debates, Issues, and New Order*

(New York: Rowman & Littlefield Publishers, 2008), pp.123-141.

Kim, Woosang. "Korea's Middle Power Foreign Policy in the 21st Century," a manuscript lectured at the Australian National University, 2008.9. 30.

Kim, Woosang. "Korea's Middle Power Diplomacy and the Korea-U.S. Alliance," a manuscript lectured at Harvard University, 2012.11.15.

Kim, Woosang. "Rising China, Pivotal Middle Power South Korea, and Alliance Transition Theory," *International Area Studies Review*, vol.18, no.3, 2015a, pp.251-265.

Kim, Woosang. "The Rise of China and Power Transition Scenarios in East Asia," *Korean Journal of Defense Analysis*, vol.27, no.3, 2015b, pp.313-329.

Kim, Woosang and James Morrow, "When Power Shifts Leads to War?" *American Journal of Political Science*, vol.36, no.4, 1992, pp.896-922.

Kim, Woosang and Scott Gates, "Power Transition Theory and the Rise of China," *International Area Studies Review*, vol.18, no.3, 2015, pp.219-226.

Kissinger, Henry. *On China* (New York: Penguin Books, 2011).

Krasner, Stephen. *Sovereignty: Organized Hypocrisy* (Princeton: Princeton University Press, 1999).

Kuchins, Andrew and Igor Zevelev. "Russian Foreign Policy: Continuity in Change," *Washington Quarterly*, vol.35, no.1, 2012, pp.147-161.

Kugler, Jacek and Frank Zarage. "The Long-Term Stability of Deterrence," *International Interactions*, vol.15, no.3, 1990, pp.255-278.

Lakatos, Imre. "Falsification and the methodology of scientific research programmes," in Imre Lakatos and Alan Musgrave, eds. *Criticism and the Growth of Knowledge* (New York: Cambridge University Press,

1970).

Lee, Sang-Hwan. "Global and regional orders in the 21st Century in terms of Multi-layered Power Transition Theory: The Cases of US-China and China-Japan Relations," *International Area Studies Review*, vol.18, no.3, pp.266-279.

Lemke, Douglas. *Regions of War and Peace* (Cambridge: Cambridge University Press, 2002).

Levy, Jack S. *War in the Modern Great Power System, 1495-1975* (Lexington: University of Kentucky, 1983).

Lim, Yves. "How (Dis)satisfied is China? A Power Transition Theory Perspective," *Journal of Contemporary China*, vol.24, no.92, 2015, pp.280-297.

Lukin, Artyom. "Russia, China and the Korean Peninsula: A Post-Ukraine Assessment," *International Journal of Korean Unification Studies*, vol.24, no.3, 2015, pp.67-100.

Lukonin, Sergey. "Russian Policy towards the Korean Unification," *International Journal of Korean Unification Studies*, vol.24, no.3, 2015, pp.101-123.

Mead, Walter Russell. "The Return of Geopolitics: The Revenge of the Revisionist Powers," *Foreign Affairs*, vol.93, issue.3, 2014, pp.69-79.

Mearsheimer, John. *The Tragedy of Great Power Politics* (New York: Norton, 2014).

Modelski, George. "The Long Cycle Theory of Global Politics and the Nation-State," *Comparative Studies in Society and History*, vol.20, no.2, 1978, pp.215-235.

Modelski, George. *World Power Concentrations: Typology, Data, Explanatory Framework* (Morristown: General Learning Press, 1974).

Modelski, George and William R. Thompson. *Seapower in Global Politics, 1494-1993* (Seattle: University of Washington Press, 1988).

Morgenthau, Hans. *Politics Among Nations* (New York: Alfred A. Knopf, 1973).

Nef, Jorge. *Human Security and Mutual Vulnerability: The Global Political Economy of Development and Underdevelopment*, 2nd ed. (Ottawa: International Development Research Centre, 1999).

Nye, Joseph S. Jr. *The Future of Power* (New York: Public Affairs, 2011).

Organski, A.F.K. *World Politics* (New York: Alfred A. Knopf, 1958).

Organski, A.F.K. and Jacek Kugler. *The War Ledger* (Chicago: University of Chicago Press, 1980).

Pinkston, Daniel A. and Clint Work. "Moral Hazard and the US-ROK Alliance," *The Diplomat*, November 10, 2015.

Pratt, Cranford. "Middle Power Internationalism and Global Poverty," in Cranford Pratt, ed. *Middle Power Internationalism: The South-North Dimension* (Kingston & Montreal: McGill-Queen's University Press, 1990).

Ravenhill, John. "Cycles of Middle Power Activism: Constraint and Choice in Australian and Canadian Foreign Policies," *Australian Journal of International Affairs*, vol.52, no.3, 1998, pp.309-327.

Ross, Robert and Feng Zhu. eds. *China's Ascent: Power, Security and the Future of International Politics* (Ithaca: Cornell University Press, 2008).

Sakuwa, Kentaro. "A Note on Dangerous Dyad: China's Rise and Sino-Japanese Rivalry," *International Relations of the Asia-Pacific*, vol.9, no.3, 2009, pp.497-528.

Schoeman, Maxi. "South Africa as an Emerging Middle Power," *African*

Security Review, vol.9, no.3, 2000, pp.1-12.

Singer, J. David and Stuart A. Bremer. and John Stuckey, "Capability Distribution, Uncertainty, and Major Power War, 1820-1965," in Bruce M. Russett, ed. *Peace, War, and Numbers* (Beverly Hills: Sage, 1972).

Small, Melvin and J. David Singer. *Resort to Arms: International and Civil Wars, 1816-1980* (Beverly Hills: Sage, 1982).

Stairs, Denis. "Of Medium Powers and Middling Roles," in Ken Booth, ed. *Statecraft and Security* (Cambridge: Cambridge University Press, 1988).

Tammen, Ron et al. *Power Transitions: Strategies for the 21st Century* (New York: Chatham House, 2000).

Thakur, Ramesh. "From National to Human Security," in Stuart Harris and Andrew Mack, eds. *Asia-Pacific Security: The Economics-Poitics Nexus* (Canberra: Allen & Unwin, 1997).

Thompson, William R. *On Global War* (Columbia: University of South Carolina Press, 1988).

Toloraya, Georgy and Alexander Vorontsov. "Russia's 'Turn to the East' Policy: Role of North East Asia and the Korean Peninsula," *International Journal of Korean Unification Studies*, vol.24, no.3, 2015, pp.31-66.

Ungerer, Carl. "The 'Middle Power' Concept in Australian Foreign Policy," *Australian Journal of Politics and History*, vol.53, no.4, 2007, pp.540-541.

United Nations Development Program. *Human Development Report 1994* (New York: Oxford University Press 1994), pp.22-23.

Walt, Stephen M. "The Renaissance of Security Studies," *International Studies Quarterly*, vol.35, no.2, 1991, pp.211-239.

Waltz, Kenneth. *Theory of International Politics* (Reading: Addison Wesley, 1979).

Waltz, Kenneth. "The Emerging World Structure of International Politics," *International Security*, vol.18, no.2, 1993, pp.44-79.

Wood, Bernard. "Toward North-South Middle Power Coalition," in Cranford Pratt, ed. *Middle Power Internationalism: the North-South Dimension* (Kingston: McGill-Queen's University Press, 1990).

Yang, Shih-yueh. "Power Transition, Balance of Power, and the Rise of China: A Theoretical Reflection about Rising Great Powers," *The China Review*, vol.13, no.2, 2013, pp.35-66.

Country Reports on Russia, *The Asan Forum*, vol.3, no.4, July/August 2015.

Financial Times, April 15, 2015.

Human Security Network website.

news.xinhuanet.com, 2015.9.24.

unbisnet.un.org

http://www.correlatesofwar.org

http://www.eugenesoftware.org

http://www.un.org/en/peacekeeping/

http://www.dfait-maeci.go.ca/foreignp/humansecurity/HumanSecurityBooklete.asp

http://www.dfait-maeci.go.ca/foreignp/humansecurity/HumanSecurityBooklete.asp

http://www.mofa.go.jp/policy/other/bluebook/2000/II-3-a.html

‖ 찾아보기 ‖

김우상(金宇祥)

現 연세대 정치외교학과 교수

미국 로체스터 대학 정치학 박사

歷任

한국국제교류재단(Korea Foundation) 이사장

주 호주 대한민국 특명전권 대사 / 믹타(MIKTA) 국회의장회의 특별자문관

호주 퀸즈랜드대학 명예교수(Honorary Professor)

연세대 동서문제연구원장 / 숙명여대 정치외교학과 교수

미국 텍사스 A&M 대학 정치학과 종신교수

미국 스탠퍼드 대학 후버연구소 연구원

한국정치학회, 한국국제정치학회 이사 / 동아일보 객원논설위원

대한민국 국방부 정책자문위원 / 대한민국 공군정책자문위원

한국해로연구회 집행위원장 / 국가안전보장회의(NSC) 정책전문위원

대한민국 국회 입법지원위원

저서

〈신한국책략 4.0: 북한 핵위협과 한반도 안보〉

〈신한국책략 III : 대한민국 중견국 외교〉

〈신한국책략 II : 동아시아 국제관계〉

〈신한국책략〉

〈국제관계론 강의〉 I, II (공역)

〈동북아 질서와 미·중관계〉(영문 공편)

〈한반도 정치와 합리적 선택〉(영문 공편)

논문

〈World Politics〉, 〈American Journal of Political Science〉, 〈Journal of Peace Research〉, 〈Journal of Conflict Resolution〉, 〈International Studies Quarterly〉, 〈International Area Studies Review〉 등에 다수 게재

중견국책략 : 미·중 사이 한국의 스마트 외교

—

2016년 10월 31일 초판 발행
2022년 2월 25일 초판 2쇄 발행

—

저 자 김우상
발행인 이방원
발행처 세창출판사

신고번호 제1990-000013호
주소 03736 서울시 서대문구 경기대로 58 경기빌딩 602호
전화 02-723-8660 팩스 02-720-4579
이메일 edit@sechangpub.co.kr 홈페이지 www.sechangpub.co.kr
블로그 blog.naver.com/scpc1992 페이스북 fb.me/Sechangofficial 인스타그램 @sechang_official

—

정가 22,000원

—

ISBN 978-89-8411-646-7 93360